杉本敏夫 監修
最新・はじめて学ぶ社会福祉

刑事司法と福祉

相谷 登・今福章二・椿 百合子
編著

ミネルヴァ書房

シリーズ刊行によせて

　この度，新たに「最新・はじめて学ぶ社会福祉」のシリーズが刊行されることになった。このシリーズは，もともと1998年に，当時岡山県立大学の教授であった故大島侑先生が監修されて「シリーズ・はじめて学ぶ社会福祉」として始まったものであった。当時，現監修者の杉本も岡山県立大学に勤務しており，一部の執筆と編集を担当した。そのような縁があって，その後，杉本が監修を引き継ぎ，2015年に「新・はじめて学ぶ社会福祉」のシリーズを刊行していただいた。

　この度の新シリーズ刊行は，これまでの取り組みをベースに，ちょうど社会福祉士の新しく改正されたカリキュラムが始まることに対応して新しいシラバスにも配慮しつつ，これからの社会福祉について学べるように改訂し，内容の充実を図るものである。また，これまでのシリーズは社会福祉概論や老人福祉論といった社会福祉の中核に焦点を当てた構成をしていたが，今回のシリーズにおいては，いままで以上に社会福祉士の養成を意識して，社会学や心理学，社会福祉調査等の科目もシリーズに加えて充実を図っているのが特徴である。

　なお，これまでの本シリーズの特徴は，①初心者にもわかりやすく社会福祉を説明する，②社会福祉士，精神保健福祉士，介護福祉士，保育士等の養成テキストとして活用できる，③専門職養成の教科書にとどまらないで社会福祉の本質を追究する，ということであった。この新しいシリーズでも，これらの特徴を継続することを各編集者にはお願いをしているので，これから社会福祉を学ぼうとしている人びとや学生は，そのような視点で社会福祉を学べるものと思う。

　21世紀になり，社会福祉も「地域包括」や「自助，互助，共助，公助」と

いった考え方をベースにして展開が図られてきた。そのような流れの中で，社会福祉士や精神保健福祉士もソーシャルワーカーとしての働きを模索，展開してきたように思うし，ソーシャルワーカー養成も紆余曲折を経ながら今日に至ってきた。複雑多様化する生活問題の解決を，社会がソーシャルワーカーに期待する側面もますます強くなってきている。さらには，社会福祉の専門職である保育士や介護福祉士がソーシャルワークの視点をもって支援や援助を行い，社会福祉士や精神保健福祉士と連携や協働が必要な場面が増加している。それと同時に，社会福祉士や精神保健福祉士としての仕事を遂行するのに必要な知識や技術も複雑，高度化してきている。社会福祉士の養成教育の高度化が求められるのも当然である。

　このまえがきを執筆しているのは，2021年1月である。世の中は新型コロナが蔓延しているまっただ中にある。新型コロナは人びとの生活を直撃して，生活の困難が拡大している。生活の困難に対応する制度が社会福祉の制度であり，それを中心となって担うのが社会福祉の専門職である。各専門職がどのような役割を果たすのかが問われているように思う。

　新型コロナはいずれ終息するであろう。その時に，我々の社会や生活はどのような形になるのであろうか。人びとの意識はどのように変化しているのであろうか。また，そのような時代に社会福祉の専門職にはどのようなことが期待されるのであろうか。まだまだよくわからないのが本当であろうが，我々は社会福祉の立場でこれらをよく考えておくことも重要ではないかと思われる。

　2021年1月

監修者　杉本敏夫

はじめに

　毎日のように世間を騒がせる事件や事故は，残念なことに後を絶ちません。このような日々の中で，犯罪が減ることを多くの人たちが切に願い，司法に携わる専門家たちは犯罪を減らすために真剣に考え取り組んでいます。

　悪いことをすれば捕まることは，小学生でも知っています。しかしながら，事件が一度起こるとその後はどのようになるのかについて，具体的なことを知っている人はほとんどいません。成人犯罪者と非行少年の取扱の違いをはじめ，裁判所での審議の進め方や判決の種類，さらには身柄の拘束を伴う刑務所や少年院とはどのようなところなのか。また，刑務所等の施設を出てからの生活はどのようになり，指導や援助は受けることができるのか。制度や仕組みはもとより，それらにどのような人が携わっているのかについてもほとんどの人は知りません。

　裁判で決定される判決の内容には確かに厳しい一面があります。しかしながら，刑務所や少年院での犯罪者や非行少年に対する働きかけは，彼らが二度と同じ過ちを犯さないようにするためのものであり，これらは司法福祉と呼ばれる社会福祉領域に関する活動の一部です。犯罪は社会にとって悪ですから，たいていの人は許し難いと考えるでしょう。また，どのような理由があっても犯罪行為自体を肯定することはできません。ただ，犯罪者の中には，置かれた生活環境で止むを得ず犯罪行為に至ったという人がいないわけではありません。そのような人たちが，これからも生きていくために犯罪という間違った手段や方法を二度ととらないようにする必要がありますし，その実現可能性は司法福祉からのアプローチに期待が寄せられています。このことが司法福祉の最大の目的だといっても過言ではないでしょう。

　ところで，犯罪で忘れてはならないのが被害者の存在です。被害者の中には，ある日突然に事件や事故とは何の関係もないのに被害者となってしまう人も少なくありません。被害者の人たちの中には，事件や事故を境に大きく人生が変わってしまう人もいます。そのような人たちに対して救いの手を差し伸べるの

も司法福祉の領域です。事件や事故で忘れられてしまいがちな被害者にいち早く元の生活を取り戻させることが司法福祉に求められている大切な役割でもあるのです。

　時代に即した法の在り方を求めて，また司法福祉のよりよい形を目指して，毎年のように何らかの法改正が行われていますが，その大きな動きが近年にありました。本書では，この大きな動きに関しての説明とそれに伴う司法福祉の変化について，できるだけ詳しく説明しています。

　犯罪者の更生には，犯罪者自身の気持ちの問題が最も重要なことは間違いがないでしょう。しかしながら，人の性格や考え方が様々なように，意志が強い人ばかりとは限りません。そのような人に対して，じっくりと話を聴き，今後の生活や仕事のことについて，さらには居心地のよい居場所はどこなのかを共に考え援助してくれる人がいれば，誰にとっても住みよい社会となるでしょう。また，いうまでもなく，事件や事故で被害者となった人たちが元の生活を取り戻せるように援助や支援をすることも忘れてはならないでしょう。このような社会の実現のために，司法福祉に関わる多くの専門職があり，それぞれがどのような制度や法律に基づいた仕事なのかを知ることは重要なことといえるでしょう。

　本書との出会いで，読者に社会福祉はもとより司法福祉に関する新たな視点が備わることを期待しています。

2023年1月

編者　相谷登

目　次

第Ⅳ部　犯罪や非行をした人に対する更生保護制度

第8章　更生保護制度の概要 ……………………………………94

第9章　生活環境の調整・仮釈放等 ……………………117

第10章　保護観察 ………………………………………………132

第Ⅰ部

犯罪や非行をした人が
抱える問題と社会

第 1 章

犯罪や非行の動向

　日本は諸外国に比べ治安がよく，犯罪が少ないといわれているものの，その動向は時代の変化を反映しながら変遷している。本章では，犯罪白書をもとに，犯罪や非行の統計を確認しながら近年の動向をみていく。犯罪発生件数の増減はどうか，犯罪の種類が変わってきたか，犯罪者になるのはどんな人か，一度罪を犯した人の再犯率は高いのか。統計を調べることは，犯罪に関する漠然としたイメージをより明確な理解に導くことであり，実態を理解することが，罪を犯した人に対する福祉的支援を考える基礎となる。

1　犯罪の動向

　犯罪に関する統計は複数の官公庁から公表されているが，それらを活用してまとめた「犯罪白書」は，犯罪の動向を知る基礎資料として有用である。本章では，「令和 3 年版　犯罪白書」及び「令和 4 年版　犯罪白書」をもとに，近年の犯罪動向をみていくが，犯罪白書は毎年刊行されるものであり，本書で紹介する統計項目などに着目して，毎年の最新情報を確認していく必要がある。

　犯罪の動向を把握する代表的指標が，「刑法犯の認知件数」である。刑法（明治40年法律第45号）等に違反する犯罪の発生を警察が認知した事件数の統計で，交通犯罪や薬物犯罪は除かれる。2021（令和 3 ）年の認知件数は56万8104件，戦後の推移は図 1 - 1 のとおりで，2002（平成14）年をピークに年々減少し続けている。また，窃盗事件が大きな割合を占め，その減少幅が著しいが，窃盗を除く刑法犯も減少している。なお，我が国の人口が減ったために事件数が減った可能性も考えられる。そこで，発生率（人口10万人当たりの認知件数）をみると，これも2002（平成14）年をピークに減少し続け，その傾向は認知件数の場合と同様である。事件数が減少したのはなぜだろうか。様々な要因が関係

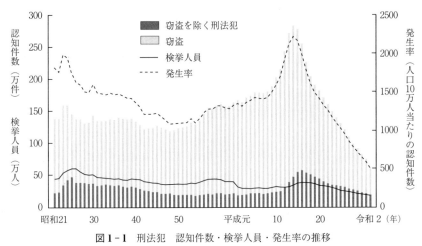

図1-1　刑法犯　認知件数・検挙人員・発生率の推移

出所：法務省法務総合研究所編「令和3年版　犯罪白書」1-1-1-1図及び同図CD-ROMをもとに筆者作成。

図1-2　刑法犯　検挙人員の罪名別構成比（男女別）（令和2年）

注1：警察庁の統計による。
　2：「横領」は，遺失物等横領を含む。
　3：（ ）内は，人員である。
出所：法務省法務総合研究所編「令和3年版　犯罪白書」。

しているとは思われるが，特に，近年，安全・安心な社会の実現を目指して，政府の施策や民間における取組が充実強化されてきたことの成果と考えられる。効果的な対策をとれば，犯罪を抑止できる可能性がみえてくるのである。

　前段で事件数の統計をみたが，次に事件に関わった人員に目を向けたい。2021（令和3）年に刑法犯について警察等が検挙した人員（検挙人員）は17万5041人であった。その罪名別構成比は，窃盗が半数近くを占め，次いで暴行，傷害が多い。なお，検挙人員における女性比は2割程度，女性の罪名別では，窃盗が7割以上を占め，男女で異なる傾向がみられる（図1-2）。また，検挙

人員の年齢別構成比をみると，65歳以上の高齢者の比率が上昇し，20歳未満が減少傾向にあり，高齢者は，2.7％（1992年）から23.6％（2021年），20歳未満の者は，47.3％（1992年）から8.8％（2021年）と推移している。精神障害のある者については，精神障害者が941人，精神障害の疑いのある者が313人で，2021（令和3）年の刑法犯の検挙人員総数の0.7％を占めている。

　刑法犯をはじめとして全体的に犯罪は減少傾向にあるが，近年，増加傾向又は高止まり状態がみられる犯罪もある。「児童虐待」に係る事件の検挙件数は，2014（平成26）年以降大きく増加している。「配偶者間暴力」に係る事件では，2010（平成22）年に比して暴行及び暴力行為等処罰ニ関スル法律（大正15年法律第60号）違反による検挙件数が増加している。「ストーカー犯罪」に係る事件の検挙件数も2011（平成23）年に比して増加がみられる。「高齢者犯罪」では，高齢者の刑法犯検挙人員は2008（平成20）年をピークに高止まりし，2016（平成28）年以降は減少しているが，他の年齢層が減少する中で高齢者率は上昇している。「薬物犯罪」では，覚醒剤取締法（昭和26年法律第252号）違反の検挙人員は2001（平成13）年以降減少傾向にあるが，大麻取締法（昭和23年法律第124号）違反の検挙人員は若者を中心に増加している。また，オレオレ詐欺などの「特殊詐欺」，「サイバー犯罪」なども問題視されている。以上のような注目すべき傾向は，社会が抱える問題を浮き彫りにしているとも考えられ，犯罪の動向を知ることは，地域社会における現下の課題を知ることにもなる。

　全体的に検挙人員が減少していることで，受刑者，保護観察対象者数も減少している。2021（令和3）年に新たに刑事施設（刑務所，少年刑務所，拘置所）に入所した受刑者は1万6152人，保護観察開始は1万4131人であった。なお，受刑者や保護観察対象者の中には，立ち直りに向けた福祉的支援を要する者が一定程度いるが，検挙後，そのような処遇の対象とならずに釈放される者についても，福祉的支援のニーズがある。

2　少年非行の動向

　犯罪白書の少年非行に係る統計において，「少年」とは20歳に満たない者，「非行少年」とは，犯罪少年，触法少年及び虞犯少年（第5章参照）のことをいい，男女を問わず「少年」と呼ぶ。少年非行の動向は，事件の認知件数ではなく検挙人員や補導人員でみていく。犯罪の発生を認知した時点では少年による

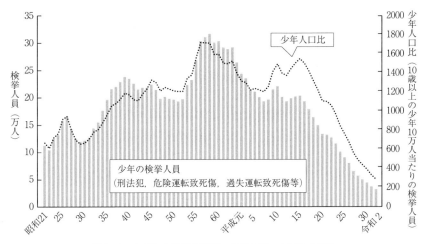

図1-3　少年による刑法犯等　検挙人員・人口比の推移

出所：法務省法務総合研究所編「令和3年版　犯罪白書」3-1-1-1図をもとに筆者作成。

事件かどうか不明なためである（なお，2022年4月1日施行の改正少年法において，18歳以上の少年は「特定少年」として位置づけられた（第5章参照））。

　少年による刑法犯・危険運転致死傷・過失運転致死傷等の検挙人員（触法少年の補導人員を含む）と人口比の推移は図1-3のとおりである。戦後の少年非行には何度かの波がある。1951（昭和26）年をピークとする「第一の波」，1964（昭和39）年をピークとする「第二の波」，1983（昭和58）年をピークとする「第三の波」である。その後は，一時増加した時期もあったが，2004（平成16）年以降減少し続けている。人口比（10歳以上の少年人口10万人当たりの検挙人員）でみた場合にも，同様に低下傾向にある。なお，「第一の波」は，戦後の社会的混乱と経済的窮乏を背景とし，年長少年による窃盗等の財産犯が中心の"生活型非行"，「第二の波」は，高度経済成長に伴う社会構造の変化を背景とし，年少少年による凶悪犯，粗暴犯が中心の"反抗型非行"，「第三の波」は，連帯意識の希薄化，価値観の多様化などを背景に，非行の低年齢化と一般化が特徴の"遊び型非行"ともいわれ，社会経済の変化が少年非行に影響を及ぼしていることがうかがわれる。第三の波の後，「平成17年版　犯罪白書」では，非行の背景に複雑な家族関係や発達上，資質上の問題を抱えている少年が少なくないといわれていること，少子高齢化という人口構造の急激な変化のもと，世帯人員の減少，離婚率の上昇，インターネットの普及，労働の多様化及び流動化等，

少年を取り巻く環境の変動が，様々な影響を及ぼしていると思われることを指摘している。

　少年非行の特徴をみると，少年による刑法犯の検挙人員（触法少年の補導人員を含む）は，2021（令和3）年の罪名別では，窃盗が51.9％，次いで傷害，横領（ほとんどが遺失物等横領），男女別では，女子比17.4％であった。少年による薬物犯罪の検挙人員は，覚醒剤取締法違反は減少傾向にあるが，大麻取締法違反は2014（平成26）年以降上昇している。家庭や学校における非行をみると，校内暴力事件といじめに起因する事件の検挙・補導人員は減少傾向にあるが，家庭内暴力事件の認知件数は，2012（平成24）年から増加傾向にある。中学生・高校生の割合が多いが，近年，小学生の増加が大きい。

　非行少年について，2021（令和3）年に新たに少年院に入院したのは1377人，新たに刑事施設に入所した受刑者は16人，保護観察開始は1万1492人，児童自立支援施設等送致は115人であった。

3　再犯・再非行の動向

　再犯とは，一度罪を犯した者が再度罪を犯すことだが，犯罪関係統計における再犯の指標は様々であるので，その意味の違いに留意しながら動向を把握していく必要がある。

　まず，刑法犯により検挙された者のうち再び検挙された者を"再犯者"とした統計が図1-4である。2006（平成18）年以降，再犯者の人員は減少し続けているが，初犯者についてはそれを上回る減少幅となっている。そのため，"再犯者率"（刑法犯検挙人員に占める再犯者の人員の比率）は上昇傾向にある。ここで，"再犯者率"と"再犯率"の違いを明確に理解しておかなければならない。「再犯者率が上昇している」ということは，罪を犯した人が再び罪を犯す割合（再犯率）の上昇ではない。近年の犯罪対策等により，初犯者・再犯者ともに減少したが，再犯者を減少させるための対策がより困難であることを示していると考えられ，再犯者に重点を置いた対策の必要性がわかる指標である。

　次に出所受刑者（刑事施設を出所した者）の再入率（刑事施設に再入所した割合）を指標としてみると，2016（平成28）年に出所した受刑者の5年以内再入率（入所度数別）は図1-5のとおりで，入所度数が多くなるほど再入率が高くなり，再犯を繰り返させないための対策の必要性がわかる。また，2021（令和3）

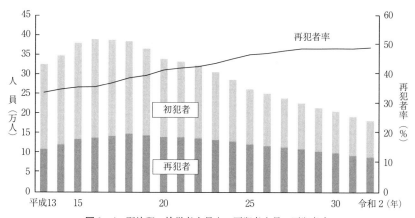

図 1 - 4　刑法犯　検挙者人員中の再犯者人員・再犯者率

出所：法務省法務総合研究所編「令和 3 年版　犯罪白書」 5 - 2 - 1 - 1 図をもとに筆者作成。

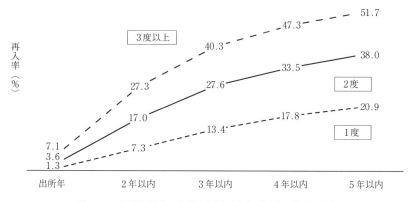

図 1 - 5　出所受刑者の入所度数別再入率（平成28年出所者）

出所：法務省法務総合研究所編「令和 3 年版　犯罪白書」 5 - 2 - 3 - 7 図をもとに筆者作成。

年に刑事施設に再入所した者の再犯期間別構成比は，出所から 1 年未満で再犯に至った者が34.4％， 2 年未満でみると54.3％を占め，出所後 2 年までの再犯リスクが高く，この期間に焦点づけた対策の充実が必要であることが理解できる。

　少年の再非行（再犯）についてはどうか。少年院出院者の状況をみると，2016（平成28）年出院者の出院後 5 年以内の再入院率及び刑事施設入所率は図 1 - 6 のとおりである。出院後年数が経過すると成年年齢に達する者が多くな

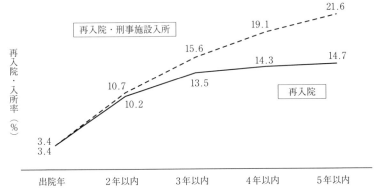

図1-6　少年院出院者の再入院率，再入院・刑事施設入所率（平成28年出院者）
出所：法務省法務総合研究所編「令和3年版　犯罪白書」5-2-5-3図をもとに筆者作成。

るため，少年院への再入院ではなく，刑事施設に入所する割合が高くなる点に留意が必要である。

　注

(1)　「令和4年版　犯罪白書」は，2021（令和3）年を中心とする最近の犯罪動向と犯罪者処遇の実情を扱っている。犯罪白書の最新版は，速やかに法務省のウェブサイトにおいて公表される。同ウェブサイトでは，1960（昭和35）年以降の毎年の犯罪白書を閲覧することもできる。なお，本章の図表は「令和3年版　犯罪白書」をもとに作成しているが，統計的傾向は，令和4年版と同様である。

(2)　警察庁の統計による。「精神障害者」は，統合失調症，精神作用物質による急性中毒若しくはその依存症，知的障害，精神病質又はその他の精神疾患を有する者をいい，精神保健指定医の診断により医療及び保護の対象となる者に限る。「精神障害の疑いのある者」は，精神保健及び精神障害者福祉に関する法律（昭和25年法律第123号）第23条の規定による都道府県知事への通報の対象となる者のうち，精神障害以外の者をいう。なお，法務省の矯正統計年報によれば，精神障害を有する者は，2021（令和3）年の入所受刑者のうち2475人（15.3%），同年の少年院入院者のうち413人（30.0%）である。この場合の「精神障害を有する者」とは，刑事施設等において，知的障害，人格障害，神経症障害，発達障害及びその他の精神障害（精神作用物質使用による精神及び行動の障害，統合失調症，気分障害を含む）を有すると診断された者をいう。

(3)　「令和4年版　犯罪白書」では，社会情勢の変化と犯罪・非行の動向に関連して

２つの特集を組んでいる。"新型コロナウイルス感染症と刑事政策" と題する特集においては，同感染症が我が国の犯罪動向等に与えた影響等についての分析を試みている。"犯罪者・非行少年の生活意識と価値観" と題する特集では，生活に深く関わる近年の社会情勢や国民の意識変化について概観したうえで，1990（平成２）年以降定期的に実施してきた特別調査の結果を分析している。

参考文献

法務省法務総合研究所編「令和３年版　犯罪白書」「令和４年版　犯罪白書」。

学習課題

① 　犯罪や非行について関心のある事項の最新の統計を調べ，近年の傾向について考察してみよう。
② 　再犯や再非行について関心のある事項の最新の統計を調べ，近年の傾向について考察してみよう。

コラム1　日本の治安は悪くなっているのか

　2022（令和4）年3月に公表された内閣府「治安に関する世論調査」の結果によれば，「ここ10年で，日本の治安はよくなったと思いますか。それとも悪くなったと思いますか」と聞いたところ，「どちらかといえば悪くなったと思う」が44.5％，「悪くなったと思う」が10.1％であり，合わせて5割以上の人が治安の悪化を感じていた。

　その10年前，2012（平成24）年の内閣府「治安に関する特別世論調査」では，同じ質問と選択肢が示され，8割以上の人が治安の悪化を感じていた。

　治安の悪化を感じる人の割合は減少しているものの，この20年間"体感治安"は悪化していることになるが，"指数治安"は逆であり，2003（平成15）年から2021（令和3）年までの犯罪統計によれば，刑法犯の認知件数は毎年減少し続け，戦後最少を更新している。

　このようなギャップが生じるのはなぜだろうか。私たちが日常的に接する犯罪情報は，事件発生のニュースが中心である。凶悪・悪質な事件が繰り返し報じられ，心が脅かされる。近年では，無差別殺傷事件，特殊詐欺，児童虐待の発生などに，社会がよくない変化に向かっていると感じる人も多いだろう。

　他方で，犯罪統計などを目にする機会はほとんどなく，積極的に関心をもつ人も限られる。しかし，犯罪が全体として減少していることはよい変化であり，多くの人がこのことを知り，犯罪が減少した要因や残された問題に関心を向ければ，安全・安心な社会の実現に向けたさらなる改善や新たな社会課題の解決につながるのではないだろうか。

　近年，官公庁が発行する白書，統計，調査研究等はウェブ上に掲載され，容易に入手できるようになった。中には，受刑者や刑務所等出所者へのアンケートや事例紹介など，犯罪者理解に役立つ情報も多く含まれている。受け身の情報だけでなく，自ら情報にアクセスすることにより，みえてくるものは多いだろう。

第2章

再犯・再非行を防止するための近年の取組

政府は2012（平成24）年に「再犯防止に向けた総合対策」を策定し，数値目標を設定，2016（平成28）年には「再犯の防止等の推進に関する法律」（平成28年法律第104号）が制定された。近年，再犯・再非行の防止に向けた取組が推進され，成果をあげている。本章では，その経緯と各種取組の進展を概観し，再犯・再非行を防止するために何が必要かを理解していく。

1 再犯防止推進施策の経緯

犯罪の動向に応じて政府はどのような対策を講じてきただろうか。

第1章でみたとおり，1996（平成8）年以降，刑法犯の認知件数が増加し続けていたところ，治安水準が深刻な状況にあることに危機感をもった政府は，2003（平成15）年から「犯罪対策閣僚会議」を開催することとした。そこでは，「犯罪に強い社会の実現のための行動計画」が策定され，犯罪情勢に応じた各種の施策が強力に講じられることになった。この計画では，自主防犯活動に取り組む地域住民やボランティア団体の支援，警察官や検察官等の職員増員などを推進し，目標とした5年間で，刑法犯の認知件数は減少し続けた。しかし，件数として改善がみられたものの，刑務所出所者等による重大再犯事件の発生や刑法犯により検挙された再犯者の増加が問題視され，2005（平成17）年から再犯防止のための緊急的対策が実施されることとなった。そして，2006（平成18）年には，性犯罪者に対する処遇プログラムや刑務所出所者等総合的就労支援対策を開始した。「平成19年版 犯罪白書」では，約3割の再犯者が約6割の犯罪を惹起しているという調査結果が公表された。

2009（平成21）年には，高齢又は障害のために自立した生活をすることが困難であるのに，身寄りがなく，福祉的支援が必要な刑務所出所者等について，

釈放後速やかに福祉サービスを受けることができるための取組「特別調整」が開始された。また，同年の犯罪白書では，刑務所再入者の約 7 割は再犯時に無職である，刑務所入所回数が多い者ほど適切な帰住先がない，覚醒剤取締法違反による再入所者の 7 割が同一罪名による再入所であるという調査結果を公表し，以後，就労支援，刑務所等出所後の帰住先の確保，薬物事犯者等特定の問題を抱える者への指導・支援の強化が図られていく。

　2012（平成24）年には，犯罪対策閣僚会議が「再犯防止に向けた総合対策」を決定し，4 つの重点施策のほか，「出所後 2 年以内に再び刑務所に入所する者等の割合を今後10年間で20％以上減少させる」という数値目標が設定された。出所後 2 年以内は，最も再入率が高い時期となっており，この期間における再犯防止効果は大きいと考えられることから指標となった。なお，2019（平成31／令和元）年の出所者では再入率15.7％（目標は16％以下）となり，目標を達成し，2020（令和 2）年の出所者では，15.1％とさらに減少した。

　2013（平成25）年，新たな治安対策として犯罪対策閣僚会議が決定した「『世界一安全な日本』創造戦略」が閣議決定され，柱となる 7 施策の一つに「犯罪の繰り返しを食い止める再犯防止対策の推進」が掲げられた。

　2014（平成26）年には，犯罪対策閣僚会議が「宣言：犯罪に戻らない・戻さない——立ち直りをみんなで支える明るい社会へ」を決定し，犯罪や非行をした者を社会から排除・孤立させるのではなく，再び受け入れる（RE-ENTRY）ことが自然にできる社会にすることを目標とし，出所者等の事情を理解したうえで雇用している企業の数，帰るべき場所がないまま刑務所から社会に戻る者の数について，数値目標を設定し取組を進めた。

　2016（平成28）年，上記宣言により，立ち直りを支える民間の支援の輪は着実に広がりがみられたものの，立ち直りに様々な困難を抱える薬物依存者や犯罪をした高齢者・障害者等の多くは，刑事司法と地域社会の狭間で，必要な支援を受けられないまま再犯に及んでいる現状があった。犯罪対策閣僚会議においては「薬物依存者・高齢犯罪者等の再犯防止緊急対策——立ち直りに向けた"息の長い"支援につながるネットワーク構築」を決定し，刑事司法関係機関による取組の充実に加え，刑事司法手続終了後も地域社会における立ち直り支援が続く体制の強化を目指した。

2 再犯防止推進法と再犯防止推進計画

2005（平成17）年以降，再犯防止に向けた取組の強化が図られてきたが，刑事司法機関だけの取組では限界があり，国・地方公共団体・民間が一丸となった取組が重要との認識から，再犯防止を推進するための法案が検討され，2016（平成28）年12月に「再犯の防止等の推進に関する法律」（以下「推進法」という）が制定，同月施行された。

推進法は，再犯の防止等に関する施策に関し，基本理念を定めている（第3条）。その第一が，犯罪をした者等の多くが，定職・住居を確保することができない等のため，円滑な社会復帰が困難な状況にあることを踏まえ，犯罪をした者等が，社会において孤立することなく，国民の理解と協力を得て再び社会を構築する一員となることを支援することであり，社会復帰支援を基本的な対策として定めた。第二が，犯罪をした者等が，その特性に応じ，矯正施設に収容されている間のみならず，社会復帰後も途切れることなく，必要な指導及び支援を受けられるようにすることであり，"息の長い"支援の必要性を示した。また，このような支援の理念だけでなく，基本的な考え方として，「犯罪をした者等が，犯罪の責任等を自覚すること及び被害者等の心情を理解すること並びに自ら社会復帰のために努力することが，再犯の防止等に重要である」ことを明記している。

次に，再犯の防止等に関する施策の実施主体について，国の責務と地方公共団体の役割を規定し，国だけでなく地方公共団体も対策の策定・実施の責務を負うことを明確化した（第4条）。そして，政府が，「再犯防止推進計画」を定めること，都道府県及び市町村については，政府の再犯防止推進計画を勘案し，「地方再犯防止推進計画」を定める努力義務を規定した（第7条，第8条）。犯罪をした者が生活の基盤を置く身近な自治体において施策を担うことは，対象者が孤立することなく再び社会を構築する一員となるための支援において有効であり，「国民が犯罪による被害を受けることを防止し，安全で安心して暮らせる社会の実現に寄与する」（第1条）目的においても効果的と考えられる。

推進法に基づく「再犯防止推進計画」は，2017（平成29）年に閣議決定され，その成果は着実にあがっているが，5年ごとに見直すものとされ，2022（令和4）年度中に計画の見直しが行われる予定であり，最新の情報を確認する必要

がある。(2)

　「地方再犯防止推進計画」については，2022（令和4）年4月1日現在で，47都道府県，18指定都市，306市町村（特別区を含む）が策定している。担当部署は，自治体によって様々であるが，福祉部門又は生活安全部門が担当していることが多いようである。なお，地方自治体には，再犯防止の取組を進めるノウハウは蓄積されていないため，2018（平成30）年度から3年間で，国と地方公共団体の協働による地域再犯防止推進モデル事業が実施された。モデル事業の好事例は全国の地方自治体に共有されており，地域における再犯防止のためのネットワーク構築も進むなど，地方における再犯防止の取組は着実に進んでいる。

　法務省，検察庁及び厚生労働省は，地方公共団体が地方再犯防止推進計画を策定する際に，地域福祉と一体的に展開することが望ましい分野については地域福祉計画を積極的に活用するよう周知しており，地方再犯防止推進計画を地域福祉計画と一体として策定する例も相当数見受けられる。

3　再犯・再非行防止に向けた社会復帰支援

（1）就労支援

　再犯者には無職の者が多く，円滑な社会復帰に向けて就労支援は重要である。2006（平成18）年から法務省と厚生労働省が連携した「刑務所出所者等総合的就労支援対策」が実施されているが，さらに2014（平成26）年度には，保護観察所が就労支援に関するノウハウや企業ネットワーク等を有する民間の事業者に委託して行う「更生保護就労支援事業」を開始した。2016（平成28）年には，矯正管区に，刑務所出所者等の雇用を希望する事業者の相談に応じる矯正就労支援情報センター（通称「コレワーク」）が設置された。一般就労と福祉的支援の狭間にある者への就労支援も課題となっている。障害等により就労が困難な者について，その事情に応じた就労支援を行う必要があり，矯正施設において「障害者就業・生活支援センター」等の就労支援制度の紹介が行われているほか，障害福祉サービス事業所における矯正施設出所者等である障害者の受入促進を図るための取組も行われている。また，再犯防止推進計画（2017年閣議決定）には「障害者雇用における農福連携の取組みを参考に，ソーシャルビジネスとの連携を推進すること」が明記されている。保護観察所では，いわゆる

「ソーシャル・ファーム」との連携による雇用や受入が進められ，また，2019（令和元）年の「農福連携等推進ビジョン」には，犯罪や非行をした者の立ち直りに向けた取組が掲げられた（第9章，第12章参照）。

（2）高齢・障害者対策

高齢又は障害により自立が困難な者が，矯正施設出所後に，福祉サービスを円滑に利用できるようにするため，2009（平成21）年から，矯正施設，地方更生保護委員会，保護観察所，地域生活定着支援センター等の関係機関が連携した特別調整が開始された。この取組は「出口支援」とも称される。

その後，被疑者・被告人の段階で行われる支援も重要視され，刑事司法手続の入口で行われる「入口支援」の取組が進められてきた。高齢又は知的障害等により自立した生活が困難な者が，起訴猶予，罰金，全部執行猶予等により身柄釈放となった場合に必要な福祉サービス等に橋渡しする取組であり，検察庁において実施されている。ただし，刑事司法手続の限られた期間内では円滑な調整に課題もあり，地域の福祉につながるまでの間，保護観察所において更生緊急保護の枠組の中で一時的な住居の提供や生活指導，助言が行われている。2021（令和3）年度には，地域生活定着支援センターの業務に，新たに被疑者等支援業務が加えられ，検察庁，保護観察所等と連携した支援が開始された（第9章，第11章及び第12章参照）。

（3）満期釈放者対策

刑事施設を刑期満了で釈放となる者の2年以内再入率は，仮釈放者より2倍以上高い水準で推移し，満期釈放者対策は再犯防止を推進するうえで重要な課題である。仮釈放の場合は刑期満了まで保護観察対象者として指導や支援を受けるが，満期釈放の場合，出所と同時に刑事司法手続を終了することになる。

満期釈放者が仮釈放にならなかった事情としては，住居調整不良及び刑事施設内での行状不良が多い。そこで，再犯リスクの高い状態で社会復帰することのないよう，住居を確保するための支援や，行状不良の問題を改善するためのカウンセリング等を実施し，仮釈放につなげる取組が進められている。

満期釈放後も，更生緊急保護により，保護観察所と関係機関等が連携した継続的支援が実施され，その充実が図られているが，満期釈放者の約7割が，精神・身体上の配慮を必要とする者であり，高齢又は障害を有する場合には，受

刑中から出所後の福祉的支援を見据えた調整を行っている[3]。さらに，地方公共団体や民間協力者においても，刑事司法手続終了後を含めた"息の長い支援"を実施する取組が開始されている（第9章，第11章及び第12章参照）。

（4）薬物依存対策

　薬物犯罪の特徴は，再犯性が高いことである。2018（平成30）年に策定された「第5次薬物乱用防止5か年戦略」[4]では，目標の一つに「薬物乱用者に対する適切な治療と効果的な社会復帰支援による再乱用防止」が掲げられている。また，2016（平成28）年には刑の一部執行猶予制度の運用を開始，「薬物使用等の罪を犯した者に対する刑の一部の執行猶予に関する法律」（平成25年法律第50号）（第4章参照）が施行された。

　刑事施設及び保護観察所においては，薬物依存を有する対象者に対し，認知行動療法に基づく専門プログラムを実施している。このプログラムは，医療機関や薬物依存からの回復を目指す民間自助団体（ダルク等）と連携し，刑事司法手続を終了しても，それらの機関等につながり回復努力が継続されることを目指している。出所者等を受け入れる更生保護施設においても，薬物処遇重点実施更生保護施設に指定された施設で専門的な処遇を実施している。

　厚生労働省は，薬物依存治療の専門医療機関の拡大，薬物依存症に関する相談窓口の充実，依存症民間団体支援事業，薬物依存症者の親族等の知識の向上を図る取組などを実施している。また，法務省及び厚生労働省において，2015（平成27）年に「薬物依存のある刑務所出所者等の支援に関する地域連携ガイドライン」を策定，刑事司法機関と地域の医療・保健・福祉機関等との連携体制の構築を図っている（第9章，第10章及び第12章参照）。

注
(1) 矯正施設とは，刑事施設（刑務所，少年刑務所，拘置所），少年院，少年鑑別所，婦人補導院を指す。なお，売春防止法（昭和31年法律第118号）の改正，婦人補導院法（昭和33年法律第17号）の廃止により，2024年4月1日には婦人補導院は廃止される。
(2) 「令和4年版　再犯防止推進白書」では，"再犯防止推進計画策定後の課題と今後の展望～当事者の声とともに振り返る～"と題する特集を組み，最初の計画期間に

　　おける再犯防止の取組を振り返り課題を確認している。

⑶　「令和 3 年版　再犯防止推進白書」において，満期釈放者対策の充実強化に向け
　　た特別調査の結果の一部を紹介している。

⑷　薬物乱用対策推進会議決定の「第 5 次薬物乱用防止 5 か年戦略」は 5 年間の計画
　　であり，期間経過後は新たな戦略等を確認しておく必要がある。

参考文献

法務省「再犯防止推進白書」平成30年版〜令和 4 年版。

細井洋子・辰野文理編（2021）『高齢者犯罪の総合的研究——社会保障，雇用，家族，
　高齢化を視野に比較文化的に考察する』風間書房。

学習課題

①　身近な地方自治体における再犯防止推進の取組を調べてみよう。

②　罪を犯した人を地域社会で支援する場合，困難な点として，どのようなことが考
　　えられるか。それに対する有効な方策はどのようなものか考えてみよう。

コラム2　修復的司法

　再犯防止が大切なのはわかるけれど，犯罪被害者（遺族等を含む）の置かれた状況を考えれば，加害者支援には納得できない気持ちになるという人もいるだろう。では，犯罪被害者の精神的回復を図り，加害者の反省と立ち直りを促す，この2つを両立させる方法があるだろうか。

　修復的司法（Restorative Justice）という考え方がある。法律に違反した者に対して国家が刑罰を科す刑事司法とは異なり，被害者が受けた害を中心に据えて修復や回復を図ろうとする活動だが，その定義は統一されておらず，海外における導入の形も様々である。実践形態を次のとおり2つのモデルに分ける考え方がある。

　純粋モデル：加害者，被害者，コミュニティ構成員が集まり，問題解決に向けて直接話し合うことで，被害者の回復を図り，加害者が責任をとり，コミュニティが被害者と加害者への支援を強化することを目指すプロセス。それぞれ参加意思をもって，協力的に話し合うことが不可欠とされる。

　最大化モデル：純粋モデルに限定せず，修復的司法を広い意味に理解し，犯罪によって生じた害を修復する目的で行われる一切の活動のこと。

　我が国には，純粋モデルのような制度はないが，犯罪被害者の状況等を理解させることにより加害者の心からの反省を促し，償いについて考えさせる施策がある。一つは，加害者への心情等伝達制度で，保護観察所が被害者の心情等を聴取し，保護観察対象者に伝えるものである。この制度は，新たに刑務所や少年院等においても導入されることとなった。また，保護観察対象者に対する「しょく罪指導プログラム」，受刑者等に対する「被害者の視点を取り入れた教育」があり，犯罪被害者が受刑者等に講演等する取組も行われている。

　我が国では，2004（平成16）年に犯罪被害者等基本法（平成16年法律第161号）が制定され，国だけでなく，地方公共団体，民間団体等における被害者支援も促進されており，犯罪被害者の生活支援に向け，社会福祉士，精神保健福祉士の役割にも期待が向けられている。

参考文献：高橋則夫（2003）『修復的司法の探求』成文堂。

第3章

社会福祉士・精神保健福祉士の役割

　犯罪や非行に至った人の中には，高齢，知的障害等により福祉の対象になり得るケースがあるが，以前は，罪を犯した人に対する支援が一般的な福祉の領域として認識されることは少なかった。刑事司法領域における福祉専門職の関与は，まだ歴史が浅く，試行錯誤しつつ進展しているところであるが，その専門性が求められる場面は拡大している。本章では，刑事司法と福祉の連携経緯を踏まえつつ，福祉専門職が刑事司法の各段階で担っている具体的業務を知り，その役割について考える。

1　刑事司法と福祉の連携

　罪を犯した人の中に福祉の対象になり得るケースが少なくないことは，かつて社会一般には知られていなかった。刑事司法関係機関においては個別の必要性によって対応し，更生保護制度において支援してきたが，実態を積極的に公表することはなかった。それを明らかにし，福祉分野の役割と刑事司法関係機関との連携について検討したのは，2006（平成18）年度から3年計画で実施された厚生労働科学研究「罪を犯した障がい者の地域生活支援に関する研究」（主任研究者・田島良昭）である。つまり，刑事司法と福祉の連携の扉は障害者福祉領域から開かれ，地域における支援の課題として取り上げられたのであり，このことは注目に値する。その契機となったのは，知的障害が疑われた刑務所出所者が，地域社会に居場所を失って起こした再犯事件と，元国会議員で服役経験あるジャーナリストが，知的障害の疑われる受刑者の実情を綴り，問題提起したことにある。犯罪対策としての再犯防止の視点ではなく，福祉分野において，福祉につながってこなかった障害者の存在に気づき，当事者が再び罪を犯すことのないよう福祉ニーズを把握して支援を行おうとしたのが，刑事司法

と福祉の連携の始まりである。

　その後，「罪を犯した障がい者」の問題は，広く世の中に認識されるようになり，同時に，障害者だけでなく高齢犯罪者の増加もクローズアップされた。厚生労働省は，2009（平成21）年度から地域生活定着支援事業（現在は地域生活定着促進事業）を開始，各都道府県に「地域生活定着支援センター」を設置し，高齢又は障害により福祉的な支援を必要とする矯正施設退所者等を法務省と連携して支援する体制を構築した。また，刑事司法においても，再犯防止における福祉的支援策を重視し，福祉との連携強化を図ってきた。ただし，刑事司法と福祉は，それぞれの役割において異なる領域である。刑事司法には，罪を犯した者に対して厳正かつ適切に対処し，被害者や社会を守り正義を実現する目的があり，福祉領域の対人援助とは異なる立ち位置がある。それぞれ業務の根拠とする法律，制度，専門性にも違いがあり，連携が円滑・効果的に行われるためには，相互理解と目的に向かって協働する努力が必要となる。

2　社会福祉士・精神保健福祉士の業務

（1）検察庁

　検察庁においては，高齢又は知的障害のある被疑者等のうち福祉サービス等を必要とする者について，起訴猶予，罰金，全部執行猶予により身柄釈放となる際に福祉サービス等につなぐ「入口支援」を実施するため，担当職員のほか，非常勤職員である社会福祉士の配置や地域で活動する社会福祉士を登録して専門的立場から助言を受けられる体制をとっている。社会福祉士は「社会復帰アドバイザー」などと呼ばれ，対象者について福祉的支援の必要性を検討し，釈放後の福祉サービスの利用や居住先確保のための調整などを行っている。

（2）更生支援計画

　捜査・公判段階で，弁護人が被疑者・被告人に対する福祉的支援策をとりまとめた「更生支援計画書」を提示等する場合がある。これは，弁護人の依頼を受けて社会福祉士や精神保健福祉士が作成するもので，専門的知見に基づくアセスメントと具体的な支援の方向性が提案された書面である。この計画書は，あくまでも再犯防止に向けた福祉支援の提案であり，弁護人との連携の中で作成するが，司法判断（起訴・不起訴の判断，刑罰の判断）に踏み込まないことが

基本となる。

（3）刑事施設及び少年院

　刑事施設及び少年院においては，円滑な「出口支援」のため，社会福祉士又は精神保健福祉士を常勤職員の「福祉専門官」あるいは非常勤職員として配置している。高齢又は障害のため自立が困難な受刑者等のうち，福祉サービスが必要となる対象者を掘り起こし，福祉ニーズを把握するとともに，障害者手帳などの申請手続の援助，保護観察所や地域生活定着支援センターとの調整業務を行う。また，疾病等のため，釈放後直ちに医療や福祉サービスが必要な受刑者等について，受入先の開拓及び受入に向けた連絡調整，福祉事務所，市町村窓口等関係機関との連絡調整を行っている。

（4）保護観察所

　保護観察所には，精神保健福祉士等の有資格者である「社会復帰調整官」が配置され，「心神喪失等の状態で重大な他害行為を行った者の医療及び観察等に関する法律」（平成15年法律第110号）（以下「医療観察法」という）に基づく生活環境の調査・調整，精神保健観察等の業務に従事している（第5部参照）。また，専門職として，精神障害など福祉・医療ニーズをもつ保護観察対象者の処遇にも側面から援助・協力することが期待されている。

　保護観察所や地方更生保護委員会等で勤務する保護観察官において，福祉の専門知識を獲得することは業務上有用であることから，社会福祉士等の資格取得を目指す職員は増加している。

（5）更生保護施設

　更生保護施設においては，高齢又は障害により福祉サービス等を必要とするが，刑務所等出所後の帰住先がなく，出所後直ちに福祉による支援を受けることが困難な者を一時的に受け入れる「指定更生保護施設」に，社会福祉士，精神保健福祉士，介護福祉士等の資格等をもった職員を配置し，福祉サービスを受けるための調整及び社会生活に適応するための指導や助言を行っている。また，「薬物処遇重点実施更生保護施設」では，精神保健福祉士や公認心理師の資格をもった専門スタッフを中心に薬物依存からの回復に重点を置いた処遇を行っている（第11章参照）。

（6）地域生活定着支援センター

　地域生活定着支援センターには，社会福祉士，精神保健福祉士等の専門知識を有する職員が配置され，刑事司法関係機関や福祉関係機関と連携して，高齢又は障害により福祉的な支援を必要とする犯罪をした人等に対し，社会復帰及び地域生活への定着を支援している。具体的には，①コーディネート業務（矯正施設を退所する予定の人の帰住地調整の支援），②フォローアップ業務（矯正施設を退所した人を受け入れた施設等への助言等），③被疑者支援業務（被疑者・被告人の福祉サービス等の利用調整や釈放後の継続的な援助等。2021年度開始），④相談支援業務（犯罪をした人・非行のある人等への福祉サービス等についての相談支援）である。

（7）精神保健福祉センター

　精神保健福祉センターには，精神保健福祉士等の専門職が配置され，こころの健康，精神科医療，社会復帰など，精神保健福祉全般にわたる相談や自立と社会経済活動への参加のための援助等を行っている。医療観察法対象者や，精神障害あるいは薬物やアルコール等の依存症がある保護観察対象者の処遇について，保護観察所等と連携するほか，刑事司法等の手続が終了した後にも必要な精神保健福祉サービスが継続するよう調整を行う。

（8）地方公共団体

　地方公共団体においても，再犯防止推進に向けて福祉専門職の役割が期待されている。たとえば，地域再犯防止推進モデル事業では，「万引きなどの犯罪をしてしまう高齢者やその家族等を対象に社会福祉士や精神保健福祉士等が電話相談を受け付け，本人の状況や生活環境等についてアセスメントを行うことで，適切な支援につなげる」（東京都）などの取組が行われた。今後も，「地方再犯防止推進計画」などに基づく施策の推進に，社会福祉士や精神保健福祉士の専門性が求められる場面は多いと思われる。

3　刑事司法関係機関の職員等との協働

（1）アセスメント

　地域社会において福祉につながらなかった人が，罪を犯し，刑事司法手続の

対象となったことで、福祉的支援のニーズが判明することが少なからずある。その場合、社会福祉士等が専門的知見に基づき的確にアセスメントすることが支援の始まりとなり、その役割は極めて大きい。刑事司法手続が進行する中でのアセスメントは、必要な情報の収集が刑事司法関係機関職員等の協力のもとで行われることになる。近年、刑事司法に携わる職員等においても、研修の実施や具体的な支援経験の積み重ねにより、事例把握力の向上が図られており、連携と協働が重要となる。

（2）動機づけ

　福祉的支援の対象とすることが望ましいケースであっても、対象者本人が支援を拒否することも少なくない。また、地域社会において福祉につながっていたにもかかわらず、自ら援助の手を離れ、犯罪に至った人もいる。そのような対象者への動機づけは課題であり、中には精神障害等を伴うために同意を得にくい事例もあるが、社会福祉士等は、その専門性に基づき、面談で丁寧に説明することなどを重ね、刑事司法関係機関の職員等と協力しつつ、対象者を必要な福祉的支援につなげていく役割を担う。

（3）協働体制

　近年、刑事司法関係機関では、社会復帰支援のための担当部署の設置や職員体制の強化、職員に対する福祉関係研修の推進などが図られ、福祉専門職との協働体制が構築されてきている。また、福祉的支援において連携することの多い保護観察官は、法務省専門職員（人間科学）採用試験により採用され、心理学、教育学、福祉及び社会学の知識を有する。また、矯正施設で勤務する法務教官も同様の試験、法務技官（心理）は同試験の矯正心理専門職区分からの採用者である。このような専門職員と福祉専門職との効果的な連携が期待される。

参考文献

法務省「令和4年版　再犯防止推進白書」。

山本譲司（2008）『獄窓記』新潮社。

学習課題

① 参考文献などに掲載されている福祉的支援の事例をもとに，どのような取組が効果的か考えてみよう。

② いわゆる「入口支援」と「出口支援」はどう違うのか，共通することは何か整理してみよう。

コラム3　多重な生きにくさを理解する

　矯正施設で働くソーシャルワーカーは，高齢又は障害のある被収容者に対して，必要な福祉サービスや医療等の社会資源を収容中から調整することにより，矯正施設から地域へのシームレスな社会復帰と，その後の安定した社会生活の継続を目指している。

　筆者は刑務所の福祉専門官であるが，私たちソーシャルワーカーが関わる高齢又は障害のある被収容者は，矯正施設に収容されたことによる生きにくさに加え，認知機能が低下している，移動に援助を要する，生活のルールの理解に時間を要する，精神症状を有する，治療が困難な疾病を患っている等，心身の機能低下や活動の制限，能力の制約等による日常生活上の様々な生きにくさを有している。ただし，周囲の目に見えるこうした生きにくさは，あくまで表面的なものに過ぎないのではないかと感じている。

　たとえば，福祉的支援の対象となる被収容者の中には，目に見える障害や疾患だけでなく，虐待やいじめ被害，過酷な成育環境，失われた教育の機会，就労自立の挫折，家族や身近な人の喪失等の体験を有している人も多く存在する。その中には，そういった出来事を複数かつ連続的に体験した結果，社会適応が困難となり，社会との健全な関わりを回避し，周囲の目に見えづらい孤立という生きにくさを根本に抱えてしまった人が少なくない。

　高齢又は障害のある被収容者が抱える多重な生きにくさを理解し，これからどう生きたいかをともに考え悩み，支援へのアクションを起こし，時に代弁し意思決定を支えながら，福祉サービス等とともに次の適切なステージへつないでいく。矯正施設という特殊な場所ではあるものの，ソーシャルワークの原理原則は同じだ。

　釈放後，調整に協力いただいた関係機関から，地域で他者と関わりをもちながら生き生きと生活している本人の様子を聞くことがある。負の体験の連続により周囲に助けを求めることを諦めていた本人が，矯正施設の中で自身の生きにくさを他者に伝え，相談したからこそ，関係機関に受け容れてもらうことができ，釈放後の安定した生活につながったのだと思う。矯正施設収容中に，福祉的な支援をとおして正の体験を創出することも，私たち矯正施設のソーシャルワーカーが担う役割の一つなのだと考えている。

第Ⅱ部

犯罪や非行に関する
法制度の基本

第4章

刑事事件に関する法制度

"刑事司法"について，その根本的なルールである「刑法」及び「刑事訴訟法」（昭和23年法律第131号）を理解することを目的としてこの章は記述されているが，日常生活であまり触れたことがない"法律"の内容及び用語や表現の難解さを知り，なぜそのようなルール（＝法律）が必要なのかを考えながら学ぶことがポイントである。さらに，法制度とその実務に興味を抱くことができれば，将来「福祉」に携わる際にも有用である。

1　刑　法

（1）刑事司法と刑法

　刑事司法とは，狭義では，裁判所が扱う刑事事件を意味するが，広義では，実質的意義の刑法に関する取扱全般を意味する。すなわち，犯罪が発生した場合に，誰がどのように対応するのかのすべてである。刑事司法を理解するには，「刑法」「犯罪」「刑罰」の各概念と内容を理解する必要がある。

　第一に，刑法とは，どのような行為が犯罪になるのか，なおかつ，各犯罪にどのような刑罰を科するのかを，規定した法律である。

　実質的意義の刑法は，一般刑法と特別刑法に分類される。前者は，「刑法」[1]という名称の法律である。窃盗，傷害，文書偽造，収賄等，幅広い犯罪行為を規定している。後者は，一般刑法以外の法律で，犯罪と刑罰を定めたものの総称である。たとえば，薬物に関する「覚醒剤取締法」，交通事故に関する「自動車の運転により人を死傷させる行為等の処罰に関する法律」（平成25年法律第86号），飲食業に関する風俗営業等の規制及び業務の適正化等に関する法律（昭和23年法律第122号）（略称「風営法」）等，対象行為別に犯罪となる行為を規定している。

　第二に，犯罪とは，日常用語上の捉え方では，他人や社会に迷惑となる悪い行いと理解されるが，刑事司法においては，"刑罰を用いて禁圧すべきと考える行為""その遂行に対して刑罰が科されるべき行為"とされる。

　第三に，刑罰とは，犯罪（罪を犯した者）に対して科される制裁である。

　刑法は構成要件という形式を用いて犯罪に該当する行為を犯罪でない行為と明確に区別し，各犯罪に対する相応な刑罰を規定して，刑事司法が運用されているが，その目的は，犯罪を防止し，治安を安定させ，安全で安心して暮らせる社会をつくるためとされる。ただ，この目的は，刑事司法によってのみ実現されるものではなく，犯罪が害悪であっても，罪を犯した者の生命，自由，財産を奪う制裁である以上，できる限り最後の手段として使用すべきとされる（謙抑主義）。

　このように犯罪と刑罰を規定する刑法の基本原理として，重要なものは次のとおりである。

　①　法益保護主義[2]

　法的な保護に値する利益を擁護するためにそれに対する加害行為が行われた場合にだけ犯罪の成立を肯定すべきとする原理。犯罪は，何らかの法益を侵害するか，その危険があるものとして規定されているのはこのためである。

　②　責任主義

　責任のある行為についてだけ犯罪の成立を肯定すべきとする原理。法益侵害を行った者に，故意又は過失が必要とされることを意味する。

　③　罪刑法定主義

　事前に法律で犯罪と定められた行為だけについて犯罪の成立を肯定すべきとする原理。刑罰という国家権力の濫用を防止するとともに，国民に何が犯罪であるかを事前に知らせて行動の自由を確保することになる。これは日本国憲法第31条（「何人も，法律の定める手続によらなければ，その生命若しくは自由を奪われ，又はその他の刑罰を科せられない」）からも要請される原理である。

　この罪刑法定主義から導かれる要請として，刑罰は国会による法律によって定められなければならない（法律主義），何が犯罪になるかは行為を行う前に定められなければならない（遡及処罰の禁止（憲法第39条）），法律の文言の枠内で犯罪に該当する拡張解釈は許されるが，処罰すべき必要があるから枠内にない行為を犯罪とする類推解釈は許されない，通常の判断能力を有する一般人の理解をもって，何が犯罪であるかが曖昧な定め方は許されない（明確性の原則），

無害な行為や過度に広範な処罰を定めてはならない（内容の適正），定められた犯罪に対して著しく均衡を失する刑罰を定めてはならない（罪刑の均衡）ものとされる。

（2）犯罪の成立――構成要件

刑法では，犯罪とこれに対する罰則を定めているが，①構成要件に該当する，②違法で，③有責な，④行為を要素として規定している。

まず，犯罪は行為でなければならない。すなわち，思想・信条・意思は行為者の内心に留まる限り，処罰されない。ただ，何もしないこと（不作為）が処罰されることもある（たとえば，保護責任者遺棄等（刑法第218条））。

次に，刑法は犯罪を構成要件という形式を用いて定めており，たとえば，窃盗罪は「他人の財物を窃取した者は，窃盗の罪とし，10年以下の懲役又は50万円以下の罰金に処する」（刑法第235条）とされ，「他人の財物」及び「窃取した者」という要件を明示している部分が，構成要件と理解される。物であっても，"他人の"物でなければ構成要件を充たさず，犯罪とならない。

さらに，犯罪として刑罰を科すためには，違法性と有責性が必要である。刑法が禁止する行為（構成要件に該当する行為）は違法とされ，また，行為を行った者がその者の内心面において非難に値することが有責とされる。違法性は法益保護主義から，有責性は責任主義からの要請である。

ただ，構成要件として規定される行為は，違法性と有責性を充たす行為と評価されているが，構成要件に該当しても犯罪が成立しない場合として，違法性阻却事由や責任阻却事由が存在する。前者は，正当防衛，緊急避難，正当業務行為として刑法に規定され，また，後者は，責任能力が認め難い心神喪失の状態や期待可能性がない状況での犯罪行為等を想定していて，これらの事由が存在すれば，犯罪として刑罰を科すことができない。

（3）責任論

責任主義の要請として，刑罰を科すには，犯罪を行ったことを非難できることが必要である（非難可能性）。この責任を認めるためには，①故意・過失，②責任能力，③期待可能性（他行為可能性）が必要であるとされる。

① 故意・過失

故意とは，「罪を犯す意思」で（刑法第38条第1項本文），犯罪の成立を認める

ためには原則として故意が必要である。犯罪となる事実を認識しながら敢えて行為に及ぶことを非難する趣旨である。

これに対して，過失は，敢えて犯罪を行うものではないから，特別の規定がない限り処罰されない（刑法第38条第1項但書）。たとえば，他人の物を壊しても，わざとではなく，うっかりであれば，器物損壊罪は成立しない。特別の規定により過失が処罰される（非難可能性がある）のは，犯罪となる事実を予見することができ（予見可能性），かつ回避できる（回避可能性）にもかかわらず，犯罪に及ぶからとされる。

②　責任能力

犯罪を行った者に自分の行為に対して責任を負うことができる能力，すなわち，責任能力がなければ，法的に非難ができない（責任阻却事由）。

責任能力がない場合としては，心神喪失（刑法第39条第1項）がある。精神の障害（生物学的要素）により，行為の違法性を弁識しその弁識にしたがって行動を制御する能力（弁識・制御能力。心理学的要素）のいずれかを欠く状態をいう。また，それらの能力が著しく減退していた者は心神耗弱（刑法第39条第2項）として刑が減軽される。心神喪失・心神耗弱の判断は，専門家である精神科医の鑑定を踏まえて，犯行当時の病状，犯行前の生活状況，犯行動機・態様等を総合考慮し，法律判断として裁判所の評価に委ねられている。⁽⁴⁾

上記の他に，14歳未満の年少者は責任能力がなく不可罰とされるが（刑法第41条），心神喪失に当たるという趣旨ではなく，このような年少者については，刑法が目的とする犯罪予防の見地からも処罰を控えることが適切との刑事政策的理由に基づくものである。

③　期待可能性

故意・過失や責任能力のように法律に明記されないが，現に存在する限界状況が行為者の心理を通じて作用し，違法行為を行わないことを期待できない場合は，非難することが困難であり，責任阻却が認められることをいう。

（4）刑　罰

刑罰は，犯罪に対する制裁であり，犯罪者に対する害悪であるが，これを正当化する根拠は，犯罪の抑止ないし予防を目的とするからと考えられている。すなわち，抑止・予防の方法として，刑罰を予告して一般国民が犯罪を回避すること（一般予防）と実際に罪を犯した者に刑罰を科することでその者が将来

におけるさらなる犯罪を回避すること（特別予防）が想定されるが，回避する動機づけとして，刑罰は害悪であることが必要と考えられている。なお，刑罰の目的論として，応報刑論（犯罪に対する「報い」）と目的刑論（将来の犯罪「抑止」）が議論されるが，合理的な犯罪対策を志向する現代国家では，報いと抑止・予防のいずれも同時に追求するものでなければならないとされる（相対的応報刑論）。

　現行刑法が規定する刑罰は，主刑として，①死刑，②懲役，③禁錮，④罰金，⑤拘留，⑥科料，付加刑として，⑦没収と7種類が規定されている。刑罰相互間の軽重の判断基準は法律で定められている（刑法第10条）。その他に，罰金・科料が納付できない場合の労役場留置，没収ができない場合の追徴が，刑の代替措置として規定されている。

　①死刑は，生命を奪う究極の刑罰（生命刑）であり，存廃の議論があるが（内閣府「基本的法制度に関する世論調査」（2019年11月調査）等参照），絞首という方法を含め憲法違反（残虐な刑罰の禁止）ではないとするのが最高裁判例である。

　②懲役，③禁錮及び⑤拘留は，刑事施設に収容する方法で自由を奪う刑罰（自由刑）である。拘留は軽犯罪法（昭和23年法律第39号）違反等の軽微な犯罪に対する刑として30日未満の短期自由刑である。懲役・禁錮はいずれも有期（最長で30年）・無期の場合があることに差異はないが，所定の作業（刑務作業）が科されているか否かが異なる。なお，改悛の状が認められる場合は，懲役・禁錮とも有期・無期を問わず仮釈放が，また，拘留には情状による仮出場があり，刑事施設から解放されることが認められる。

　④罰金，⑥科料及び⑦没収は，犯罪者の財産を奪う刑罰（財産刑）である。罰金は1万円以上で，上限は罰則ごとにそれぞれ規定されている。科料は1000円以上1万円未満で，拘留と同様に，軽微な犯罪に対する刑である。没収は，主刑とともに言い渡すことができ，その対象として，犯罪組成（偽造通貨行使罪の偽造通貨など），犯罪供用（殺人罪の凶器のナイフなど），犯罪生成（通貨偽造罪の偽造通貨など），犯罪取得（賭博罪で得た金銭など），犯罪報酬，対価等の物件が規定される。

　これら刑罰の執行は，一定の条件のもとで，全部又は一部を猶予できる。裁判所が刑の言渡と同時に判決等で猶予を言い渡す。犯情により必ずしも現実的な刑の執行を必要としない場合に，一定期間その執行を猶予し，その期間を無事経過した時は刑罰権を消滅させる制度である。

言い渡される刑が3年以下の懲役・禁錮又は50万円以下の罰金の場合に，(ア)前に禁錮以上の刑に処せられたことがないか，(イ)処せられたことがあってもその執行を終わった日又は執行の免除の得た日から5年以内に禁錮以上の刑に処せられたことがない者について，情状により，裁判確定日から1年以上5年以下の期間，その刑の執行を猶予するのが，全部猶予で，言い渡される刑が3年以下の懲役・禁錮の場合に，前記(ア)(イ)の者について，犯情の軽重及び犯人の境遇その他の情状を考慮して，再犯防止のために必要かつ相当な時は，上記同様の期間，その刑の一部を猶予するのが，一部猶予である。一部猶予の場合は，猶予されなかった刑を執行し，その後に猶予期間を起算することになる。

猶予期間中に罪を犯した場合，再犯の裁判で再度猶予を得られる等の一定の要件を満たさないと，猶予が取り消されることがあるが，取り消されないままに猶予期間を経過すれば，刑の言渡そのものが失効する。

なお，執行猶予における犯罪者の改善・矯正の効果をより高めるために，保護観察の制度が設けられている。善行を保持する等の遵守事項の遵守を条件として社会での自由な生活を許可するものである。保護観察を付するか否かは裁判所の裁量によるが（任意的保護観察），再度の執行猶予の場合は必ず保護観察に付さなければならない（必要的保護観察）。

2　刑事事件

（1）刑事事件とは

民事事件・行政事件・家事事件・少年事件等と並び，日本の裁判所が取り扱う事件として，刑事事件が存在する。"事件"すなわち"実際"に犯罪が発生した場合，国家権力が発動され，刑法を適用して犯罪者に対する刑罰を決定し，確定した刑を執行することになる。この一連の処理を総称して刑事事件，その処理手順を刑事手続（図4-1は，この一連の処理をフローとして図示している）というが，刑事手続の中核とされているのが，裁判所における手続，すなわち刑事訴訟である。

ところで，刑法の原理として前述した罪刑法定主義の根拠となる憲法第31条は，刑罰の内容のみならず，刑罰を科する手続についても，法定と適正を要請しており，この実現のために「刑事訴訟法」が制定された（この法律及びその他の法律（裁判所法（昭和22年法律第59号），検察庁法（昭和22年法律第61号）等）に含

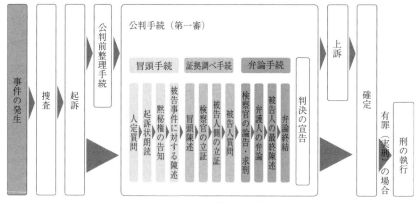

図4-1　刑事手続全体の流れ

出所：最高裁判所「刑事事件」(https://www.courts.go.jp/saiban/syurui/syurui_keizi/index.html　2023年1月17日閲覧)。

まれる刑事訴訟手続を定める部分をあわせて実質的意義での刑事訴訟法という)。「この法律は，刑事事件につき，公共の福祉の維持と個人の基本的人権の保障とを全うしつつ，事案の真相を明らかにし，刑罰法令を適正且つ迅速に適用実現することを目的とする」と刑事訴訟法第1条が規定するのはこの表れである。適正手続の具体的な要請は，憲法の他の条文にも明示されるが，裁判所で有罪とされるまでは無罪と推定される原則をはじめとして，黙秘権，弁護人選任権，国選弁護人制度等として保障される。

（2）刑事手続──事件の始まりと捜査

　刑事事件は，実際に犯罪が発生し，これを捜査機関が認知することから始まる（捜査の端緒。被害者（関係者）の届出が圧倒的に多い）。犯罪を認知した捜査機関のうち，警察官（司法警察職員）が第一次的に「捜査」を行う。捜査の目的は，事案の真相を明らかにするための証拠の収集・確保及び被疑者の特定であるが，適正及び基本的人権の保障を全うする必要があり，強制捜査は刑事訴訟法に特別の定めがある場合でなければできず，強制捜査によらずに目的が達成できる場合は任意捜査によるべきとされる（任意捜査の原則）。同様の趣旨で，強制捜査のうち人権侵害の危険性があるものは，事前に裁判官が捜査の適正を審査し令状を発しなければ原則として許されない（令状主義）。

　捜査の必要上，被疑者の身柄をその者の意に反しても確保する場合として，

逮捕と勾留があり，現行犯逮捕を除いて，いずれも令状に基づき行われる（逮捕状，勾留状）。警察官が逮捕した場合は48時間以内に検察官に事件を送致しなければならず，送致を受けた検察官は24時間以内に勾留を請求するか釈放するかを決定する（検察官が逮捕した場合は48時間以内に決定）。勾留を裁判官が認めた場合，最大で20日間，被疑者は留置施設に拘禁される。

　捜査の必要上，物的証拠の収集を行う場合として，捜索と押収があり，逮捕の際や領置（遺留品や任意提出物の取得）を除き，いずれも令状に基づき行われる。捜索は物件又は住居などの場所の他に人の身体（体内）を，強制捜査としての押収である差押えは証拠物等を対象とするが，これらを明示した令状が裁判官から発せられる。

　被疑者は，身柄拘束の有無にかかわらず，取調べの対象となるが（刑事訴訟法第198条），任意捜査であり，黙秘権や弁護人選任権を防御活動として行使できるので，意思に反して供述を強要されない。

　第一次的に捜査を行う警察官による捜査が終了した時は，全事件を検察官に必ず送致しなければならない（例外として，警察段階で手続からの離脱を認める微罪処分等がある）。事件送致を受けた検察官は，追加の捜査が必要な時はこれを行ったうえで，裁判所における刑事手続を行うか否か，すなわち，起訴か不起訴かを決定する。

（3）刑事手続──刑事訴訟

　裁判所における刑事手続，すなわち，刑事訴訟は，検察官による起訴に始まり，裁判所による判決の言渡（及び確定）で完了する（狭義の刑事訴訟。図4－1のうち，起訴から確定までの部分）。

　捜査後にその事件を刑事訴訟にかける（訴追）か否かの判断の権限は，公正な国家機関である検察官のみに認められる（国家訴追主義・起訴独占主義）。なお，検察審査会制度等が例外として存在する。

　捜査の結果，起訴に十分なだけの客観的嫌疑があり，訴訟条件（管轄や公訴時効等）が備わっていても，犯人の性格，年齢，境遇，犯罪の軽重，情状，犯罪後の情況（改悛の有無，被害者の処罰感情等）により，検察官は公訴を提起しないことができる（起訴便宜主義）。検察官の裁量によって嫌疑があっても不起訴とすることを起訴猶予という。なお，嫌疑がないか，有罪を立証する証拠が十分でない場合は，嫌疑不十分で不起訴とする。

　捜査された全事件の近年の起訴率は約30％程度であるが，略式手続（被疑者に異議がないことを確認のうえで，簡易裁判所が書面審理で罰金刑を言い渡す手続）により多くが処理され，正式な刑事裁判（公判請求）は全事件の約10％程度である。

　裁判所は，たとえ事件の存在を確信していても（たとえば，共犯者がいる事件），検察官が起訴しない限り，裁判を職権で行うことはできない（不告不理の原則）。

　検察官は，起訴状という書面を裁判所に提出して公訴を提起する。これにより事件は裁判所に係属し，犯人は被疑者から被告人となる。なお，裁判所が公正な第三者の立場で判断できるようにするために，起訴状には予断を抱かせる書類等の添付ができない（起訴状一本主義・予断排除の原則）。

　起訴され係属した事件は，公判前整理手続を行わない限り，裁判所での公判が始まる（手続的なフローは，図4‐1「公判手続（第一審）」を参照）。公判は原則として公開される（憲法第82条）。

　公判では，犯罪の成立が争われる場合，公訴事実，言い換えると，被告人が有罪であることを，検察官が立証する責任を負い，各種の証拠を提出する。

　裁判所は，これらの証拠等に基づき，①被告人が有罪と認められるか（事実認定）及び②有罪の場合にどのような刑を科すべきか（量刑）を判断し，その結論を判決として言い渡す。①につき，無罪の推定が働く被告人を有罪と認めるためには，合理的な疑いを超える程度まで立証される必要があり，その立証にまで至らない時は，無罪となる。②につき，具体的な刑罰を宣告するが，「行為責任の原則を基礎としつつ，当該犯罪行為にふさわしいと考えられる刑が言い渡されることとなるが，（中略）他の裁判の結果との公平性が保持された適正なものでなければならない」（最高裁決定平成26年7月24日）。

　裁判所による判決の宣告で公判手続（第一審）は完了し，上訴がない限り，判決が確定するが，検察官の指揮により確定判決（裁判）が執行される。裁判の執行の中心は刑の執行であり，そのうち自由刑（懲役，禁錮，拘留）は，検察官が刑事施設の長に対して刑の執行を指揮する。

3　刑事施設での処遇

（1）刑事施設

　裁判において言い渡された刑罰を，刑事訴訟法に規定された手続にしたがっ

て検察官の指揮により執行し，さらに刑事収容施設及び被収容者等の処遇に関する法律（平成17年法律第50号）（以下「刑事収容施設法」という）等の定め（行刑法規）にしたがって刑の執行を行うが，これを実行する場所が刑事施設であり，自由刑の執行のために拘置された受刑者は，刑務所，少年刑務所及び拘置所に収容される。

　刑事施設の責任者は，各施設の所長であり，刑事収容施設法第1条「この法律は，刑事収容施設（刑事施設，留置施設及び海上保安留置施設をいう。）の適正な管理運営を図るとともに，被収容者，被留置者及び海上保安被留置者の人権を尊重しつつ，これらの者の状況に応じた適切な処遇を行うことを目的とする」ことについて，権限と責任を有する。

（2）処　遇

　刑事施設で行われる受刑者の処遇は，「その者の資質及び環境に応じ，その自覚に訴え，改善更生の意欲の喚起及び社会生活に適応する能力の育成を図ることを旨として行う」（刑事収容施設法第30条）とされるが，その受刑者にとって最も適切な処遇を行うという意味である（個別処遇の原則）。

　刑罰に関する相対的応報刑論からは，刑罰は，報いと犯罪予防の双方を目的としており，刑事施設での処遇は，更生意欲の喚起及び適応能力の育成すなわち矯正処遇（刑事収容施設法第84条）を行い，犯罪の予防を目指すものとされる。

　まず，処遇の開始時に，医学，心理学，教育学，社会学等の専門的知識及び技法を活用して，受刑者の資質及び環境の調査を行い（処遇調査），その結果に基づいてその受刑者の処遇要領の策定を行う。なお，策定に当たり，自覚に訴えるために，受刑者の希望を参酌するとされる。また，策定と同時に，刑事施設の人的・物的条件は有限であり，受刑者を集団に編成した集団処遇を行うために，処遇指標が指定される（第6章表6-1参照）。

　そして，処遇要領に基づいた矯正処遇が実施されるが，処遇の中核的部分は，作業・改善指導・教科指導（第6章表6-1参照）である。作業は，懲役刑受刑者にとって義務的であるが（刑罰の側面を有する），禁錮受刑者・拘禁受刑者も希望し施設の長が認めればこれを行うことができる（実際に8割以上の者が作業を行っている）。作業は矯正処遇であるから，受刑者の改善更生を図る点で差異はない。改善指導は，受刑者に対し，犯罪の責任を自覚させ，健康な心身を培わせ，並びに社会生活に適応するのに必要な知識及び生活態度を習得させるた

めに行われるが，すべての受刑者に対して行われる一般改善指導の他，特定の受刑者に対して行われる，薬物依存離脱，暴力団離脱，就労支援等の特別改善指導がある。教科指導は，学校教育の内容に準ずる内容の指導であるが，義務教育に限らず，高等教育に準ずる指導も可能で，刑事施設において高等学校卒業程度認定試験が実施されている。

　矯正処遇は，受刑者の自覚に訴え，更生意欲の喚起を目的とすることから，制限の緩和と優遇措置が用意されている。すなわち，受刑者の自発性及び自律性を涵養するため，刑事施設の規律及び秩序を維持するための受刑者の生活及び行動に対する制限は，処遇の目的を達成する見込みが高まるにしたがい，順次緩和されるものとされる（制限を４段階に区分し，定期的又は随時変更する）。また，刑事施設の長は，受刑者の改善更生の意欲を喚起するため，一定の期間ごとに，受刑態度（日常生活の態度，賞罰の状況，作業・各種指導への取り組み状況等）の評価に応じた優遇措置を講ずるものとされる（物品の貸与や支給，食料品等自弁の物品の使用又は摂取の許可，面会時間や回数，発信の通数等について，５段階の区分がある）。

　受刑者の状況によっては，開放的処遇も用意されている（刑事施設外処遇及び開放的施設処遇）。

　なお，刑事施設での処遇等に関する詳細は第６章を参照されたい。

　注
⑴　2022（令和４）年６月13日，改正刑法が成立した。公布の日から起算して３年を超えない範囲内において政令で定める日から施行する。侮辱の罪の厳罰化（懲役刑の導入，法定刑上限の引き上げ）の他に，罪を犯した者の改善更生と再犯防止を図るため，施設内や社会内における処遇をより一層充実させる法整備として，拘禁刑の創設（後記注５参照），刑の執行猶予制度の拡充（再度の刑の全部の執行猶予を言い渡すことのできる要件の緩和，猶予期間経過後の刑の執行の仕組の導入）を，刑事収容施設及び被収容者等の処遇に関する法律も一部改正し，受刑者の処遇の原則の明確化（受刑者の処遇は，その者の資質及び環境に加え，年齢に応じて行うものとすること），拘禁刑受刑者等に対する矯正処遇に係る規定の整備，被害者等の心情等の考慮に係る規定の整備，社会復帰支援の充実を，更生保護法（平成19年法律第88号）も一部改正し，刑の執行猶予制度の拡充に伴う保護観察処遇に係る規定の整備，罪を犯した者に対する社会内における処遇に係る規定の整備を行った。

(2) 法益とは刑法が刑罰を用いて保護の対象としている利益を意味し，生命・身体・財産・名誉という個人の利益や内乱罪が対象とする国家の存立や社会秩序の安定という利益など種々のものが規定されている。刑法の任務は，社会倫理の維持というよりも法益の保護であり，個人主義に立脚する現在の法制度のもとでは（憲法第13条参照），犯罪は法益に対する加害行為，すなわち法益を現実に侵害する行為又は法益侵害の危険を生じさせる行為に限定されるべきとの認識が現在の通説的な共通理解とされる。

(3) たとえば，突然襲いかかってこられた際に，襲いかかってきた者を突き飛ばした場合は正当防衛となり，襲いかかってきた者から逃げるために隣に立っていた者を突き飛ばした場合は緊急避難とされる。正当業務行為とは，外科医が手術患者にメスで身体の一部を傷つける行為等である。

(4) 心神喪失等に関する最高裁決定昭和58年9月13日。

(5) 注1で述べた2022（令和4）年改正刑法の重大な改正点として，懲役刑と禁錮刑を一本化し，拘禁刑が創設されたことが挙げられる。115年前の刑法制定以来初の刑の種類の変更である。刑務作業を義務づけている現行法を見直し，受刑者の「改善更生を図る」（改正刑法第12条第3項）ため，必要な作業を行わせ，必要な指導を行うことができる。すなわち，拘禁刑では受刑者の特性に応じて，刑務作業の他再犯防止に向けた指導や教育プログラムなどが実施できるようになり，懲役刑では一定以上の時間の刑務作業を義務づけられたが，拘禁刑では受刑者の特性に合わせた柔軟な処遇が可能になり，たとえば，薬物依存の受刑者には再犯を防ぐ教育プログラムを充実させる，若年受刑者には仕事や生活に必要な学力を身につける指導を行う，身体的な衰えが深刻な高齢受刑者には出所後の社会復帰に向けた体力や認知機能の回復を図る取組を増やすことができる等とされる。

(6) 最高裁大法廷判決昭和23年3月12日及び最高裁大法廷判決昭和30年4月6日。なお，極めて悪質な事案に限って慎重に死刑を言い渡す運用（「永山基準」）を宣言している（最高裁判決昭和58年7月8日）。

(7) 一部猶予は，2013（平成25）年の刑法改正により導入されたが（2016年6月施行），有罪を言い渡された被告人が刑の一部の執行を受けた後，残りの刑の執行を一定期間猶予する旨の判決を宣告することができる制度である。再犯防止の観点から施設内処遇に続いて十分な期間の社会内処遇を可能とすることを目的とする。上記刑法改正と同時に制定された（施行も同じく2016年6月）「薬物使用等の罪を犯した者に対する刑の一部の執行猶予に関する法律」は，上記刑法上の一部猶予の要件を満たさない場合であっても，一部猶予を可能としている。なお，保護観察は，刑法上の一部猶予では裁量的であるが（実際は，初年度は全件に，その後も99％以上に付されている），薬物使用等の罪の一部猶予では必要的に付される。

(8) 「我が国の犯罪情勢は，刑法犯の認知件数が令和3年も戦後最少を更新するなど，

全体としては改善傾向が続いている。しかし，個別に見ると，児童虐待に係る事件，配偶者からの暴力事案等，サイバー犯罪，特殊詐欺等は，検挙件数が増加傾向又は高止まり状態にあるほか，大麻取締法違反は，若年層を中心に検挙人員が増加し続けているなど，予断を許さない状況にある。出所受刑者全体の2年以内再入率は，低下傾向にあり，令和2年の出所受刑者の2年以内再入率は前年に引き続き16％を下回ったが，満期釈放等による出所受刑者の再入率は仮釈放による出所受刑者よりも相当に高い状態で推移しており，再犯防止対策の更なる充実強化が求められる」。法務省法務総合研究所編「令和4年版　犯罪白書」の「はしがき」より抜粋。

(9)　捜査対象となった事件のうち約3割が逮捕され，逮捕者の約9割が勾留されるが，これらを身柄事件，被疑者が任意に捜査機関に出頭して取調べを受ける場合を在宅事件と実務上呼称することがある。

(10)　充実した公判審理のために，第1回公判期日前に，当事者双方の予定の主張と事件の争点を明らかにし，明確な審理計画を策定する手続。

(11)　一般国民が裁判官とともに一定の重大犯罪につき事実認定及び量刑を行う裁判員制度の意義につき最高裁大法廷判決平成23年11月16日「法曹のみによって実現される高度の専門性は，時に国民の理解を困難にし，その感覚から乖離したものにもなりかねない側面を持つ（中略）裁判員制度は，司法の国民的基盤の強化を目的とするものであるが，それは，国民の視点や感覚と法曹の専門性とが常に交流することによって，相互の理解を深め，それぞれの長所が生かされるような刑事裁判の実現を目指すものということができる」。

参考文献

池田修・前田雅英（2018）『刑事訴訟法講義（第6版）』東京大学出版会。

川出敏裕・金光旭（2018）『刑事政策（第2版）』成文堂。

林眞琴・北村篤・名取俊也（2017）『逐条解説刑事収容施設法（第3版）』有斐閣。

前田雅英（2019）『刑法総論講義（第7版）』東京大学出版会。

山口厚（2016）『刑法総論（第3版）』有斐閣。

学習課題

①　「無罪の推定」は，刑事事件上どのような場面で適用されているのか。無罪が推定される理由は何か。考えてみよう。

②　量刑や執行猶予等で用いられる「情状」とは何か。どのような事実や事情が情状に含まれているのか。調べてみよう。

第5章

少年事件に関する法制度

　犯罪に対する成人と未成年者の取扱は，裁判の構造から大きく異なる。また，非行少年には少年院が存在するように，その処遇に関しても成人の犯罪者とは大きな違いがある。非行少年が家庭裁判所においてどのような手続を経て裁判を受けるのか，また，少年院をはじめ未成年者にはどのような福祉的な関わりがもたれるのかをみていく。さらには，2022（令和4）年の民法改正に伴う成人年齢の引き下げによる少年法の変化についても学んでいく。

1　少年法とその基本的な考え方

　少年法（昭和23年法律第168号）とは，少年の健全育成を目指すために，非行少年に対する処分やその手続について定める法律であり，非行少年に特別な措置を講じることを目的とする。この法律では，少年が犯罪やそれに準ずる行為を起こした場合に，成人とは異なり，少年の健全育成という観点から刑罰を与えるのではなく，多岐にわたる保護が図られるのである。

（1）少年法の対象となる非行少年

　少年法第3条において，非行少年を，①犯罪少年（罪を犯した14歳以上20歳未満の少年），②触法少年（13歳以下の刑罰法令に触れる行為（触法という）を犯した者）及び③虞犯少年（18歳未満で下限年齢はない）と定めている。虞犯少年とは，具体的な犯罪行為は未だないが，その特性等からみて将来何らかの罪を犯す，又は刑罰法令に触れる行為をする可能性がある少年を指す。

　犯罪少年と触法少年を区別しているのは，刑法第41条にて，14歳未満の少年は刑罰を与えることができないとされているためである。虞犯少年では，将来に何らかの罪を犯す，又は刑罰法令に触れる行為をするおそれのことを虞犯性

というが，この他に虞犯事由と称される4つのうち1つ又は2つ以上に該当することが定められている。ちなみに，虞犯事由は，㋐保護者の正当な監督に服さない性癖があること，㋑正当な理由がなく家庭に寄り付かないこと，㋒犯罪性のある者，不道徳な者と交際し，又はいかがわしい場所に出入りすること，㋓自己又は他人の特性を害する。以上の4つである。

　ところで，以前までは虞犯少年は犯罪少年と同様に「20歳未満」まで適用されていたが，2022（令和4）年4月の民法（明治29年法律第89号）改正で，成人年齢が18歳に引き下げられたことから，これに伴い少年法も改正された。その結果，18歳及び19歳は成人となることから，少年法では特定少年（少年法第62条第1項）と称されるようになり，18歳及び19歳の犯罪少年を指す。この改正により，特定少年は虞犯の対象外となった。なお，「特定少年」に関しては，後に触れることにする。

（2）少年法の目的と基本的な考え方

　少年法の目的は，第1条において「少年の健全な育成を期し，非行のある少年に対して性格の矯正及び環境の調整に関する保護処分を行う」としている。我が国において，法の最高目標は，日本国憲法第13条に記されている個人の尊重にある。少年が社会の一員として人間らしい生活ができるように，国家は助力するに他ならない。すなわち，それは旧教育基本法（昭和22年法律第25号）の1947（昭和22）年の制定時の第1条に，教育の目的が「人格の完成をめざし，平和的な国家及び社会の形成者として真理と正義を愛し，他人の価値をたつとび，勤労と責任を重んじ，自主的精神に充ちた心身ともに健康な国民の育成」とあるように，少年法も同じ趣旨である。

　保護処分の詳細は後述するが，保護処分の目的は，少年を社会の犯罪から守るという社会防衛の意味合いがある。同時に，保護は少年にとって権利の側面も有しており，社会は保護をとおして，少年が社会人として成長することを期待するのと同時に援助しているのである。このように，保護処分は少年自身のためのものである。

　ところで，少年とはどのような人物を指すのか。我が国では，民法を根拠として成人を定め，成人に満たない年齢の者を少年と定めている。ただ，2022（令和4）年4月の民法改正により成人年齢が引き下げられたように，確固たる根拠はない。また，それぞれの国により民法やそれに類する法律が異なること

から，少年を規定する生物学的年齢にも差異があり，世界的にみても一定ではない。ただ，少年年齢は一定していないものの，近代民主主義国家では少年法を有する国は少なくない。その理由としては，①年少者は人格が発達途上で未成熟なこと，②環境等周りからの影響を受けやすく犯罪への抵抗も小さいこと，③発達途上ゆえに成人よりも教育可能性が大きいこと，④自己決定能力の欠如や自律性が乏しいことなどが指摘されている。

我が国の少年法は，アメリカが少年裁判所に特別な手続や処分を設ける際に用いた国親思想という考え方を取り入れている。国親思想とは，親や保護者が適切な監護や養育ができない場合に，国家が代わりに子どもの育て直しを行うという考え方をもとに，国家が自国の子どもすべてについて，後見的にその援助や指導を行うというものである。すなわち，子どもの非行の背景には，親や保護者の養育に何らかの問題がある場合が少なくなく，国家がその代替を行うとする考えである。

国親思想を背景に，少年法は児童福祉法（昭和22年法律第164号）との関連性が小さくない。未成年者の健全な育成を目指すという点で，少年法も児童福祉法も同じ考え方があるからでもある。少年法は，犯罪を中心的に扱い保護処分と称される教育的観点を背景とした各種の処分を定めている。一方，児童福祉法は児童の適切な養育をはじめ成長や発達，自立ができるように権利を保障するものである。両者は一見したところ，あまり関係がないようにもみえるがそうではない。というのは，児童福祉法が対象とする満18歳未満の犯罪少年，触法少年及び虞犯少年に対しては，2つの手続が競合するからである。たとえば，14歳未満の触法少年や虞犯少年の場合，殺人等の重大な触法事案でない限り，その処遇をどのようにするかは児童相談所が優先的に扱い（福祉機関の先議権という），児童相談所（又は都道府県知事）がその処遇を家庭裁判所に委ねる決定をして，はじめて家庭裁判所は事件として取り扱うことができるのである（少年法第3条第2項）。また，14歳以上の犯罪少年及び虞犯少年に対して，家庭裁判所が児童福祉法上の措置が適切かつ必要と判断した場合には，当該少年を児童相談所長送致として，児童相談所の福祉的指導に委ねることができる（少年法第18条）。さらには，非行の背景として親の躾不足が顕著で基本的生活習慣が備わっていないことがある少年には，その指導の必要性において福祉的色彩を優先すべきと家庭裁判所が判断した場合には，収容施設としての児童自立支援施設への送致決定も可能である（少年法第24条第1項第2号）。このように，少年

法は児童福祉法との関係性が小さくないのである。

2　少年事件の手続

（1）少年事件の捜査と事件送致

①　捜査

　警察が犯罪を認知した時，その被疑者が成人か少年かはわからない。よって，捜査の着手段階では，成人や少年といった区別はない。ただ，捜査の過程で，被疑者の身柄を拘束するに際して，少年の勾留は止むを得ない場合にのみに限られ（少年法第48条），勾留に代わる観護措置（少年法第43条）を用いて，収容施設である少年鑑別所へ身柄を置くこととされている。

②　全件送致主義

　捜査により嫌疑が認められると，警察は事件を検察庁に事件送致する。検察官は，成人事件の場合には，その事件を起訴するか，あるいはしない（不起訴及び起訴猶予処分）かについて決める訴追裁量権を有しており，すべての成人事件が起訴され刑事裁判所（地方又は簡易裁判所）へ事件送致されるわけではない。一方，少年事件では，検察官の訴追裁量権はなく，警察で捜査したすべての事件が家庭裁判所に送致される全件送致主義がとられている。この背景には，国親思想を背景に，また虞犯という考え方があるように，たとえ些細な問題行動であっても，それらは発達途上にある少年が抱える問題の氷山の一角に過ぎず，真の問題性の見極めと必要に応じた援助や保護のために，後述する家庭裁判所の特殊な機能を発揮させるためでもある。このことを家裁中心主義（又は家裁先議主義）という。

　なお，成人事件の被疑者では，精神の障害により重大な他害行為を行った者には心神喪失等の状態で重大な他害行為を行った者の医療及び観察等に関する法律が適用され，検察官は直ちに裁判所への起訴はせずに，同法に基づく「審判の申立て」を行う。そして，被疑者は精神鑑定を目的とした精神科病院等の鑑定医療機関への入院となる（第13章，第14章参照）。しかしながら，少年事件は全件送致主義がとられていること，また保護処分のところで述べるが，少年院には精神疾患をはじめ種々の医学的治療も行うことが可能な第3種少年院を備えていることから，非行少年への同法の適用には実務上消極的である。

（2）家庭裁判所での手続

　少年事件を扱う家庭裁判所の手続は，成人の刑事事件を扱う地方裁判所や簡易裁判所とは大きく異なる。ここでは，家庭裁判所における審判（家庭裁判所で扱う少年事件では，裁判ではなく審判という）までの取扱をみていくことにする。

①　社会調査

　家庭裁判所は，事件を受理すると，原則的にはすべての事件が調査（少年法第8条）の対象となり，調査を経たうえで最終的な処分を決定する。少年を更生させるためには，事件そのものはもとよりその事件の背景や問題行動に至った環境，さらには少年自身の人格や行動傾向の問題点の解明が必要となる。そのため，少年に対しては科学的根拠に基づいた専門的な社会調査が行われる。我が国では，そのために家庭裁判所に家庭裁判所調査官（少年法第8条第2項）を配置している。

　家庭裁判所調査官は，大学において心理学をはじめ教育学，社会学，社会福祉学等を学び，最高裁判所が行う採用試験に合格し，約2年間にわたって最高裁判所が監修する裁判所職員総合研修所で専門的な研修・教育を受けた者である。家庭裁判所調査官は，事件送致された少年をはじめその保護者，さらには現在又は過去の担任教諭や雇用主等，少年に関わりのある人物を対象に多岐にわたる調査を行う。調査の方法は，面接をはじめ学業成績等の資料収集や各種照会，家庭や学校訪問，さらには心理テスト等を適宜実施することで，最終的には少年の問題性と保護の必要性を顕在化させる。また，社会調査を実施するに際しては，少年や保護者に対し必要に応じて助言や指導的な働きかけをも行っており，これらを保護的措置という。

　なお，一連の社会調査が終了した時点で，家庭裁判所調査官は，当該少年に関する処遇意見を付した少年調査票を作成し，裁判官（少年事件では，正式には審判官という）に提出する。

②　少年鑑別所の活用

　家庭裁判所は審判を行う（後述を参照されたい）に際して，必要であると判断した場合には，観護措置（少年法第17条第1項第2号）をとり，少年を少年鑑別所へ収容することができる。少年鑑別所には，矯正心理専門職といわれる国家公務員であり心理学をはじめ人間関係諸科学の専門家が配置されており，より精度の高い少年の心身鑑別を実施する。観護措置による少年鑑別所への収容期間は2週間であるが，必要に応じて最大8週間まで特別更新が認められている。

なお，大半の事件では一度のみの更新で，概ね４週間未満の収容期間となっている。

　心身の鑑別は，医学，心理学，教育学，社会学等の専門知識に基づいて，次の２つが大きな目的となる。㋐少年が犯した非行の背景や原因，さらには少年が非行を引き起こした性格や行動傾向を明らかにすること，㋑少年の問題行動改善のための適切な指導及び対応方法に関する処遇指針の構築である。鑑別の具体的な方法は，主として矯正心理専門職（少年鑑別所においては，鑑別技官と呼ばれている）の任にある者が面接や心理テストを駆使して行う。同時に，大半は少年院に勤務している国家公務員である法務教官の一部が少年鑑別所にも配属されており，彼らが少年の行動観察を心理学や社会学等の視点から実施する。さらには，必要に応じて精神科医をはじめとする医師の診察を受けることもある。以上のように，多角的な方向からの鑑別結果を総括する目的で判定会議が実施され，前述した鑑別の目的である㋐及び㋑に関する最終的な意見を形成し，鑑別結果通知書として家庭裁判所に提出する。

（3）少年審判とその運用

①　成人犯罪者の刑事裁判

　少年事件に関する家庭裁判所で行われる裁判は，少年審判と称される。この呼称の背景には，成人の刑事事件を扱う地方裁判所との目的性やそれに伴う裁判構造の差異がある。すなわち，地方裁判所における刑事裁判は，被疑者（起訴後は，被告人と称する）に対して，犯罪の内容とその責任性に応じた刑罰を科すことを目指すことが目的であり，犯罪事実のみが審理の対象となり，それに基づき判決が決定される。また，刑事事件の裁判は，検察官が必ず出席し起訴した犯罪事実を立証し，被告人に選任された弁護士が反論や反証をする。このように，検察官と弁護士双方が論議で攻撃や防御を行い，裁判官はその論議に裁定を下す。このような裁判構造のことを当事者主義的裁判という。

②　少年審判

　少年事件の審判の目的は，少年の健全育成が目指されており（少年法第１条），問題となっている非行事実と少年の要保護性が対象となる。要保護性とは，少年の再犯危険性，矯正可能性，そして保護相当性（保護処分の有効性）の３つの観点からみることになる。この背景には，あくまでも少年の健全育成があり，決して刑罰を科すためではない。それゆえ，裁判の構造も刑事裁判とは異なり，

裁判官は非行事実に関する証拠調べや家庭裁判所調査官が社会調査で得た各種の情報の確認を職権的に行う職権主義的審問となっている。

　審判は，全件送致された事件すべてにおいて開かれることはなく，裁判官は非行事実と家庭裁判所調査官が作成した少年調査票を主たる資料源とし，審判を開く必要性があると認めた時に，審判を開始する（少年法第21条）。審判には，少年及び保護者が出席する。なお，非行事実に事実誤認がある場合などを除いて検察官は出席せず，同様に弁護士も少年や保護者が希望しなければ出席はしない。なお，弁護士が審判に出席する場合には，成人の刑事裁判のように非行事実に関して争う目的はないので，あくまでも少年の健全育成を目指すという観点から，審判への協力者としての位置づけで付添人としての出席となる。付添人は必ずしも弁護士に限らず，裁判所の許可を得れば誰でも付添人にとして審判に出席することができる。この他には，司法事務の執行管理を行う裁判所書記官，また裁判官が立ち合いを求めた際には家庭裁判所調査官が審判に出席することになる。審判は，終始和やかな雰囲気で行い，少年の内省を深めさせることが求められている（少年法第22条第 1 項）。

　審判で審理されるのは，前述したように非行事実と少年の要保護性である。

　第一の非行事実の審理では，裁判官が送致された非行事実の内容に相違がないかを確かめるとともに，少年の言いたいことを比較的自由に述べさせる。なお，少年の他に保護者や付添人も意見を述べることができる。必要に応じて，証拠調べや証人尋問が行われる場合もあるが，大半は問題なく非行事実は認定されることが多い。

　第二には少年の要保護性の審理である。家庭裁判所調査官が行った社会調査の内容が盛り込まれている少年調査票，さらには少年が少年鑑別所において観護措置をとられていた場合には鑑別結果通知書，これら 2 つが要保護性の判断の基礎資料となる。裁判官は，少年や保護者に対して，非行の原因や背景にあるもの，生活状況や交友関係，学校や職場の様子等，少年や保護者が置かれている様々な環境や問題点，さらには内省の度合いをはじめ改善点への気づきやその実行可能性などを聴取する。なお，必要に応じて，少年又は保護者を審判廷から一時退廷させることもある。最後に，少年，保護者，付添人，さらには家庭裁判所調査官から最終処分に関する意見を聴いて審理の大半は終了となる。以上の審理の結果に基づいて，裁判官は少年に最も適切であると思われる処分を検討し，少年及び保護者の面前で最終の処分の言渡を行い，審判の処分が決

定する。なお，処分言渡の後には，少年及び保護者，付添人に対して，処分に不満等がある場合には，抗告できる旨の説明が行われて終了となる。

　審判は，通常は1人の裁判官で実施される。ただし，殺人事件をはじめ非行事実が重大又は複雑な場合には，3人の裁判官による合議体が形成される。これを裁定合議制という。

　少年審判はすべて非公開で行われ，非行少年の氏名や年齢，容貌はもとより当該少年が誰かを特定でき得る記事や写真の掲載も一切禁止されている（少年法第61条）。

3　非行少年に対する処分（処遇）

（1）少年事件に関する5つの処遇選択

　家庭裁判所で下される非行少年に対する選択肢は，大きく分けて5つある。非行事実の事案が一過性又は非常に軽微であり，同時に家庭裁判所調査官の社会調査の段階で行われる助言や指導等の保護的措置によって，少年の再犯可能性はもはや小さくなっており，現段階では保護処分の必要性がないと判断された場合には，審判を開くことなく事件を終結させる。これを，審判不開始という。

　裁判官が審判を開いた場合の選択肢は，大別すると，不処分，保護処分，児童福祉機関への送致，検察官送致の4つである。

①　不処分

　非行事実の事案が比較的軽微であり，また社会調査時における家庭裁判所調査官による保護的措置と，さらには裁判官からの説諭で，少年の自立更生が期待できる場合に，裁判官が保護処分等の選択はせずに事件を終結させることを不処分という。不処分は，次に説明する保護処分等を科さないことを意味し無罪ではない。なお，非行事実が認められない場合，審判で非行事実のないことを事実認定する。この場合も不処分との扱いとなる。

②　保護処分

　保護処分には，保護観察，児童自立支援施設又は児童養護施設送致，少年院送致がある。ここでは，それぞれについて簡単に説明しておく。

　保護観察は，施設等への身柄の拘束はせず，社会生活を送らせながら就労や通学，医療機関での受診等，生活全般への支援（補導援護という）と指導監督を

行い，少年の生活改善と更生を目指す社会内処遇のことをいう。保護観察は，保護観察官が直接対象者の指導に当たる場合もあるが，通常は保護観察官のもとで保護司が対象者の担当者となり，支援や指導を行う。保護観察では，保護司が少年に月 2 回程度定期的に面接指導を実施し，就学や就労を中心とした生活態度の維持や再犯防止の働きかけを行う。また，遵守事項を定め，健全な規則正しい生活態度を維持，継続させる。保護観察の期間は，通常は20歳になるまで（その期間が 2 年未満の場合は 2 年間）だが，生活態度が良好であれば期間満了を待たずに解除ができる（更生保護法（平成19年法律第88号）第66条，同第69条，同第70条）。詳細は第10章を参照されたい。

　児童自立支援施設又は児童養護施設送致は，児童福祉施設を保護処分で活用するものであり，躾不足や養育の不備が非行の原因として大きい場合に，子どもの育て直しの観点を重視しての処遇である。なお，非行性はさほど大きくはないが虐待等で少年が遺棄されている場合等，保護者との生活が困難な場合には児童養護施設が，また非行性は小さいとは言い難く，その背景にあるものが親の養育態度の問題や躾不足が大きく起因している場合には児童自立支援施設が活用されることが多い。保護処分として児童自立支援施設等への送致決定は，児童福祉法に基づく施設への収容ゆえに，そこで行われる指導や教育は措置と称され，強制力は伴わない。ただ，非行少年の中には自傷他害のおそれのある者も存在する。そこで，家庭裁判所は児童福祉法に基づく施設への送致の際には，子どもの自由の制限を許可する決定を行うことができ，これを強制的措置の許可という。詳細は第 7 章を参照されたい。

　次に少年院送致についてみる。少年院は，成人年齢引き下げによる2022（令和 4 ）年 4 月の少年法改正に伴い少年院法（平成26年法律第58号）も改正され，種別は第 1 種から第 5 種までとなった。それぞれの少年院の特徴と収容対象者は，第 1 種少年院では，心身に著しい障害がない概ね12歳以上23歳未満の者，第 2 種少年院では，心身に著しい障害のない犯罪的傾向の進んだ概ね16歳以上23歳未満の者，第 3 種少年院では，心身に著しい障害がある概ね12歳以上26歳未満の者，第 4 種少年院では，少年院で刑の執行を受ける者（地方裁判所の刑事裁判にて懲役刑に処された少年が成人になるまで収容される），そして新たにできた第 5 種少年院では，特定少年が保護観察中に重大な遵守事項違反があった場合に，家庭裁判所の決定により収容されることとされており，収容時の年齢は特定少年である18歳以上20歳未満の者のみである。少年院の収容期間は，20歳に

なるまでであるが，送致決定時の残期間が１年未満の場合には１年まで収容可能である。なお，精神に著しい障害を有している時や犯罪傾向の矯正のためにさらなる時間を要する場合には，家庭裁判所の決定により最大26歳まで収容継続が可能である。少年院では，個々の少年の問題特性に照らし合わせて，主眼となる指導がいくつかあり，「生活」「教科」「職業」「体育」及び「特別活動」とされている。詳細は第６章を参照されたい。

③　児童福祉機関への送致

　児童福祉法による児童の規定は，満18歳未満とされていることから，18歳未満の非行少年も含まれることになる。児童福祉法では，非行少年を要保護児童として扱う（児童福祉法第25条）。家庭裁判所は，審判において，少年の将来を考えた場合，少年法による保護処分よりも児童福祉法による措置（児童福祉司による指導や里親への委託など）の方が相当だと判断した場合，児童相談所長送致（一部の民間による児童相談所に準じた施設への措置を委ねる場合には，一旦は都道府県知事への送致決定となる）となる（少年法第18条第１項）。

④　検察官送致

　審判で，裁判官が「刑事処分相当」との判断を下した場合，家庭裁判所では刑罰を与える審議はできず，刑事裁判所へ事件を移す必要が生じる。ただ，家庭裁判所から事件を直接に地方裁判所へは送れず，まずは事件を検察官に送る必要が生じる。なお，家庭裁判所で扱う事件は，虞犯事件を除いて検察官から事件送致されてくることから，検察官送致は逆送ともいわれる。家庭裁判所にて「刑事処分相当」との判断が下された事件は，検察官には起訴が義務づけられている（少年法第20条）。なお，犯罪被害者の心情等を汲み，16歳以上で殺人をはじめとする故意での生命侵害犯には，原則逆送となっている（少年法第20条第２項）。

（2）非行少年によって異なる対応について

　非行少年は，犯罪少年，触法少年，虞犯少年の３つに分類されるが，さらには2022（令和４）年４月の少年法改正に伴い，特定少年が新たにできたと前述した。特定少年の取扱については，これまで説明してきた一連の手続とは異なる新たな対応が設立された。また，触法少年及び虞犯少年に関しても犯罪少年とはその扱いにおいて，若干の差異がある。ここでは，それらの点について簡単にみておく。

① 触法少年

刑法では，犯罪者に対する刑事責任年齢を14歳以上と規定している。よって，触法少年に対しては，警察段階から強制力を伴う捜査はできず任意の調査となる。ただ，少年審判に付する必要性が認められた場合，又は重大な問題性が認められた場合には，警察は児童相談所への送致義務がある（少年法第６条の６）。触法少年は，児童福祉機関で扱われることが優先（児童相談所の先議権）され，児童相談所が家庭裁判所での審判及び処遇の必要性があると判断した時のみ，家庭裁判所は事件として受理し審判を行うことができる。なお，重大事案に関しては，児童相談所長は家庭裁判所へ事件として送致する義務があり，必ず家庭裁判所での審判を受けることになっている。触法少年の送致を受けた家庭裁判所は，犯罪少年と同様に調査及び審判を開始することになる。なお，第１種少年院の下限年齢は概ね12歳となっており，少年院送致決定も可能である。ただ，触法少年は刑法上の犯罪との扱いではないので検察官送致はできない。

② 虞犯少年

虞犯は，正式な犯罪行為ではないことから警察段階での捜査対象とはならない。虞犯少年は，被害者やその関係者，学校関係者等からの警察への通告，又は警察が街頭補導等で認知する場合が大半であり，その問題性は決して小さくない。ただ，未だ具体的な犯罪行為は惹起されていないことから，検察官の関与はなく，警察から家庭裁判所へ直接事件は送られることになる。受理した家庭裁判所では，犯罪少年と同様に調査及び審判を行うことになるが，正式な犯罪行為ではないことから，検察官の審判への立ち会いはいかなる場合でもなく，処分としての検察官送致もできない。

③ 特定少年

2022（令和４）年４月の少年法改正により新たに誕生した非行少年に関する一群であり，18歳及び19歳の犯罪少年を特定少年という。特定少年には，刑事裁判の裁量概念である犯情という考え方が導入された。その結果，少年法における理論的な部分での整合性がとりづらい面が生じており，今後の実務上の対応が注目されている。以下に主な改正点を挙げておく。

- 検察官送致における「原則逆送」事件の対象範囲の拡大（少年法第62条）

  少年法では，先にみたように，16歳以上の少年で，殺人など故意に被害者を死亡させた犯罪では，家庭裁判所は原則として検察官送致することになっている。とこ

ろが，2022（令和4）年の改正によって，特定少年は故意に被害者を死亡させた犯罪のみならず，強盗や強制性交など1年以上の懲役もしくは禁錮の対象となる犯罪まで拡張され，それらは「原則逆送」となった。

・保護処分の選択は，犯情の軽重を考慮して相当の限度を超えない範囲内で決定すること（少年法第64条）

　家庭裁判所における保護処分の選択は，非行事実の内容や事案の軽重と同様に少年の要保護性も考慮される。すなわち，非行事実が比較的軽微でも保護の必要性が大きい少年を少年院送致決定することは可能であるし実務上では少なくない。一方，成人の刑事事件では，刑事責任の軽重に基づき量刑が決定され，被告人の生活状況等は原則考慮されない。ところで，少年法の改正により，特定少年に対する保護処分は，刑事責任における犯情の軽重を考慮して相当な限度を超えない範囲で行うこととされた。さらには，次の変更点が追加され「保護処分についての特例」と称された（少年法第64条）。

　　新たな保護観察：特定少年を保護観察処分とする場合，その期間を，6か月間，
　　　2年間，これら2つの期間から審判時に決定する。

　　第5種少年院の新設と収容期間：特定少年が2年間の保護観察に付されている期
　　　間中に重大な遵守事項違反等があり少年院での矯正教育の必要性が認められた
　　　場合には，新設された第5種少年院に収容される。また，特定少年に家庭裁判
　　　所が少年院送致決定とする場合，その収容期間は3年以下とし，審判決定時に
　　　その期間を定める。

・虞犯の対象外（少年法第65条）

　2022（令和4）年4月の民法改正で，18歳以上の者は成人となった。ところで，民法改正以前から元来成人には虞犯という考え方はなかったことから，特定少年を虞犯の適用外とした。

・推知報道の解除（少年法第68条）

　推知報道とは，非行少年の氏名や年齢，容貌等から当該少年が誰かを特定でき得る記事や写真の掲載のことをいい，少年法第61条で禁止されている。しかしながら，今回の改定で，家庭裁判所から検察官送致決定を受け，地方裁判所に公判請求された後には，推知報道の禁止が解除されることになった。なお，地方裁判所の刑事裁判の結果，保護処分がふさわしいと再び家庭裁判所に事件が移送される場合もあることから，報道機関がどのような対応をするのかが注目されている。

- 不定期刑の運用除外（少年法第67条）

　少年の可塑性などの観点から，刑罰としての懲役刑では最長15年の範囲での不定期刑を適用することができたが，少年法の改正により不定期刑は廃止となり，成人と同じく最長30年以下の範囲での定期刑のみとなった。

- 資格制限の特例の適用除外（少年法第67条）

　少年法第60条の「少年のとき犯した罪により刑に処せられてその執行を受け終わり，又は執行の免除を受けた者は，人の資格に関する法令の適用については，将来に向つて刑の言渡を受けなかつたものとみなす」が廃止となった。すなわち，特定少年には国家資格等の取得に一定期間の制限が設けられたのである。

参考文献

家庭問題情報センター（2022）「2021改正少年法と家庭裁判所の実務」家庭問題情報誌『ふぁみりお』第85号。
田宮裕・廣瀬健二編（2017）『注釈少年法（第 4 版）』有斐閣。

学習課題

① 　少年法の対象となる非行少年とは，どのような人を指すのか。それぞれの特徴とあわせて考えてみよう。
② 　非行少年に対して行われる家庭裁判所での一連の手続と処分（処遇）について，まとめてみよう。

コラム4　少年審判と試験観察

　少年審判は，裁判官が非行少年とその保護者に直接語りかけ，できるだけ和やかな雰囲気の中で審議を行う職権主義的審問という形態で行われます。少年審判は，非公開の法廷（審判廷という）で行われ，氏名や居所はもとより少年に関わる一切の情報は，たとえ被害者に対してであっても秘匿とされます。少年審判は，家庭裁判所調査官が事前に行った社会調査をもとにして作成された少年調査票と，必要に応じて少年鑑別所に収容され，そこで矯正心理専門職等によって行われる心身鑑別をもとに作成された鑑別結果通知書を基礎資料として，裁判官が直接に少年本人やその保護者に事実関係を確認していく手順で行われ，最終的に保護処分の必要性の判断が下されます。審判は数十分間で終わるものもあれば，数時間から複数の日にわたって行われる場合もあります。審判での処分決定は，少年の人生を左右しかねないので，それだけ裁判官も慎重になります。ただ，いくら審議しても限られた時間内で終局処分を下せない場合もあります。このような時には，裁判官は試験観察という中間処分の言渡を一旦行います。試験観察決定がなされると，大半の少年は，①在宅試験観察，②試験観察身柄付き補導委託のいずれかとなります。①では，少年を保護者のもとで生活をさせて，少年は学校や職場へ通うことになります。②では，家庭裁判所と契約関係にある補導委託先と呼ばれる個人や企業等が運営する仕事場（業種としては，飲食業やクリーニング業，農家など多岐にわたる）に少年を住み込ませて，少年は就労生活を中心とした日々を過ごすことになります。いずれにおいても試験観察期間中は，家庭裁判所調査官によって少年の生活状況と動向が観察されます。なお，①と②の折衷で，③試験観察在宅補導委託（保護者のもとで生活し補導委託先へ通う）というものもわずかですがあります。試験観察の期間は3か月から5か月程度であり，その間における少年の生活態度や動向の報告を家庭裁判所調査官から受けた裁判官が再度の審判を開いて，終局処分の決定を行います。

第Ⅲ部

犯罪や非行をした人に対する
施設内処遇や児童福祉支援

第6章

矯正施設における処遇

　矯正施設は，犯罪や非行をした人を法令に基づいて収容し処遇する施設であり，社会内で行われる保護観察を「社会内処遇」というのに対し，矯正施設で行われる被収容者処遇を「施設内処遇」という。刑事施設，少年院，少年鑑別所はいずれも矯正施設であるが，それぞれ適用される基本的な法令が異なり，収容されている人に対する処遇にも相違がある。それぞれの施設の役割を理解し，その処遇内容を知ることは，刑事司法と福祉の連携を効果的に行うための基本である。また，近年，大きな法改正が相次いでおり，改正に伴う被収容者処遇の変化を注視していく必要がある。

1　刑事施設

　刑事施設とは，刑務所，少年刑務所及び拘置所を指す。施設数は，近年，収容人員の減少などもあり変動しているが，2022（令和4）年4月現在，刑務所59，少年刑務所6，拘置所8，刑務支所8，拘置支所97の合計178である。刑事施設の年末収容人員は，2006（平成18）年に8万1255人であったが，その後減少し続け，2021（令和3）年末現在は4万4545人，うち受刑者は3万8366人であった。

（1）刑事施設の種類
　刑務所と少年刑務所は主として受刑者，拘置所は主として刑事裁判が確定していない未決拘禁者（被疑者又は被告人として刑事訴訟法の規定に基づいて身柄を拘束されている者）を収容して処遇する。基本的に，いわゆる「出口支援」の対象となる受刑者は刑務所又は少年刑務所に，いわゆる「入口支援」の対象者となる被疑者・被告人は拘置所に収容されていることになる。なお，受刑者と未

決拘禁者では，法的地位が異なり，刑事施設における処遇の基本的な考え方に違いがある。本章では，受刑者処遇について述べていくこととする。

各刑事施設に収容される受刑者は，その所在する地域で刑が確定した者とは限らない。刑事施設ごとに，受刑者処遇における作業や各種指導の種類，収容する受刑者の属性及び犯罪傾向の進度等，処遇区分が指定され，全国広域から処遇の必要性等に応じて移送された受刑者を収容している。これは，様々な点で同質な受刑者を集めて処遇することが効果的であり，施設運営において合理的，効率的なためである。たとえば，作業や各種指導の種類では，「充実した職業訓練を実施する刑事施設」や「性犯罪者再犯防止指導を重点的に実施する刑事施設」，属性別では「女性を処遇する刑事施設」「医療を専門的に実施する刑事施設」，犯罪傾向の進度別では，「主として初めて受刑する者を処遇する刑事施設」などがある。また，運営を官民協働で行う刑事施設や運営業務の一部を民間委託している刑事施設もあり，特に，「社会復帰促進センター」の名称で運営される刑務所においては，民間のノウハウとアイデアを活用した特色あるプログラムが実施されている。

少年刑務所では，少年受刑者を処遇するが，その対象者数は少なく，実際，少年刑務所には20歳以上の若年受刑者などが多く収容され，職業訓練や改善指導，教科指導などの充実が図られている。少年受刑者は他の受刑者と分離，区画を別にして処遇される。なお，少年法改正（第5章参照）により，18歳及び19歳について検察官に送致しなければならない事件の範囲が拡大された。改正された少年法の2022（令和4）年4月1日からの施行に伴い，少年受刑者の人数や処遇がどのように変化していくのか，今後を注視したい。

（2）受刑者の処遇の新しい動き

法務大臣の諮問を受けた法制審議会（諮問第103号）では，少年法における「少年」の年齢を18歳未満とするかどうかのほか，非行少年を含む犯罪者に対する処遇を一層充実させるための方策についても議論された。その答申を踏まえ，受刑者に対する処遇にも新たな動きがある。新たな施策として推進されるものと法整備を必要とするものがあるが，ここでは，2022（令和4）年9月時点における主な事項を紹介する。受刑者処遇に関しては，今後も様々な充実策の展開があると思われ，継続的に最新の動向を把握していく必要がある。

新たな施策として，若年受刑者（概ね26歳未満の受刑者）を対象とする処遇内

容の充実がある。具体的には，若年受刑者の精神的な成熟の程度等を勘案し，少年院の矯正教育の手法やノウハウ等を活用した処遇を行い，特に必要な者については，少年院と同様の建物・設備を備えた施設に収容して手厚い処遇を行うものである。まず，2022（令和4）年9月から，若年受刑者ユニット型施設の矯正処遇が開始された。男子受刑者は川越少年刑務所，女子受刑者は美祢社会復帰促進センターにおいて，他の受刑者から独立した居室区画で，小集団のユニット単位で活動させ，職員と対象者との信頼関係に基づく対話ベース・モデルの処遇を展開する。

　法整備に関しては，2022（令和4）年6月に刑法等の一部を改正する法律（令和4年法律第67号）が成立し，懲役刑と禁錮刑を一本化し，新たに「拘禁刑」を設ける刑法改正が行われた。「拘禁刑に処せられた者には，改善更生を図るため，必要な作業を行わせ，又は必要な指導を行うことができる」とされ，受刑者処遇の充実が図られることになった（第4章参照）。あわせて刑事収容施設及び被収容者等の処遇に関する法律（以下「刑事収容施設法」という）も一部改正され，受刑者の作業は，懲役刑として義務づけられたものあるいは禁錮刑受刑者が申出により行うものではなく，「改善更生及び円滑な社会復帰を図るため必要と認められる場合には，作業を行わせるものとする」（第93条）とされた。この改正により，懲役刑では改善指導，教科指導等の実施時間の確保に一定の制約があったところ，個々の受刑者に必要な処遇が柔軟に実施できることとなった。なお，施行期日は，公布の日から起算して3年を超えない範囲内において政令で定める日からとされている。

　上記に加え，受刑者処遇の充実を図るための刑事収容施設法の改正も行われた。受刑者処遇における「年齢」の考慮が追加され，社会復帰支援に関する規定が新設された。また，矯正処遇を行うに当たって，被害者等の心情等を考慮するものとされ，被害者等の心情等の聴取制度及び心情等の伝達制度も導入されることになった。[1]

（3）受刑者の処遇の原則

　刑事収容施設法において「受刑者の処遇の原則」（第30条）は，その者の年齢，資質及び環境に応じ，その自覚に訴え，改善更生の意欲の喚起及び社会生活に適応する能力の育成を図ることを旨として行うものとされる（年齢は，同法の改正により追加された）。

　受刑者には、「矯正処遇」（第84条）として、"作業"を行わせ、"改善指導"及び"教科指導"を行う。この矯正処遇は、その目標並びに基本的な内容及び方法を受刑者ごとに定める「処遇要領」に基づいて実施され、個々の受刑者にとって最も適切な処遇を行う「個別処遇の原則」を採っている。なお、この原則は、処遇の内容についての個別化であり、処遇の方法としては、基本的に、受刑者を一定の集団に編成した「集団処遇」（第86条）が行われる。集団の中で矯正処遇等を行うことは、社会生活に適応する能力を育成するうえで効果的と考えられている。

　処遇要領は、「処遇調査」（受刑者の資質及び環境の調査）の結果に基づいて定められるが、策定に際しては、その意義を理解させ、自発的意欲を涵養するため、必要に応じ受刑者の希望を参酌することとされ、さらに、刑事収容施設法の改正により、受刑者の年齢や被害者等の心情等を考慮するものとされた。処遇要領の変更等を検討するため、定期又は臨時の処遇調査も実施される。処遇調査は、医学、心理学、教育学、社会学その他の専門知識及び技術を活用して行われるもので、近年では、受刑者の再犯の可能性等を客観的、定量的に把握するため「受刑者用一般リスクアセスメントツール（Gツール）」の開発が進められ、そのうち一部の機能の運用が開始されている。

　処遇調査の結果を踏まえ、受刑者ごとに「処遇指標」が定められる。少年法改正及び若年受刑者ユニット型施設の矯正処遇開始に伴い、処遇指標の区分及び符号は、2022（令和4）年9月から、表6-1のとおりとされた。

　刑の確定から釈放までの流れを図6-1に示す。また、受刑者処遇の期間はどの程度なのか、2020（令和2）年入所受刑者の刑期別構成比（図6-2）をみると、半数以上が2年以下である。仮釈放になる場合、刑事施設に収容される期間は刑期より短くなり、釈放後は社会内処遇に移行し、基本的に刑期終了まで保護観察が行われる。刑の一部の執行が猶予される場合、定められた猶予期間中は保護観察が行われる（第9章、第10章参照）。

（4）制限の緩和と優遇措置

　刑事施設において、被収容者の収容を確保し、安全で平穏な生活、適切な処遇環境を保つためには、規律及び秩序が適正に維持されなければならない。そのため、被収容者の生活及び行動の自由は、合理的な範囲で制限を加えられる。制限の程度は、未決拘禁者よりも刑が確定した受刑者について強いものとなる。

表6-1　処遇指標の区分・符号

矯正処遇の種類及び内容

種　類	作　業	改善指導	教科指導
内容 ・ 符号	一般作業・V0 職業訓練・V1	一般改善指導・R0 特別改善指導 　薬物依存離脱指導・R1 　暴力団離脱指導・R2 　性犯罪再犯防止指導・R3 　被害の視点を取り入れた教育・R4 　交通安全指導・R5 　就労支援指導・R6	補習教科指導・E1 特別教科指導・E2

受刑者の属性・符号

拘留受刑者	D
少年院への収容を必要とする16歳未満の少年	Jt
精神上の疾病又は障害を有するため医療を主として行う刑事施設等に収容する必要があると認められる者	M
身体上の疾病又は障害を有するため医療を主として行う刑事施設等に収容する必要があると認められる者	P
女子	W
日本人と異なる処遇を必要とする外国人	F
禁錮受刑者	I
おおむね26歳未満の者のうち，小集団を編成して，少年院における矯正教育の手法や知見等を活用した矯正処遇を実施する必要があると認められるもの	U
少年院への収容を必要としない少年	J
執行すべき刑期が10年以上である者	L
少年審判で検察官送致となった時に20歳未満であった者のうち，可塑性に期待した矯正処遇を重点的に行うことが相当と認められる20歳以上26歳未満のもの	Yj
可塑性に期待した矯正処遇を重点的に行うことが相当と認められる20歳以上26歳未満の者のうち，Yj に該当しない者	Y

受刑者の犯罪傾向の進度・符号

犯罪傾向が進んでいない者	A
犯罪傾向が進んでいる者	B

出所：「受刑者の集団編成に関する訓令」（平成18年法務省矯成訓第3314号，改正令和4年法務省矯成訓第2号）をもとに筆者作成。

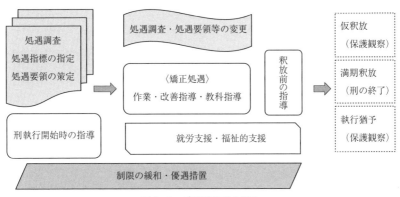

図 6 - 1　受刑者処遇の流れ

出所：法務省法務総合研究所編「令和3年版　犯罪白書」2-4-3-1図をもとに筆者作成。

図 6 - 2　入所受刑者（懲役）の刑期別構成比（男女別）（令和2年）

注1：矯正統計年報による。
　　2：不定期刑は，刑期の長期による。
　　3：一部執行猶予の場合は，実刑部分と猶予部分を合わせた刑期による。
　　4：「5年を超える」は，無期を含む。
　　5：（　）内は，実人員である。
出所：法務省法務総合研究所編「令和3年版　犯罪白書」。

　刑事収容施設法により，受刑者についての制限は，改善更生の意欲の喚起及び社会生活に適応する能力の育成という受刑者処遇の目的を達成する見込みが高まるにしたがい，順次緩和される（「制限の緩和」（第88条））。これは，受刑者の自発性及び自律性を涵養するためである。たとえば，居室に施錠しない，刑事施設内を移動する時の職員同行の省略，面会時の職員立ち会いの省略などがあるが，緩和の程度は，各受刑者に係る前記の見込みを評価して指定する第1種から第4種までの「制限区分」に応じる（第1種が最も緩和される）。外出・外泊，外部通勤作業，電話等による通信が許されるかどうかも，制限区分が要件となる。

　また，受刑者の改善更生の意欲を喚起するため，受刑態度が優良なほど優遇された処遇を受けることができる「優遇措置」（第89条）がある。定期的に受刑態度を評価して，第1類から第5類までの「優遇区分」（第1類が最も優遇される）を指定し，その区分に応じて，使用できる物品の範囲が広がり，面会できる回数が増えるなどの優遇措置が講じられる。

（5）作　業

　作業は，懲役刑を科された受刑者に義務づけられたものであるが，同時に，矯正処遇の一つの柱であり，改善更生や円滑な社会復帰を図るうえで重要な処遇方策である。なお，刑法改正により，懲役刑と禁錮刑を一本化して拘禁刑が新設されることになり，作業の目的はより明確化された。作業には，働く姿勢を身につけ，勤労意欲を養うこと，規律ある生活態度の習得，共同作業による社会性の向上，職業上有用な技能及び知識の獲得などの効果が期待される。作業の内容には次のものがある。

> 一般作業：生産作業（物品を製作する，労務を提供する作業。木工，印刷，洋裁等），自営作業（受刑者等の生活に必要な作業。炊事，洗濯，清掃，修繕等），社会貢献作業（改善更生及び円滑な社会復帰に資する作業。公園清掃等）。
> 職業訓練：職業に関する免許・資格の取得や職業上有用な知識や技能を習得させるもの（ビジネススキル科，溶接科，フォークリフト運転科，介護福祉科，建築機械科，農業コース，情報処理技術科などがある）。

　作業は刑事施設の外で行われる場合もあり，刑事施設が管理する構外作業場における作業のほか，外部の事業所の協力を得て行う「外部通勤作業」がある。
　作業を行った受刑者に対しては，「作業報奨金」が支給される。原則として，刑事施設を釈放になる時に支給され，2021（令和3）年の出所者では，5万円を超える者が37.4％，1万円以下の者が16.8％であった。

（6）改善指導

　改善指導には，「一般改善指導」と「特別改善指導」がある。なお，刑事収容施設法の改正により，改善指導を行うに当たっては，被害者等の心情等を考慮するものとされた。

　一般改善指導は、「受刑者に対し、犯罪の責任を自覚させ、健康な心身を培わせ、並びに社会生活に適応するのに必要な知識及び生活態度を習得させるため」（刑事収容施設法第103条第1項）に行う指導である。すべての受刑者に共通する一般的なものであり、講話、行事、面接、相談助言その他の方法により実施する。また、個々の受刑者の問題性に応じ、小集団かつ期間を定めて実施するプログラムも一般改善指導として実施している。たとえば、高齢又は障害を有する受刑者のうち、福祉的支援を必要とする者等を対象とした「社会復帰支援指導プログラム」、飲酒の問題を有する者を対象とした「アルコール依存回復プログラム」、暴力の問題を有する者を対象とした「暴力防止プログラム」などがある。

　特別改善指導は、受刑者が抱える問題のうち、改善更生や円滑な社会復帰の支障となる大きな問題性を類型化し、標準となる処遇プログラムを策定して実施するものである。特別改善指導には、6つの類型がある。

薬物依存離脱指導：認知行動療法の手法を取り入れたプログラムを導入、受刑者個々についてリスクや問題性を把握したうえで、グループワーク、民間自助団体によるミーティング、視聴覚教材等の活用等により実施する。

暴力団離脱指導：警察、都道府県暴力追放運動推進センター、職業安定所職員等と協力し、暴力団から離脱する意思の醸成を図る指導。

性犯罪再犯防止指導：海外のプログラムを参照し、認知行動療法に基づくグループワークによる指導を実施。効果検証結果も公表している。知的能力に制約がある者を対象とした「調整プログラム」も開発された。

被害者の視点を取り入れた教育：被害者やその遺族等、被害者支援団体のメンバー等による講話、被害者の手記等により被害の状況を理解させ、罪の重さや責任の認識、誠意をもった対応等について考えさせる指導。

交通安全指導：被害者の生命や身体に重大な影響を与える交通事故を起こした者や重大な交通違反を反復した者に対し、遵法精神、責任観念、人命尊重等の精神等を涵養する指導。

就労支援指導：就労に必要な基本的スキルやマナーを習得させるとともに、出所後の就労に向けての取組を具体化させる指導。

（7）教科指導

　教科指導には，「補習教科指導」と「特別教科指導」がある。

　補習教科指導は，社会生活の基礎となる学力を欠くことにより改善更生及び円滑な社会復帰に支障があると認められる受刑者を対象に，小学校又は中学校の教科の内容に準ずる内容について行う教科指導である。

　特別教科指導は，学力の向上を図ることが円滑な社会復帰に特に資すると認められる受刑者を対象に，高等学校又は大学の教科の内容に準ずる内容について行う教科指導である。

　刑事施設近隣の学校から協力を得ている例もある。松本少年刑務所には，公立中学校の分校が設置され，義務教育未修了等の受刑者を中学3年生に編入させ，地元の中学校教諭等による指導を実施している。盛岡少年刑務所と松本少年刑務所では，近隣の高等学校の通信課程に受刑者を編入させて指導している。また，全国の刑事施設において，高等学校卒業程度認定試験を受験することが可能であり，受験に向けた指導を積極的に実施している刑事施設もある。

（8）社会復帰支援

　受刑者の円滑な社会復帰を図るため，就労支援や福祉的支援など様々な社会復帰支援が実施されてきたところ，刑事収容施設法が改正され，新たに社会復帰支援の規定が設けられた（第106条）。釈放後に自立した生活を営むうえでの困難を有する受刑者に対しては，その意向を尊重しつつ，住居，医療，就業又は就学等の支援を行うとする規定である。また，この支援を行うに当たっては，被害者等の心情等も考慮するものとされた。

（9）民間協力者

　刑事施設では，受刑者の改善更生の意欲の喚起及び社会生活に適応する能力の育成を図るため，必要があると認める時は，民間の篤志家であり，法務省から委嘱を受けた「篤志面接委員」に協力を求めている。篤志面接委員は，受刑者等と面接し，精神的な悩みや，家庭・法律・職業等に関する相談に応じて助言し，趣味・教養の指導を行うなどしている。

　また，刑事施設の長は，被収容者が希望に基づいて宗教上の儀式行事に参加し，又は宗教上の教誨（読経や説話等による精神的救済）を受けることができるよう，民間の篤志の宗教家である「教誨師」に協力を求め，儀式行事や教誨の

実施を依頼している。

　なお，篤志面接委員及び教誨師は，少年院においても同様に大きな役割を果たしている。

2　少年院

　少年院は，近年統廃合により施設数が変動しているが，2022（令和4）年4月現在，全国に46か所設置されている（分院を含む）。施設ごとの収容定員は数十名から百数十名程度である。少年院入院者の人員は，2000（平成12）年に6052人であったが減少傾向が続き，2021（令和3）年は1377人であった。

　少年院法（以下「院法」という）第15条第1項「在院者の処遇は，その人権を尊重しつつ，明るく規則正しい環境の下で，その健全な心身の成長を図るとともに，その自覚に訴えて改善更生の意欲を喚起し，並びに自主，自律及び協同の精神を養うことに資するよう行うものとする」という処遇の原則に基づき，法務省専門職員（人間科学）採用試験により採用された法務教官を中心に，懇切で誠意ある態度をもって専門的処遇を行っている。

（1）少年院入院者の特徴

　「令和4年版　犯罪白書」がまとめた少年院入院者の特徴を一部概観すると，2021（令和3）年の入院者について，教育程度別では高校中退が最も多く，男子で41%，女子で35.3%を占めている。保護者状況別では実母のみが最も多く，男女ともに40%程度を占め，実父母の割合は30%程度である。被虐待経験別（入院段階における入院者自身の申告等により把握）では男子の約4割，女子の約6割に被虐待経験があり，特に身体的虐待の占める割合が大きい。また，精神障害を有すると診断された者は30.0%（発達障害16.8%，知的障害6.9%など）であった。もちろん，これらの特徴そのものが非行に直結するわけではないが，様々な事情が複合的に影響した生育過程を経て，少年院に収容して矯正教育を受けさせる保護処分が相当と判断されるに至ったものであり，少年の可塑性を踏まえ，その資質や環境の特徴に着目したうえで，非行からの立ち直りを図る効果的な方策を講じる必要がある。

　院法第15条第2項においても，「在院者の処遇に当たっては，医学，心理学，教育学，社会学その他の専門的知識及び技術を活用するとともに，個々の在院

者の性格，年齢，経歴，心身の状況及び発達の程度，非行の状況，家庭環境，交友関係その他の事情を踏まえ，その者の最善の利益を考慮して，その者に対する処遇がその特性に応じたものとなるようにしなければならない」と規定している。

（2）少年院の種類

　少年院の種類及び収容対象は次のとおり（院法第4条）で，2022（令和4）年4月施行の改正少年法に合わせ，新たに第5種の規定が設けられた（第5章参照）。

> 第1種：保護処分の執行を受ける者（第5種に定める者を除く）であって，心身に著しい障害がないおおむね12歳以上23歳未満の者（第2種に定める者を除く）。
>
> 第2種：保護処分の執行を受ける者（第5種に定める者を除く）であって，心身に著しい障害がない犯罪的傾向が進んだおおむね16歳以上23歳未満の者。
>
> 第3種：保護処分の執行を受ける者（第5種に定める者を除く）であって，心身に著しい障害があるおおむね12歳以上26歳未満の者。
>
> 第4種：少年院において刑の執行を受ける者。
>
> 第5種：2年の保護観察に付されている特定少年であって，かつ，当該保護観察中に遵守すべき事項を遵守しなかったと認められる事由があり，その程度が重く，かつ，少年院において処遇を行わなければ本人の改善及び更生を図ることができないと認められ，少年院に収容する旨の決定を受けた者。

　第5種少年院に収容される特定少年については，保護観察官，保護司，親族の協力等を得て円滑に保護観察に復帰させる必要があるため，帰住予定地を管轄する保護観察所の近隣の少年院に収容される。この趣旨から，第5種少年院は，ほぼすべての少年院に併設される。

（3）矯正教育の目的と内容

　少年院で実施する「矯正教育」は，在院者の犯罪的傾向を矯正し，並びに在院者に対し，健全な心身を培わせ，社会生活に適応するのに必要な知識及び能力を習得させることを目的とする（院法第23条）。

　矯正教育には次の5つの分野がある。

　生活指導は，善良な社会の一員として自立した生活を営むための基礎となる

知識及び生活態度を習得させるための指導である。基本的生活習慣，遵法的・自律的生活態度，適切な対人関係のもち方及び保健衛生に関する正しい知識を身につけさせるための「基本的生活訓練」のほか，「問題行動指導」「治療的指導」「被害者心情理解指導」「保護関係調整指導」「進路指導」がある。また，特定の事情を有することにより，改善更生及び円滑な社会復帰に支障があると認められる在院者に対して，その事情の改善に資するために行う指導が「特定生活指導」である。特定生活指導には，「被害者の視点を取り入れた教育」「薬物非行防止指導」「性非行防止指導」「暴力防止指導」「家族関係指導」「交友関係指導」がある。また，2022（令和4）年から新たに，特定少年を対象に，成年であることの自覚及び責任の喚起などを目的とした「成年社会参画指導」が導入された。

　職業指導は，勤労意欲を高め，職業上有用な知識及び技能を習得させるための指導である。指導目的に応じて，「職業能力開発指導」「職業生活設計指導」がある。実施種目について，2022（令和4）年，幅広い進路選択の支援，多様な職業体験等による積極的な社会参加等を目指して再編され，自動車整備科，生活関連サービス科，介護福祉科のほか，新たにICT技術科，総合建設科，製品企画科が設けられた。

　在院者の中には学齢期の児童・生徒も含まれている。義務教育を終了していない者その他社会生活の基礎となる学力を欠くことにより改善更生及び円滑な社会復帰に支障があると認められる在院者に対しては，小学校又は中学校の学習指導要領に準拠した教科指導を実施する。学齢期にある在院者は，出院後に復学する場合もあれば，在院中に卒業を迎える場合もあり，通学していた学校との連絡が密にとられている。高等学校への編入若しくは復学又は大学等への進学あるいは就労等のため，高度な学力が求められる者に対しては，その学力に応じた教科指導が行われている。少年院においても高等学校卒業程度認定試験の受験が可能である。また，「修学支援」の充実も図られており，全在院者への「修学支援ハンドブック」配布，転学や入学を希望する者が利用できる「修学支援デスク」の設置，少年院在院中から通信制高校に入学する試みなどが実施されている。

　体育指導は，善良な社会の一員として自立した生活を営むための基礎となる健全な心身を培わせることを目的とした指導である。陸上競技，水泳，剣道，サッカー，バレーボール，スキー，ダンスなどが行われ，体力向上のみならず，

精神力の涵養，協調性や規範意識の向上等の効果も期待される。

　特別活動指導は，在院者の情操を豊かにし，自主，自律及び協同の精神を養うことに資する社会貢献活動，野外活動，運動競技，音楽，演劇などの実施に関し行う指導である。たとえば，社会貢献活動を通じ，自己有用感や社会性の向上を図る指導，文化祭を通じ，協同の精神を養う指導，役割活動を通じ，自主性・自律性を育成する指導などがある。

（4）矯正教育の計画等

　矯正教育を体系的かつ組織的に行うため，「矯正教育課程」「少年院矯正教育課程」「個人別矯正教育計画」を定めるものとされている。

　矯正教育課程は，在院者の年齢，心身の障害の状況及び犯罪的傾向の程度，在院者が社会生活に適応するために必要な能力その他の事情に照らして一定の共通する特性を有する在院者の類型に応じ，矯正教育の重点的な内容及び標準的な期間を定めたものである。たとえば，中学校の学習指導要領に準拠した短期の集中した教科指導を行い，標準的な期間を6か月以内とする「短期義務教育課程」，社会適応を円滑に進めるための各種指導に重点を置き，標準的な期間を2年以内とする「社会適応課程Ⅰ」などがある。また，知的障害や情緒障害又は発達障害などにより処遇上の配慮を要する在院者の類型に応じ，「支援教育課程」がⅠからⅤまで定められている。特定少年についても，18歳を境に大きく特性が変わるわけではないので，従来と同様，個々の心身の状況や犯罪的傾向の程度に応じた教育課程の対象とされる。なお，第5種少年院の新設に伴い，「保護観察復帰指導課程」Ⅰ及びⅡが設けられた。法務省保護局と矯正局が共同で開発した保護観察復帰プログラムを実施し，法務教官，保護観察官，保護司等が協働した働きかけが行われる。

　各少年院は，矯正教育課程のいずれを実施するか指定されている（複数の矯正教育課程が指定されることもある）。そして，指定された矯正教育課程ごとにその少年院の施設及び設備等の状況，所在する地域の特性等を考慮し，また，在院者の処遇の段階ごとに，矯正教育の目標，内容，実施方法及び期間等を定めた「少年院矯正教育課程」を定める。

　在院者が入院した時は，家庭裁判所及び少年鑑別所の長の意見を踏まえ，その者が履修すべき矯正教育課程を指定し，「個人別矯正教育計画」を策定して矯正教育を実施する。そして，定められた矯正教育の目標の達成の程度，矯正

教育への取組の状況，生活及び行動の状況などにより，成績の評価を行う。成績は在院者本人に告知され，保護者等に通知される。成績の評価に応じ，「処遇の段階」が順次向上又は低下する。処遇の段階は，上位から順に 1 級，2 級，3 級とされ，少年院入院時は 3 級とされる。1 級に達し，仮退院を許すのが相当と認められれば，社会内処遇に移行し，収容期間の満了まで保護観察の対象となる（第 9 章，第10章参照）（ただし，第 4 種，第 5 種少年院では異なる取扱となる）。

（5）保護者に対する協力の求め等

　保護者等は，在院者の改善更生及び円滑な社会復帰のために重要な存在であることから，保護者等の理解と協力を得るため，在院者の処遇に関する情報提供や少年院の職員による面接，少年院で実施する活動への参加依頼等を行っている。また，必要に応じ，保護者等に在院者の監護に関する責任を自覚させ，矯正教育の効果を上げるための指導，助言等を行う。保護者等に対する働きかけとしては，「保護者ハンドブック」の配布，保護者参加型プログラム，保護者会，家族間コミュニケーション等に関する講習会の実施などがある。

　なお，院法第44条では，出院後に自立した生活を営むうえで困難を有する在院者に対し，引受人や帰住先の確保，医療や福祉に関する支援，就労支援，修学支援等の社会復帰支援について，在院者の意向を尊重しつつ行うものとしている。

（6）被害者の心情等を考慮した処遇の実施

　2022（令和 4 ）年 6 月に刑法等の一部を改正する法律が成立し，院法に被害者等の心情等の考慮に関する規定が新設された。矯正教育を行うに当たって，被害者等の心情等を考慮するものとされ，被害者等の心情等の聴取制度及び心情等の伝達制度も導入されることになった。被害者等の心情等は，個人別矯正教育計画を策定するに当たり考慮され，在院者の生活指導のほか社会復帰支援に際しても考慮するものとされた。

3　少年鑑別所

　少年鑑別所は各都道府県庁所在地など全国で52か所に設置されている（分所を含む）。その業務については，少年院との混同も見受けられるなど，一般的

にはあまり知られていない面もあるが，臨床心理学等の専門的知識を有する職員を中心に業務を行う機関であり，非行や犯罪等の理解において高い専門性を有している。少年鑑別所法（平成26年法律第59号）第３条に，少年鑑別所が行う業務を定めている。その業務は，鑑別対象者の「鑑別」を行うこと，「観護処遇」を行うこと，「非行及び犯罪の防止に関する援助」を行うことである。

（1）鑑　別

「鑑別」とは，医学，心理学，教育学，社会学その他の専門的知識及び技術に基づいて行われ，鑑別対象者について，非行又は犯罪に影響を及ぼした資質上及び環境上問題となる事情を明らかにしたうえ，その事情の改善に寄与するため，その者の処遇に資する適切な指針を示すものである。鑑別には，家庭裁判所の求めに応じて行う審判鑑別，それ以外の関係機関の求めによる処遇鑑別がある。

審判鑑別では，家庭裁判所における審判の資料となる鑑別結果通知書を作成する。鑑別結果通知書には，鑑別対象者の処遇に係る判定（保護観察等の在宅保護，少年院送致等の収容保護など）と，鑑別対象者の資質の特徴，非行要因，改善更生のための処遇指針等が記載される。審判の結果，保護観察や少年院送致の決定がなされた場合は，処遇の参考として，処遇を行う機関に送付される。

審判鑑別は，少年法に定める観護の措置がとられた場合には，少年鑑別所に収容して実施する（収容審判鑑別）。同措置がとられず，少年鑑別所に来所させて行う場合もある（在宅審判鑑別）。

処遇鑑別は，少年院，刑事施設，保護観察所，地方更生保護委員会，児童自立支援施設，児童養護施設等からの依頼に応じて実施される。鑑別対象者に関する処遇の経過，課題の分析，今後の処遇指針等の鑑別結果は，書面で依頼機関に通知し，対象者の処遇に役立てられる。

また，少年の再非行の可能性及び教育上の必要性を定量的に把握する調査ツール「法務省式ケースアセスメントツール（MJCA）」が開発され，2013（平成25）年度から少年鑑別所において運用されている。2015（平成27）年度からは，性非行に特化した「法務省式アセスメントツール（性非行）（MJCA（S））」の運用が開始された。さらに，2022（令和４）年には，すべての少年院在院者に鑑別を再度実施，MJCA の再評定を行うなどして，少年院での変化・成長の度合いを見極め，処遇指針を再提示することにした。

（2）観護処遇

少年鑑別所では，観護の措置がとられた者その他法令の規定により収容された者に対し，必要な観護処遇を行う。観護の措置がとられた者に対しては，落ち着いた気持ちで家庭裁判所の審判を受けることができるよう，規則正しい生活となるようにしているほか，各在所者の法的地位に応じた処遇を実施する。在所者の観護処遇に当たっては，懇切にして誠意のある態度をもって接することにより在所者の情操の保護に配慮し，その者の特性に応じた適切な働きかけを行うことによりその健全な育成に努めるものとされ，学習や文化活動等に関する助言・援助や，外部の協力者による学習支援や就労等に関する講話なども実施されている。

（3）非行及び犯罪の防止に関する援助

少年鑑別所は，施設に収容した少年の鑑別や処遇だけでなく，施設外にも業務の幅を広げ，少年非行等に関する専門的知識やノウハウを活用して，地域社会における非行及び犯罪の防止に関する援助（以下「地域援助」という）を実施している。地域援助は，その活用の推進を図るため，「法務少年支援センター」の名称で実施される（図6-3）。個人からの依頼のほか，機関・団体等からの援助依頼を受けるが，依頼元は学校や教育委員会，児童相談所や地域生活定着支援センター，警察や検察庁など多様である。

具体的には，次のような援助を行っている。

個人又は保護者等からの相談：非行や犯罪行為に関する相談のほか，親子関係，職場や学校などでのトラブル，交友関係の悩みなどについて，直接又は電話で応じている。また，最近では，孤独・孤立に関する問題にも取り組んでいる。

心理相談：各種心理検査等の調査を，相談内容に合わせて実施している。教育関係機関からの児童・生徒の問題行動への対応に関する相談のほか，暴力や性的問題にかかるワークブック等を用いた心理支援等も行っている。

研修会，講演会などへの講師派遣：学校，各種機関・団体の主催する研修会において，非行や子育ての問題に関する講話，青少年に対する教育・指導方法についての助言などを行っている。

法教育の実施：児童や生徒などを対象に，少年事件の手続の流れの説明，非行，犯罪の防止に関する講話などを実施している。

このシンボルマークは，少年鑑別所が「地域とともに，子どもたちの未来，可能性を育てていく」という意味を込めたもので，芽を育て，花ひらくために，いろいろな要素を注ぐということをイメージして，7色のしずくを降らせています。キャッチフレーズは，少年鑑別所が，地域とつながり，連携を深めていくとともに，専門的な知見をもって，地域社会に貢献しようとする姿勢を示しています。

図6-3　法務少年支援センターのシンボルマーク
出所：法務省矯正局「少年鑑別所のしおり」（2019年4月作成）から筆者抜粋（元の色はカラー）。

　ひきこもり，児童虐待，いじめ，少年による重大事件，インターネット普及による有害情報氾濫などの問題状況を踏まえ，「子ども・若者育成支援推進法」（平成21年法律第71号）が制定され，地域における支援ネットワークが整備された。法務少年支援センターはこのネットワークにおいても活動している。

4　婦人補導院

　婦人補導院も矯正施設の一つであり，売春防止法（昭和31年法律第118号）第5条（勧誘等）の罪を犯して補導処分（同法第17条）に付された満20歳以上の女子を収容して処遇する施設として，1958（昭和33）年に東京，大阪，福岡に設立されたが，その後東京婦人補導院が全国で唯一の施設となった。補導処分の件数は，近年極めて低い水準で推移してきたが，2022（令和4）年5月25日に困難な問題を抱える女性への支援に関する法律（令和4年法律第52号）が公布され，施行期日である2024年4月1日には，売春防止法改正により補導処分が廃止となり，婦人補導院は廃止されることとなった。

注
(1)　刑法等の一部を改正する法律は，2022（令和4）年6月17日に公布され，刑事収容施設法及び少年院法における，被害者等の心情等の考慮に関する改正部分等について，施行期日は，公布の日から起算して1年6か月を超えない範囲で政令で定める日からとされている。

参考文献

少年の社会復帰に関する研究会（2021）『社会のなかの「少年院」——排除された子どもたちを再び迎えるために』作品社。

セカンドチャンス！編（2011）『セカンドチャンス！——人生が変わった少年院出院者たち』新科学出版社。

野村俊明（2021）『刑務所の精神科医　治療と刑罰のあいだで考えたこと』みすず書房。

林眞琴・北村篤・名取俊也（2017）『逐条解説　刑事収容施設法（第3版）』有斐閣。

法務省法務総合研究所編「令和3年版　犯罪白書」「令和4年版　犯罪白書」。

法務省「令和3年版　再犯防止推進白書」「令和4年版　再犯防止推進白書」。

学習課題

① 受刑者の処遇に関する新しい取組について，法務省の公表資料等を参照して調べてみよう。

② 少年に対する処遇や矯正教育において，20歳以上と異なって配慮されることは何かを考察してみよう。

～～～ コラム5　塀の中の福祉的支援 ～～～

　罪を犯した高齢者・障害を有する人に対する福祉的支援は，刑務所等出所後の生活に関連する支援が中心であるが，刑事施設内の生活でも福祉的支援が行われている。

　刑事施設には，近年，介護福祉士及び介護専門スタッフが勤務するようになった。認知能力や身体機能が低下した高齢受刑者に対し，専門的な知識と経験に基づく介助を行うためである。介護を要する高齢受刑者の増加に伴い，制服姿の刑務官が入浴介助などを行い，他の受刑者が介助の補助をすることなどが増え，その光景は一般的な刑務所のイメージとかけ離れたものになっている。専門知識を有しないで介護する負担は大きいが，介護職が配置されることで，より適切で専門的な対応が可能になってきた。

　設備面では，手すりの設置，床面のフラット化，車椅子利用のための改修などバリアフリー化が進められ，食事については，かゆ食や刻み食の給与が配慮されている。

　さらに，2021（令和3）年時点ではまだ試行段階だが，高齢により日常生活に支障が生じている者や心身の疾患等を有する者に対して，作業療法士等の専門的評価やアドバイスを得ながら，身体機能や認知機能の維持・向上を図る取組も始まっている。

　法務省は，2016（平成28）年に，認知症傾向のある受刑者の概数調査結果を公表した。それによると，60歳以上の受刑者のうち認知症傾向のある者は13.8%，当時の在所受刑者数をもとにすると，およそ1300人と推計された。2018（平成30）年度からは，複数の刑事施設で認知症スクリーニング検査等を開始している。

　新たに刑事施設に入所する受刑者に占める高齢者の比率は，ここ20年で上昇傾向にある。高齢受刑者の実情は，一般には知る機会が少ないが，犯罪対策だけでなく，我が国の高齢化社会の問題を考えるうえでも欠かせない着目事項である。

第 7 章

児童相談所・児童福祉施設における支援

　本章では犯罪や非行をした子どもに対する児童福祉の領域における支援について
みていく。児童福祉法における非行少年への対応を行っている機関・施設
として，児童相談所と児童自立支援施設を取り上げて，その役割・機能や対応
等の歴史的変遷，現在的課題についてみていく。児童相談所については，児童
福祉法と少年法との関係を概観してから，児童相談所における非行問題への対
応をみていく。児童自立支援施設については，社会の変化に伴う支援の在り方
や現在的課題についてみていく。児童福祉領域における非行問題への対応につ
いて理解を深めていくことが本章の目的である。

1　児童福祉法と非行少年への対応

　本章ではまずはじめに，児童福祉法における非行少年への対応を概観してい
きたい。
　児童福祉法では，総則である第 1 条で，児童の「適切な養育」「生活の保障」
「愛護」「健やかな成長・発達」の保障が謳われている。一方，少年法の総則第
1 条をみてみると，少年の「健全育成」の目的のために「性格の矯正・環境調
整のための保護処分」「少年の刑事事件への特別措置」を講ずるとされている。
このように，児童福祉法と少年法にはともにその対象者の「健全育成」が謳わ
れているが，児童福祉法では「健全育成」は保障されるべき対象の一つであり，
より広範な福祉的育成を目的としているといえる。児童福祉法では第 4 条で
「児童」とは18歳未満の者とし，少年法の第 2 条で「少年」は20歳未満の者と
していることから，18歳及び19歳の少年は児童福祉法の対象から除外される。
このように児童福祉法では18歳未満の児童が対象となり，非行少年もその年齢
の枠組に含まれる。児童福祉法では，保護者のない児童又は保護者に監護させ

ることが不適当であると認められる児童を「要保護児童」（児童福祉法第6条の3第8項）というが，非行少年もその位置づけで扱われる。要保護児童については，これを発見した者は都道府県の設置する福祉事務所若しくは児童相談所に通告しなければならない。14歳未満の触法少年については，警察官は児童相談所に送致若しくは要保護児童として通告する（児童福祉法第25条，少年法第6条の6第1項）。送致・通告を受けた児童相談所は家庭裁判所の審判に付することが適当であると認める場合には，これを家庭裁判所に送致する（児童福祉法第27条の1第4項）。このように，14歳未満の触法少年について，児童福祉法上の措置による少年の援護を優先する児童福祉機関（児童相談所）先議主義が採られている。ただし，14歳以上の犯罪少年は司法警察員・検察官から，直接，家庭裁判所に送致される（少年法第41条，第42条第1項）。

　非行少年を含む要保護児童の通告先であり，また家庭や地域社会，関係機関からの非行相談を受けるのは児童相談所である。そこで，次節では児童相談所の概要・現状を確認し，次に児童相談所が非行相談に対してどのような対応をしてきたのか，また現在はどのように対応しているのかみていく。

2　児童相談所の役割と責務

　第二次世界大戦後の混乱期，多数の戦災孤児や浮浪児の保護の必要性から，1947（昭和22）年に公布された児童福祉法で，児童相談所は都道府県の設置義務とされ全国に設置された。開設当初の児童相談所は，戦災孤児・浮浪児ら要保護児童の一時保護・施設入所措置が急務であったが，組織や体制も不十分であった。しかし1951（昭和26）年に，「措置」「判定指導」「一時保護」の三部制導入により，現在につながる児童相談所の機能・組織構成の基本が確立された。

　設置当初の児童相談所は保護を必要とする特定の児童を支援の対象とせざるを得なかったが，1950年代後半には一般の児童の躾や性格・行動上の問題などへの対応，問題が生じる前の相談支援も児童相談所の重要な機能として位置づけられるなど，あらゆる児童家庭相談について専門的に対応する行政機関としての役割を果たしてきた。

　しかしながら，1990年代以降の児童虐待相談の急増は，児童相談所に緊急かつより高度な専門的対応が求められることになった。

　一方で，近年の「孤育て（こそだて）」という言葉にみられるような，社会や

家庭を取り巻く環境等の変化や，核家族化や少子化など様々な影響による育児
不安等を背景に，身近な子育て相談ニーズも増大している。

　児童虐待の増加や児童家庭相談を取り巻く社会の変化を受けて，児童相談所
の役割や責務も大きく変化している。

　このような児童家庭相談の状況の変化等も背景に，2004（平成16）年の児童
福祉法改正以降，数次の同法改正を重ねて，児童虐待を中核とするより緊急か
つ専門的対応から，身近な子育て相談といった幅広い児童家庭相談へのニーズ
等に応えるために，国・都道府県（児童相談所を含む）・市町村のそれぞれの役
割・責務の明確化とその体制整備が進められてきた。

　この中で，市町村は，基礎的な地方公共団体として，子どもの身近な場所に
おける子どもの福祉に関する支援等に係る業務を担うこととなり，児童相談所
はより専門的な知識や技術が必要とされる支援・対応，従来からの一時保護・
里親委託などの業務を担うものとした。また，要保護児童を発見した地域住民
や関係機関から直接通告を受けて，あるいは通告を受けた市町村や都道府県の
設置する福祉事務所からの送致を受けて子どもの権利擁護のための援助活動を
展開する。特に非行児童への対応としては通常の相談経路に加え，少年法の規
定に基づく警察官からの送致，家庭裁判所からの送致を受けて，援助活動を展
開することもある。

3　児童相談所における非行児童とその家族への支援

　児童相談所が対応する相談種類別対応件数の割合，相談種類とその内容は，
図7-1と表7-1のとおりであり，相談種類別にみると，虐待相談が含まれる
養護相談が全体の半数以上を占め，非行相談は全体の2％に過ぎない。

　しかしながら，非行相談は，児童相談所が第二次世界大戦後の戦災孤児等の
要保護児童対策の中で，都道府県ごとに設置された時からの大きな課題であっ
た。戦災孤児・浮浪児の緊急保護に奔走する中，彼らの非行問題の多発に対し
て，一時保護や施設入所措置が児童相談所の主な対応として行われた。この終
戦後の社会的混乱と経済的窮乏を背景とする非行の激増は「少年非行の第一の
ピーク」と呼ばれた。さらに1960年代半ばは「第二のピーク」と呼ばれ，急速
な経済成長に伴う都市化の進展，都市への人口集中，享楽的風潮の拡大といっ
た社会構造の変容が少年非行を誘発し，大きな社会問題となった。この時期に

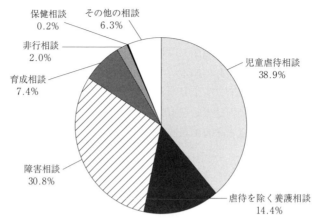

図7−1 児童相談所における相談種類別対応件数の割合
出所：厚生労働省「令和3年度 福祉行政報告例」。

は児童相談所の施設入所措置機能に加え，相談業務・指導が重視されるように
なり，在宅での予防的指導・相談も取り組まれるようになり，児童の健全育成
を目的とした巡回指導，シンナー等の乱用防止のための相談指導等も取り組ま
れた。

　一方で1980年代後半になると，暴走族や校内暴力等の粗暴性の強い非行の増
加，万引き・自転車盗などの初発型非行も多発する状況に加え，さらに年少少
年による凶悪事件の発生といった非行の低年齢化が危惧され，「第三のピーク」
と呼ばれる大きな社会問題となった。児童相談所においては1970年代後半以降，
主要業務として，調査・判定という専門性に基づいた相談・支援に取り組むこ
とが明記され，非行相談においても触法行為等を行った児童に対して，その触
法行為の背景にあるニーズを把握することや，施設入所措置も懲罰ではなく生
活改善の一環と位置づける考え方が提唱された。

　1990年代に入ると，「児童の権利に関する条約」（平成6年条約第2号）批准
（1994年）に向けた国内法の整備が取り組まれる中，児童相談所運営指針（1990
年）にも「すべての児童が心身共に健やかに育ち，その持てる力を最大限発揮
できるよう援助し，児童の最善の利益を考慮する」ことが明記された。非行相
談においても，その背景にある要保護性に着目して支援する重要性も指摘され
るようになった。この場合の要保護性とは，「保護者に監護させることが不適
当であると認められる」状況であり，家庭内の様々な困難要因を把握し，その

表7-1　児童相談所における相談種類・相談内容

相談種類	相談内容
養護相談	（児童虐待相談）　児童虐待の防止等に関する法律（平成12年法律第82号）の第2条に規定する行為に関する相談 （その他の相談）　保護者の家出，失踪，死亡，離婚，入院，稼働及び服役等による養育困難，棄児，迷子，親権を喪失した親の子，後見人を持たぬ子ども等環境的問題を有する子ども，養子縁組に関する相談
障害相談	（肢体不自由相談）　肢体不自由児，運動発達の遅れに関する相談 （視聴覚障害相談）　盲（弱視を含む），ろう（難聴を含む）等視聴覚障害児に関する相談 （言語発達障害等相談）　構音障害，吃音，失語等音声や言語の機能障害をもつ子ども，言語発達遅滞を有する子ども等に関する相談。ことばの遅れの原因が知的障害，自閉症，しつけ上の問題等他の相談種別に分類される場合それぞれの該当の種別として取り扱う （重症心身障害相談）　重症心身障害児(者)に関する相談 （知的障害相談）　知的障害児に関する相談， （発達障害相談）　自閉症，アスペルガー症候群，その他の広汎性発達障害，学習障害，注意欠陥多動性障害等の子どもに関する相談
非行相談	（虞犯等相談）　虚言癖，浪費癖，家出，浮浪，乱暴，性的逸脱等の虞犯行為，若しくは飲酒，喫煙等の問題行動のある子ども，警察署から虞犯少年として通告のあった子ども，又は触法行為があったと思料されても警察署から児童福祉法第25条による通告のない子どもに関する相談 （触法行為等相談）　触法行為があったとして警察署から児童福祉法第25条による通告のあった子ども，犯罪少年に関して家庭裁判所から送致のあった子どもに関する相談。受け付けた時には通告がなくとも調査の結果，通告が予定されている子どもに関する相談についてもこれに該当する
育成相談	（育成相談）　子どもの人格の発達上問題となる反抗，友達と遊べない，落ち着きがない，内気，緘黙，不活発，家庭内暴力，生活習慣の著しい逸脱等，性格若しくは行動上の問題を有する子どもに関する相談 （不登校相談）　学校及び幼稚園並びに保育所に在籍中で，登校（園）していない状態にある子どもに関する相談。非行や精神疾患，養護問題が主である場合等には該当の種別として取り扱う （適正相談）　進学適性，職業適性，学業不振等に関する相談 （育児・しつけ相談）　家庭内における幼児のしつけ，子どもの性教育，遊び等に関する相談
保健相談	未熟児，虚弱児，ツベルクリン反応陽転児，内部機能障害，小児喘息，その他の疾患（精神疾患を含む）等を有する子どもに関する相談
その他の相談	上記のいずれにも該当しない相談

出所：厚生労働省「令和3年度　福祉行政報告例」及び「児童相談所運営指針」を参考に筆者作成。

解決や改善に向けた支援が必要であることを示すものである。このような視点が重視されるようになった要因の一つは，1990（平成2）年から全国の児童虐待相談対応件数が集計公表されることになったように，児童虐待に対する関心が児童福祉関係者を中心に高まってくる中で，児童虐待の背景にある要保護性に高い関心がもたれるようになったことが挙げられる。また，児童虐待と非行問題の関係については，児童福祉関係者のみならず，少年非行に関わる司法・警察関係機関も注視することとなった。

4　児童相談所運営指針にみる非行相談の特徴

　現在の児童相談所は非行相談に対してどのような対応をとっているのか，また，各種の児童相談種別の中で非行相談はどのような特徴や特に配慮すべき点があるのかをみていく。ここでは2021（令和3）年に改定された最新の児童相談所運営指針第1章第4節「相談の種類とその対応」から，非行相談における特徴や留意点をまとめていく。

1．非行相談では地域や関係機関等からの通告・相談を受けて，保護者・子どもを児童相談所に呼び出して面談することになるが，保護者・子どもの相談に対する動機づけが必ずしも高いケースばかりではない。接触・連絡自体がなかなか困難な場合，来所に応じない場合，面談に応じても問題の本質への接近を頑なに拒む場合なども少なくなく，担当者は相談・支援の枠組にのせていくまでの様々なソーシャルワークのスキルが必要とされることが多い。

2．非行相談は子どもが所属・通学する学校からの相談・通告という形で始まることも多く，その際は学校と十分な連携と役割分担が不可欠であるが，子どもや家庭に対する共通の認識に立ち，子どもの最善の利益の観点，子ども自身の意向，保護者・家庭の意思への十分な配慮のもとに一体的な援助活動を行うことが必要である。

3．触法行為を含む非行少年に関する通告を受けた際は，児童虐待の影響など要保護性を含め，児童の最善の利益の観点から必要な調査を十分に行うことが必要である。

　子どもの中には，大人や社会に対して強い不信感をもっている場合も少なくなく，その家族状況・成育歴や地域・社会・関係機関等とのこれまでの関わりなど

について，丁寧な情報収集に基づいた調査が求められる。

4．2007（平成19）年の少年法改正では，重大触法事件（故意の犯罪により被害者
　を死亡させた罪及び死刑・無期・短期2年以上の懲役・禁錮に当たる罪）につい
　ては，警察から児童相談所への送致義務と，児童相談所から家庭裁判所への原則
　送致が規定された。また警察から送致を受けた児童相談所は，警察の調査結果を
　十分活用して事案の真相解明を行うこと，家庭裁判所に送致する際は児童相談所
　が調査作成した書類に加え，警察の作成書類もともに送付することとした。

　　特にこの2007（平成19）年の少年法改正は，小学生・中学生による重大触法事
　件が連続して発生したことなどが影響しており，事件の重大性等を考慮した場合，
　家庭裁判所での審判による的確な事実認定を経て処分を決定するという社会的要
　請や被害者感情や保護といった観点での対応の必要性を踏まえたものといえる。

　児童相談所が子どもや保護者に対して行う援助は表7-2に示す種類がある
が，非行相談において一般的に行われるものは，児童福祉司による在宅指導，
児童福祉施設入所措置（里親等への委託も含む），家庭裁判所送致の3種類とい
える。また，必要に応じて子どもを家庭から離して一時保護し，一時保護部門
の児童指導員，保育士等による行動診断，児童心理司による心理診断，医師に
よる医学診断を実施し，児童福祉司は子どもとその家族への面接及び親族や地
域関係者との面接を含む調査に基づき社会診断を進め，各担当者の協議による
総合的なアセスメント（総合診断）を行い，前記の支援方法を検討する。

　在宅での支援が適切と考えられる時には，必要に応じて，市町村や要保護児
童対策地域協議会と連携して，協同で援助指針（援助方針）を立て，役割分担
とそれぞれの目標を定めて支援を開始し，一定期間のもとに支援効果を判定す
る。同時に，常に子どもへの権利侵害に対する危険性や問題行動の再発等を意
識し，通常と異なる状況が発生した時に情報を集約する方法と場を設定し，危
機状態に陥った時の対応もシミュレーションしておく必要がある。

　一方，児童福祉施設への入所措置がとられる場合には，当該施設は，児童相
談所の援助指針（援助方針）を踏まえて自立支援を実施することとなる。この
ため，児童相談所は，個々の子ども等に対する援助指針（援助方針）を策定す
る際には，児童福祉施設と十分な協議を行うことが必要である。

表7-2　児童相談所が行う援助の種類

1　在宅指導等	(1)　措置によらない指導	ア　助言指導 イ　継続指導 ウ　他機関あっせん
	(2)　措置による指導	ア　児童福祉司指導 イ　児童委員指導 ウ　児童家庭支援センター指導 エ　知的障害者福祉司指導，社会福祉主事指導 オ　障害児相談支援事業を行う者の指導
	(3)　訓戒，誓約措置	
2　児童福祉施設入所措置，指定国立療養所等委託		
3　里親委託		
4　児童自立生活援助措置		
5　福祉事務所送致等		
6　家庭裁判所送致		
7　家庭裁判所に対する家事審判の申立て		

出所：厚生労働省「児童相談所運営指針」をもとに筆者作成。

5　少年非行と児童自立支援施設

　前節でみたように，児童相談所の非行相談で児童福祉施設入所措置をとる場合に最も多いのが児童自立支援施設である。

　児童自立支援施設は，「不良行為をなし，又はなすおそれのある児童及び家庭環境その他の環境上の理由により生活指導等を要する児童を入所させ，又は保護者の下から通わせて，個々の児童の状況に応じて必要な指導を行い，その自立を支援し，あわせて退所した者について相談その他の援助を行うことを目的とする」施設（児童福祉法第44条）である。2019（令和元）年10月時点で全国に58か所あり，定員3464人に対して現員1201人（厚生労働省家庭福祉課調べ）である。

　児童自立支援施設は，1997（平成9）年の児童福祉法改正により，それまでの「教護院」という名称を変更するとともに，「家庭環境その他の環境上の理由により生活指導等を要する児童」も支援の対象に加えた。さらに通所による支援や家庭環境の調整，地域支援，アフターケアなどの機能充実を図りつつ，

非行ケースへの対応はもとより，他の児童福祉施設では対応が難しくなった児童の受け皿としての役割も果たしている。

　児童自立支援施設は明治時代の感化院にルーツをもつ児童福祉施設であり，小舎夫婦制（夫婦小舎制ともいう）という夫婦の職員のもとで，10～15名の子どもが40坪ほどの家族舎で寝食を共にするという独特の支援形態で，小規模で家庭的な生活環境の中にも一定の規律や枠組を明確にする中で，子どもの育ち直し・立ち直り・社会的自立といった，個々の子どもの課題に応じた支援を実践してきた。

　児童自立支援施設はこのように児童福祉施設として長い歴史をもつことに加え，1947（昭和22）年の児童福祉法の成立により，戦前からの「少年教護院」から「教護院」へと名称変更したほか，児童福祉法施行令（昭和23年政令第74号）第36条で，「都道府県は，法第35条第2項の規定により，児童自立支援施設を設置しなければならない」とされた。この時，戦前より民間で運営されていた少年教護院の多くは児童養護施設に種別変更した。「教護院」として残った施設は都道府県が設置運営していた施設がほとんどで，現在においても児童自立支援施設58か所中，民間が設置・運営している施設は2か所のみで，大半が都道府県・政令市によって設置・運営されている公立施設である（国が設置する施設が2か所ある）。このように児童自立支援施設の大半が公立施設である理由としては，児童自立支援施設は児童相談所の「入所措置」のみならず，少年法第24条の少年審判の保護処分として児童自立支援施設送致があることから，高い公共性・責任性・安定性を求められることによる。

　児童自立支援施設には，児童自立支援専門員（児童自立支援施設において児童の自立支援を行う者をいう），児童生活支援員（児童自立支援施設において児童の生活支援を行う者をいう），嘱託医及び精神科の診療に相当の経験を有する医師又は嘱託医，個別対応職員，家庭支援専門相談員，栄養士並びに調理員を置かなければならない。また心理療法を行う必要があると認められる児童10人以上に心理療法を行う場合には，心理療法担当職員を置かなければならない。児童自立支援専門員及び児童生活支援員の総数は，通じて概ね児童4.5人につき1人以上とする（児童福祉施設の設備及び運営に関する基準（昭和23年厚生省令第63号）第80条）。

　また，児童自立支援施設は前記のように小規模で家庭的な生活環境の中で愛護と専門的な支援を受けて，児童の成長を促進するというのが基本であるが，

児童の性格・行状等から本来の目的である児童の保護を達成するために，行動の自由を制限し，その自由を奪うような強制的措置が必要とされる場合もあり得る。児童に対して強制力を加えることは，あくまでも例外的な場合に限られなければならず，現にその措置をとる場合も，都道府県知事・児童相談所長が家庭裁判所に強制的措置の許可を申請し，家庭裁判所の調査・審判の決定を受けて実施する場合に限られる。この強制的措置ができる施設は，現在，国立武蔵野学院（男子）及び国立きぬ川学院（女子）の2施設だけである。

6　児童自立支援施設における支援

　児童自立支援施設は小舎夫婦制という専任職員が夫婦で構成される独自の支援形態を中核とした施設処遇が行われてきたが，現在は人材確保の困難さ等から交替制へ変更して運営されている施設が多い。しかしながら，その場合も，小舎制をとっているところが多く，日々の寮舎の清掃や環境整備，園芸・農耕作業などを小集団で行うことや，季節行事などへの参加・経験をとおして，職員・児童間，児童同士の信頼感が育まれ，児童の自律性・協調性・社会性等を養うことにつながっている。

　児童自立支援施設では安定した生活環境のもと，個々の児童の特性や家庭状況を勘案した自立支援計画による生活指導・学習指導・職業指導・家庭環境の調整等や，必要に応じて心理的ケアなどを行い，児童の成長とその自立を支援している。

　小・中学生は日中は施設内に設置された学校（当該施設の児童・生徒のみが在籍する単独の学校，当該施設が所在する市町村の一般校の分校もしくは分教室）で義務教育を受ける。またクラブ活動も盛んで，野球，バレーボール，卓球，陸上競技などのスポーツ競技は地元市町村の中体連に加盟して一般校と交流したり，全国の児童自立支援施設から構成される協議会の地区ブロック大会や全国大会への参加・交流を通して，心身の鍛錬のみならず，社会性を身につける機会ともなっている。

　小・中学校の卒業を機に在宅や児童養護施設等に生活の場を移す児童も多いが，中学卒業後も引き続き児童自立支援施設から外部の一般高校に通学したり，就職に向けたプログラムに参加し，職場実習等を経て自活・自立による退所を目指す場合もある。

7　児童自立支援施設の現在的課題

（1）入所児童数の減少と要保護児童に対する支援の考え方の変化

　児童自立支援施設は，1947（昭和22）年に成立した児童福祉法のもと，「不良行為をなし，又はなす虞のある児童を入院させてこれを教護すること」という目的で，戦後の混乱の中，多くの戦災孤児や浮浪児対策の中での第一次少年非行のピークや，1960年代中盤の第二次のピーク，1970年代後半の第三次のピークに対応する中で，その役割を果たしてきた。しかし児童福祉法施行時から30年以上が経過する中，社会状況や児童福祉の役割・責務の在り方に大きな変化が訪れる。特に少年非行の第三次のピークが終焉していく中で，教護院の在籍児童数は大きく減少し，さらに長期的減少傾向が続くこととなった（図7-2）。このような状況の中で，1997（平成9）年の児童福祉法改正に伴う「児童自立支援施設」への名称変更と支援対象児童・支援機能の拡充，2003（平成15）年の児童福祉法改正における「地域支援の努力義務化」，さらに翌2004（平成16）年の児童福祉法改正による「アフターケアの義務化」，児童福祉施設の設備及び運営に関する基準での最低基準改正による「自立支援計画策定の義務化」など制度面からの施設機能の強化が図られる中で，児童自立支援施設の在り方の見直しが迫られた。

　さらにこの児童自立支援施設の在り方の見直しに大きな影響を与えたのは，1990年代以降の児童虐待の増加に代表される家庭や地域における養育機能の低下，学級崩壊・いじめ・不登校といった学校現場における問題，小・中学生による重大触法事件の連続発生といった児童を取り巻く社会問題の複雑化・深刻化という大きな社会的変化，また児童の権利に関する条約批准を背景とした権利の主体としての児童の存在に対する認識の高まりにより，要保護児童に対する「社会的養護」の理念を児童福祉施設全般の在り方に反映させる必要性が認識されたことである。

　「社会的養護」とは，親のない子どもや親に監護させることが適当でない子どもを公的責任で社会的に養育し保護するとともに，養育に困難を抱える家庭への支援を行うものである。その基本理念は，「子どもの最善の利益のために」と「社会全体で子どもを育む」という2つである。

　また社会的養護の取組はそれまでの要保護児童の養育の主体であった各種の

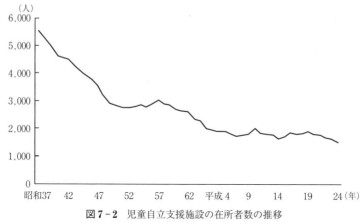

図7-2　児童自立支援施設の在所者数の推移

出所：厚生労働省雇用均等・児童家庭局家庭福祉課「児童自立支援施設運営ハンドブック」28頁。

児童福祉施設に加え，里親及びファミリーホームがその担い手として位置づけられた。2011（平成23）年7月にとりまとめられた「社会的養護の課題と将来像」では，現状における施設等の運営の質の差が大きいことから，施設運営等の質の向上を図るため，①各施設種別ごとに，運営理念等を示す「指針」と，具体的な「手引書（指針の解説書）」を作成し，②「自己評価（自己点検）」とともに，外部の目を入れる「第三者評価」を義務づけることとした。

（2）児童自立支援施設における社会的養護の充実のための取組

　児童自立支援施設における社会的養護に向けた取組は1997（平成9）年の児童福祉法改正に伴う名称変更以降の取組としてすでに前節で示しているが，それ以外にも虐待を受けた児童や発達障害のある児童の増加などにも適切に対応するため心理療法担当職員の配置の対象施設とされた。また，「社会的養護の課題と将来像」を受けた2011（平成23）年度からの取組では，家庭支援専門員・個別対応職員・心理療法担当職員の配置義務化といった支援の専門性の向上，居室面積の引き上げと居室定員の引き下げといった設備基準の見直し，児童福祉施設最低基準の改正による第三者評価の義務化といった形で進められた。

　さらに，「社会的養護の課題と将来像」を受けて「児童自立施設運営指針」(2012年)，「児童自立支援施設運営ハンドブック」（指針の解説書にあたる。2014年）がまとめられた。

8 「新しい社会的養育ビジョン」のもとの 児童自立支援施設とは

　2016（平成28）年の児童福祉法改正では子どもが権利の主体であることが明確に位置づけられ，家庭への養育支援から代替養育までの社会的養育の充実とともに，家庭養育優先の理念を規定し，実親による養育が困難であれば，特別養子縁組による永続的解決（パーマネンシー保障）や里親による養育を推進することを明確にした。この児童福祉法改正を受け，改正法の理念を具体化するものとして，前記の「社会的養護の課題と将来像」を全面的に見直し，その内容と工程を示すものとして，「新しい社会的養育ビジョン」（以下「新ビジョン」という）が2017（平成29）年8月に示された。

　この新ビジョンはこれまでの社会的養護施設を中心に取り組んできた児童福祉施策の抜本的転換を図ろうとするものといえる。家庭養育の原則を確実に進めていくこと，また家庭養育が困難な場合の代替的養護の担い手は里親委託が最優先され，現在の代替養育の中心的担い手である社会的養護施設は，代替養育を必要とする子どもの数の増加も見込むことで，特に学齢期以降の施設入所可能数は一定期間は維持していくものの，施設機能の機能転換と多機能化，入所期間の短期化を求めている。

　代替養育におけるこのような大きな転換を求められている中で，児童自立支援施設は今後どのような機能を発揮することが望まれているのか，新ビジョンをもとに考えていくことにする。

　新ビジョンでは児童自立支援施設を含む児童福祉施設は，「家庭と同様の養育環境では養育が困難な子どもたちを養育するが，こうした子どもたちの多くは，実父母等との生活において虐待やネグレクトなどの不適切な養育を経験してきていたり，主たる養育者との分離や喪失を体験してきている。子どもたちは，こうした養育体験等に起因するトラウマ関連障害やアタッチメント（愛着）に関する問題を抱えていることが少なくない。従って，施設養育は，子どもたちの呈する複雑な行動上の問題や精神的，心理的問題の解消や軽減を意図しつつ生活支援を行うという，治療的養育を基本とすべきである」とされている。さらに，「施設養育は，子どもが深刻な行動上の問題等を持っていたとしても，裏切りや喪失を繰り返し体験してきた子どもを真に抱える（すなわち，

施設が『抱える環境』（holding environment）となる）とともに，子どもの抱える家族との関係性の問題等の解決を目指した支援を提供しなくてはならない」として，治療的養育の提供と家族問題への支援がその機能として求められている。そして，これらの支援は極めて個別性の高い支援ニーズに基づいて行われる必要があり，従来の集団力動に過度に依存した養育や，支援者との個別関係性を軽視した養育の不適切さを指摘している。これからの児童福祉施設はトラウマやアタッチメントに関する理解とこれらを認識した生活支援，日常生活において表現される子どもの問題行動への対応技術，家族の抱える問題（家族病理）に対する深い理解とそれに基づく子ども・家族への支援など高度な専門性が求められている。そして具体的な要件・機能として，以下のようにまとめることができる。

　児童自立支援施設を含む児童福祉施設は，「ケアニーズが非常に高く，施設等における十分なケアが不可欠な場合，高度専門的な手厚いケアの集中的提供を前提に，小規模・地域分散化された養育環境を整え，その滞在期間は，原則として乳幼児は数か月以内，学童期以降は1年以内とする。また，特別なケアが必要な学童期以降の子どもであっても3年以内を原則とする」とされている。さらに，家庭では養育困難な子どもが入所する「できる限り良好な家庭的環境」であるすべての施設は原則として概ね10年以内を目途に，小規模化（最大6人）・地域分散化，常時2人以上の職員配置を実現し，さらに高度のケアニーズに対しては，迅速な専門職対応ができる高機能化を行い，生活単位はさらに小規模（最大4人）となる職員配置を行うこととされている。これらより，生活単位は4人以下の小規模・分散ケアで常時2人以上の職員を配置することで「良好な家庭的環境」を担保し，迅速で高度な専門的対応を提供することが求められていることがわかる。そして，そのような支援で培った養育の専門性をもとに，地域での支援事業やフォスタリング機関事業を行うことが求められている。

　これまでみてきたように，児童自立支援施設の多くは児童福祉施設としての長い歴史と独自の支援形態・ノウハウを培ってきている。明治時代の感化院時代にルーツをもつような，「流汗悟道」「暗渠の精神」「Withの精神」などの伝統的理念があり，多くの職員が子どもたちと生活を共にするという支援形態のもと，真摯に子どもたちの養育・支援に当たり，施設職員と入所児童という関係性を超えた，まさに一人ひとりの人間的なつながり・信頼関係を作り上げ

ることで，個々の子どもに応じた育ち直し・立ち直り・社会的自立に取り組んできた。一方で，入所する児童の状況・背景の変化，入所児童数の減少，社会的養護施設を取り巻く社会状況，社会的要請などの変化を受け，新ビジョンで示されたような専門的な代替養育を提供する施設として，児童相談所をはじめとする関係機関との連携のもとで，時代・社会の要請に対応していくことが求められている。

参考文献

安部計彦（2018）「子ども虐待と非行の関係」『西南学院大学人間科学論集』第14巻第1号，167〜194頁。

岩永公成（2006）「児童相談所の組織構成の成立過程――三部制の導入をめぐって」『大原社会問題研究所雑誌』第573号，61〜73頁。

金井剛（2020）「児童相談所の歴史と現状」『こころの科学』第214号，26〜32頁。

厚生労働省「児童相談所運営指針」（令和3年9月）（https://www.mhlw.go.jp/content/000928174.pdf　2022年4月25日閲覧）。

厚生労働省「令和2年度福祉行政報告例の概況」（令和3年11月25日）（https://www.mhlw.go.jp/toukei/saikin/hw/gyousei/20/dl/kekka_gaiyo.pdf　2022年4月25日閲覧）。

厚生労働省子ども家庭局・厚生労働省社会援護局障害保健福祉部「児童養護施設入所児童等調査の概要（平成30年2月1日現在）」（令和2年1月）（https://www.mhlw.go.jp/content/11923000/000595122.pdf　2022年4月25日閲覧）。

厚生労働省雇用均等・児童家庭局長通知「児童自立支援施設運営指針」（平成24年3月29日）（https://www.mhlw.go.jp/bunya/kodomo/syakaiteki_yougo/dl/yougo_genjou_07.pdf　2022年4月25日閲覧）。

厚生労働省雇用均等・児童家庭局家庭福祉課「児童自立支援施設運営ハンドブック」（平成26年3月）（https://www.mhlw.go.jp/seisakunitsuite/bunya/kodomo/kodomo_kosodate/syakaiteki_yougo/dl/yougo_book_5_0.pdf　2022年4月25日閲覧）。

厚生労働省子ども家庭局家庭福祉課「社会的養育の推進に向けて」（令和4年1月）（https://www.mhlw.go.jp/content/000833294.pdf　2022年4月25日閲覧）。

佐々木大樹（2018）「児童相談所の役割変遷と課題」『京都大学大学院教育学研究紀要』第64号，277〜289頁。

児童養護施設等の社会的養護の課題に関する検討委員会・社会保障審議会児童部会社会的養護専門委員会「社会的養護の課題と将来像」（平成23年7月）（https://www.mhlw.go.jp/stf/shingi/2r9852000001j8zz-att/2r9852000001j91g.pdf　2022年4

月25日閲覧）。

全国児童自立支援施設協議会ウェブサイト（http://zenjikyo.org/）。

廣瀬健二（2017）『子どもの法律入門──臨床実務家のための少年法手引き（第3版）』金剛出版。

廣瀬健二（2021）『少年法入門』岩波書店。

「新たな社会的養育の在り方に関する検討会」厚生労働省子ども家庭局家庭福祉課「新しい社会的養育ビジョン」（平成29年8月）（https://www.mhlw.go.jp/file/05-Shingikai-11901000-Koyoukintoujidoukateikyoku-Soumuka/0000173888.pdf　2022年4月25日閲覧）。

学習課題

①　児童福祉法と少年法の関係から，児童福祉分野における非行少年への対応の特徴についてまとめてみよう。

②　児童相談所の機能・役割の理解をとおして，非行問題に対する相談支援の仕組や特徴についてまとめてみよう。

③　児童自立支援施設の機能・役割についての歴史や社会状況の変化に対応した支援内容や課題についてまとめてみよう。

〜〜〜〜　コラム6　社会的養護の中での児童自立支援施設の役割　〜〜〜〜

　児童自立支援施設は1世紀にわたり，非行少年の立ち直りや社会的自立を支援すると
いう社会的・福祉的役割を担ってきた。また支援や指導の理念，形態は独自のものとい
える。一方で戦後の三度にわたる少年非行の波が収束する1970年代後半以前から，全国
の児童自立支援施設（教護院）の在籍児童数は大幅に減少し，現在においても入所定員
を大幅に下回る入所児童数で運営している施設も少なくない。少年非行の件数自体が減
少しているという状況は，「教護院」時代からの非行児童の支援というニーズ自体は減
少したという見方もできるであろう。

　一方で，児童虐待への対応件数が増加する中，「児童養護施設入所児童等調査」によ
れば児童相談所が施設入所措置をとった子どもたちの6割以上が被虐待経験をもつ。虐
待による子どもへの様々な影響は広く認識されるようになり，児童福祉施設に入所する
子どもたちが抱える心理行動面における課題は小さくない。このような子どもたちの施
設入所先としては，一般的には児童養護施設が第一選択となる。しかし，子どもの特性
や状態・問題行動を考慮し，より専門的な支援が必要な場合は，児童心理治療施設や児
童自立支援施設が入所先として選択される。児童自立支援施設は従来からの非行という
問題行動をもつ子どもに加え，児童虐待の影響を強く受けている子どもたちの受け皿に
もなっている。さらに児童養護施設で不適応状況を呈し，入所継続が困難となった子ど
もたちの新たな処遇先（措置変更先）は，里親・児童心理治療施設と並んで，児童自立
支援施設となることが多い。また，非行の背景として児童虐待の影響も指摘されており，
あわせて児童自立支援施設に入所している子どもたちの中で，発達障害やその傾向をも
つ子どもも一定数みられる。

　このように現在の児童自立支援施設においては，支援を受ける子どもたちの抱える心
理・社会的課題の変化に対応するため，従来から培われてきた支援スキルやメニューに
加えて，児童虐待や発達障害への対応にも重点を置いた支援を取り入れる工夫を重ねる
ことで，現在の社会的要請に応えるための取組が続けられている。

第Ⅳ部

犯罪や非行をした人に対する
更生保護制度

第8章

更生保護制度の概要

　更生保護は，保護観察を中核とする社会内処遇により犯罪をした者及び非行のある少年の改善更生と再犯・再非行の防止を図る措置と，その立ち直りを支持し促進する社会環境を地域に実現することを目指す諸活動の両輪からなる。その意味ではソーシャルケースワークの手法が妥当する領域であるが，刑事司法の一環である点で固有の性格や内容を有している。

　本章では，このような更生保護の目的や内容，実社会の中で自律した生活を営ませながら改善更生を図る社会内処遇としての意義等について解説し，さらに，現在もなお進化し続ける更生保護の姿を戦前から始まる更生保護の歴史的発展過程の中に位置づけて考察する。

1　更生保護とは

（1）更生保護の意義・内容

　更生保護とは，犯罪をした者及び非行のある少年について社会内で生活を営ませながら適切な指導や援助などを行う処遇活動と，立ち直りを促進する地域環境の醸成に向けて地域社会に働きかける地域活動により，安全・安心な社会生活の実現を目的とする制度や施策，民間の活動等の総称である。

　その基本的な事項を定める更生保護法は，旧法である犯罪者予防更生法（昭和24年法律第142号）と執行猶予者保護観察法（昭和29年法律第58号）の内容を整理統合して新たな一つの法律とされたもので，更生保護の目的を次のように定めている。

　「この法律は，犯罪をした者及び非行のある少年に対し，社会内において適切な処遇を行うことにより，再び犯罪をすることを防ぎ，又はその非行をなくし，これらの者が善良な社会の一員として自立し，改善更生することを助ける

とともに，恩赦の適正な運用を図るほか，犯罪予防の活動の促進等を行い，もって，社会を保護し，個人及び公共の福祉を増進することを目的とする」（更生保護法第 1 条）。

　すなわち，更生保護は，犯罪をした者及び非行のある少年に対し社会内において行う保護観察等の処遇（保護観察，更生緊急保護，生活環境の調整，仮釈放・仮退院，犯罪被害者等施策），特定の者に対する恩赦の実施[(1)]，犯罪予防活動（第13章参照）からなる。

　更生保護の究極の目的について，更生保護法は「社会を保護し，個人及び公共の福祉を増進すること」とし，犯罪者予防更生法の規定が引き継がれている。すなわち，犯罪をした者や非行のある少年を社会に受け入れながら，新たな被害者を生まず，安全な社会を築いていくこと（社会を保護），犯罪をした者や非行のある少年自身を含めすべての個人の幸せや安心して暮らせる社会を実現すること（個人及び公共の福祉の増進）である。

　更生保護における処遇の代表的な措置には，遵守事項等により対象者の行動規制を伴う有権的な措置である保護観察（第10章参照）と，刑務所出所者等による申出に基づいて緊急的に食事や宿泊場所の供与等の保護を行う非有権的な措置である更生緊急保護（第11章参照）がある。いずれも実施期間の定めがある点で共通しているが，犯罪や非行のない自律・自立した生活が定着するまでには幾度かの生活の崩れを経験しがちである。そこで，法定の期間を超えて処遇や支援を続けることの意義が，更生保護に期待される本来的な側面として近年改めて注目されてきている。

　この点，更生保護事業法に基づく更生保護事業（第11章参照）には概念としての期限の定めはない。更生保護施設を退所した後に，地域で孤立し，生活に行き詰まっても適切な助言や援助を得られないまま再犯に至るような悪循環を断つために，息長く生活相談や支援を続ける取組が更生保護施設において始められている。さらに，2022（令和 4 ）年の刑法等の一部を改正する法律による更生保護法及び更生保護事業法（平成 7 年法律第86号）の一部改正（以下「2022年改正更生法等」という）では，それらの動きをさらに進めるため，更生緊急保護の期間延長等の拡充策，保護観察所が刑執行終了者等に対しその意思に反しない限度で助言等の必要な援助を行ったり，地域住民等からの相談に応じるための規定が新設されるなどした（第11章参照）。

　保護観察や更生緊急保護のほかに，仮釈放や少年院からの仮退院は，矯正施

設に収容されている者を，収容期間が満了する前に仮に釈放し，保護観察を伴って改善更生を促進する措置であり，また，生活環境の調整は，主に施設内処遇から社会内処遇への円滑な移行を実現するために釈放前に行う措置である（第9章参照）。さらに，犯罪被害者等施策は，犯罪被害者に対する意見等陳述・心情等伝達等の制度や加害者に対するしょく罪指導等による，被害者等の思いに応える保護観察等の実施に係る措置（第17章参照）であり，これらはいずれも更生保護における重要な制度となっている。

（2）社会内処遇としての更生保護

　更生保護は実社会の中で自律した生活を営ませながら改善更生を図る措置であるため「社会内処遇」と呼ばれる。犯罪者等を刑事施設等に収容して行う矯正処遇を指す「施設内処遇」や「拘禁措置」と対比して，かつて「施設外処遇」や「非拘禁措置」と称された時期もあったが，現在では，社会内で自律的に暮らすための訓練を，社会から隔離された他律的な環境の中で行うことには自ずと限界があり，犯罪を誘発する要因（薬物や不良仲間など）との接触が避り難い実社会において，犯罪からの立ち直りを実現できるよう，実社会の中で効果的な支援や訓練を行うことに積極的な意義が認められることに着目し，社会内処遇という用語が定着している。

　また，犯罪・非行からの立ち直りには，希望をもち，健康な生活や親密な人間関係といった人が誰しも得たいと思うものを合法的な手段によって獲得できるように支援し，向社会的なアイデンティティを構築できるよう促していくプロセスが大切である。たとえば，就労や住居の確保，人との適切な関係を結び，居場所を得ることなど，その基本的な願いを実現するために，地域の多様な資源を活用し得る地域社会に支えられた処遇が必要であり，この意味で社会内処遇は，Community-Based Treatment と英訳されている。

　ところで，このような社会内処遇が成り立つための前提として，地域社会の理解と協力がなければならない。そのため，更生保護の目的を達成するために，国民は「その地位と能力に応じた寄与をするように努めなければならない」ことが更生保護法に明記されている（第2条第3項）。上記のように更生保護の概念に犯罪予防活動が含まれるのは，このような地域社会の理解と協力を得る活動の重要性についての認識があるからである。

　社会内処遇においては，同種の罪を犯した者であっても，犯罪をした動機は

もちろん，その者の性格，心身の状況などに差異があり，社会内でその改善更生を図るためには，このような個別の特性を十分に考慮して，その者に最もふさわしい方法により適切に処遇を行う必要がある。このような個別処遇の原則（更生保護法第3条）を具体化するためには，本人が住居，雇用，教育，心身の健康，生活スキル，家族等人間関係などの様々な面で社会的弱者の立場に置かれている点に着目し，その社会参加を促進し，社会統合を図っていくソーシャルワークが求められる。それには地域の関係機関との連携や社会福祉など刑事司法以外の取組との密接な協働がなければならない（更生保護法第2条第1項）。

　この点で，2022年改正更生法等により，「保護観察所の長は，保護観察を適切に実施するため，保護観察対象者の改善更生に資する援助を行う関係機関等に対し第30条の規定により必要な情報の提供を求めるなどして，当該関係機関等との間の緊密な連携の確保に努めるものとする」（更生保護法第49条第3項）との規定が追加されており，保護観察における基本的な方法として多機関連携の一層の推進が期待される（第12章参照）。

　一連の刑事司法手続の流れでみると，更生保護は，一般に，警察，検察，裁判，矯正の順に手続が進行した場合の最後の段階に位置する。刑事司法には，社会の安全・秩序を保持することと健全な社会人として更生を促すことの2つの機能が期待されているが，とりわけ更生保護は，刑事政策の最後の砦として主に後者の役割が強調されてきた。刑事司法の各領域は，相互に密接に連携しながらそれぞれ独立した目的・機能を果たしており，その中で更生保護は，刑務所出所者など矯正施設を釈放された者の社会復帰を促進する観点から，矯正とのシームレスな連携の強化が図られてきている。また，近年では，多数回再犯により刑務所と地域を行き来するいわゆる回転ドア現象に歯止めをかけることや初犯者段階での効果的な介入により累犯者化を防止する観点からいわゆる入口支援が実施されており，更生保護と検察との連携が進展してきている。

　一方，地域関係諸機関によるネットワークの中心となるべき地方公共団体について，更生保護法は，「地方公共団体は，前項の活動（更生保護のための民間の自発的な諸活動。筆者注）が地域社会の安全及び住民福祉の向上に寄与するものであることにかんがみ，これに対して必要な協力をすることができる」（第2条第2項）と定めている。これは，地方公共団体は，保護観察等の更生保護行政をつかさどる立場にはなく，更生保護に関しどのような協力を行うかは，地方公共団体の自主性・自立性に基づき個々の地方公共団体において判断され

るべき事柄であるという発想に立つものであり，同様の規定は，更生保護事業法第3条第2項や保護司法（昭和25年法律第204号）第17条にもみられる。

　しかし，再犯の防止等の推進に関する法律（以下「再犯防止推進法」という）により，「地方公共団体は，基本理念にのっとり，再犯の防止等に関し，国との適切な役割分担を踏まえて，その地方公共団体の地域の状況に応じた施策を策定し，及び実施する責務を有する」（第4条第2項）とされたことにより，これまで再犯防止施策の実施義務は国のみが負うとしてきた一般の理解は変化を迫られることとなった。すなわち，住民福祉の増進に責務を負う地方公共団体には，犯罪をした者なども住民の一人として当然に受け入れ支援を行うなどの再犯防止施策の推進の責務があることが明確にされ，地方公共団体もその実施主体の一つとして，国・地方公共団体・民間団体による多機関連携の枠組が社会内処遇の実施体制の基本形とされるに至った。

　さらに，社会的孤立や孤独が再犯・再非行の背景要因として無視できなくなる中，いわゆる息の長い地域支援を必要とする者の存在が浮かび上がってきている。社会内処遇の措置は，本来その措置を受ける者の改善更生のために必要かつ相当な範囲内で行わなければならず，その目的を逸脱した不必要・不相当な干渉や自由の制約，公平を失するような過剰な保護は行政措置としてあってはならない（更生保護法第3条）。しかし，その限界を踏まえつつも，継続した支援等を必要としている者の存在に無関心であってはならないのであって，更生保護は，このような新たな社会的必要性に応えられるよう，現行の刑事司法関係諸機関の狭い枠にとどまらず，地域との新たな連携を模索していく必要がある。

（3）再犯・再非行の防止と改善更生

　更生保護法は，「再び犯罪をすることを防ぎ，又はその非行をなくし，これらの者が善良な社会の一員として自立し，改善更生することを助ける」（第1条）ことを更生保護の目的としている。このうち前段の「再犯・再非行の防止」は，旧法である犯罪者予防更生法にはなく更生保護法になってはじめて明文化された。そのような立法の背景には，立法の契機となった相次ぐ保護観察対象者等による重大再犯事件を受けて，保護観察対象者の円滑な社会復帰を支援することを重視するあまり，その再犯を防止して社会を保護するという意識が不十分であるとの批判的な認識があった。

しかし，もともと更生保護は，再犯のおそれがなく実社会の健全な一員として復帰した状態としての更生を助けることを目的とし，その改善更生を助けることによって再犯を防止し，新たな被害者を生まないことを期するものである。また，その人が再犯に至ってしまえば改善更生の道は遠くなるのであり，従来から両者は一体のものとして考えられてきた。したがって，更生保護法により，改善更生と再犯防止がともに更生保護の目的であることが法律上再確認されたと理解するのが適当であり，両者の目的の実現に向けた実務の徹底と諸制度の充実強化を後押しするものと考えられる。

ただし，実務における運用や施策の立案に当たっては，この両者の折り合いをどのように考えるかという点で悩む場面は少なくない。

たとえば，再犯に至る前に，それに先立つ遵守事項違反が認められる段階で，適切なアセスメントに基づき再犯のおそれがあると認められれば，時機を逸することなく仮釈放の取消などの不良措置等を選択することが求められる。また，保護観察の基本構造は，遵守事項の威嚇（心理的規制）によって処遇の場を確保し（あるいは処遇の根拠を与え），その枠組の中で処遇を実施するものであり，その枠組から外れ，教育的働きかけが実施できない場合は，もはや保護観察の前提を欠くことになる。さらに，被害者への接近禁止を特別遵守事項に定めた場合，再犯防止の目的が前面に出るが，それは改善更生のために不可欠な事項であり許容されることはいうまでもない。他方，制裁としての保護観察，戦前の仮出獄者に対する警察監視や監視目的のみの電子監視などのように，改善更生の手段に拠らないで再犯防止目的を追求する方法は更生保護の目的から外れよう。

なお，福祉，就労，住宅，医療などの多様な支援ニーズに対応した多機関連携の成否は，各機関がそれぞれ固有の目的や機能を持ちより，それらを強みとして大きな目標を共有して協働できるかにかかっており，ここで述べた更生保護の目的を明確にしておく意義は大きい。

目的の後段の「善良な社会の一員として自立し，改善更生する」（第 1 条）とは，犯罪をした者及び非行のある少年が，犯罪・非行の原因・背景となった性格，習慣，生活態度等の問題点を自覚し，これを改め，改善された状態が客観的にも安定し，再犯・再非行のおそれがなく，保護観察所の指導や援助を受けられなくても，通常の社会生活を送っている人々と同程度の健全な社会生活を維持できる状態になることである。これは，犯罪をした者及び非行のある少年

自身の主体的な努力によって成し遂げられるものであり，あくまでもそれを「助ける」ことが更生保護の目的である。

　これを再犯防止との関係でみると，単に再犯・再非行をしない状態が一定期間続けば改善更生したといえるものではなく，逆に，やや極端なことをいえば，何らかの逸脱行為があったとしても長期的にみれば改善更生に向けたプロセスを歩んでいると評価できる場合もある。「更生」という熟語は，その「更」と「生」の字を合体させると「甦」となり，見失っていた良き本性が生き返る様を想起させる。そのように，犯罪者ではない新たなアイデンティティを自分のものとし，再犯・再非行のおそれのない健全な生活を維持していける一定の生活の安定が得られることを改善更生とすることもできよう。しかし，その場合でも，「改善更生」というゴールに到達したのか否かを明確に線引きすることは難しいといわざるを得ない。なお，再犯防止や改善更生に代えて，文脈に応じて，「立ち直り」「社会復帰」「回復」「犯罪からの離脱」などの言葉で語られることがある。

　また，改善更生は，現に生じた犯罪による被害の実情に加害者が真摯に向き合い，反省や悔悟の情を深めることと切り離すことはできず，改善更生を助けるということには，加害者として被害者に対する責務を果たせるよう支援するという内容も含まれる。そのため，犯罪被害者等施策（第17章参照）は更生保護の柱の一つと位置づけられるのであり，社会内処遇と一体のものとして犯罪被害者等の思いに応える施策を推進することは，更生保護の目的に適うものである。

2　更生保護制度の成り立ち

　犯罪をした者や非行のある少年に対する刑事政策的保護を指す「更生保護」という語は，戦後制定された犯罪者予防更生法においてはじめて用いられたが，戦前は，一般の慈恵救済の保護から区別して，「免囚保護」や，往時の司法省が所管していた官民の保護事業という意味で「司法保護」（釈放者・猶予者保護，少年保護，思想犯保護の三者を包摂する）と呼ばれていた。

　ここでは，更生保護の歴史的発展過程について，前史としての司法保護等の時代を振り返りつつ，近代的制度が整備された戦後をその基本法である犯罪者予防更生法の時代と更生保護法の時代に分けて述べることとしたい。

（1）更生保護の始まりと司法保護

　更生保護の先駆けとして名高いのは，江戸時代の人足寄場（1790年）である。これは，老中松平定信が火付盗賊改方長谷川平蔵の進言で江戸石川島に設けた施設であり，無宿・浮浪人や入墨・敲（たたき）などの身体刑の執行を終えた者を収容して職業補導，授産，教養訓練等を行い，改心した者は年限にかかわらず釈放し，引受人等に引き渡して耕地や店舗を与えるなどしたといわれている。浮浪者・無宿者対策の意図がうかがえるが，犯罪者の社会復帰を支援することによって社会の治安維持を図るという発想は画期的であった。

　明治時代に入り，近代的法治国家の道を歩み始め，旧来の生命・身体刑中心から自由刑中心の刑罰体系へと移行し，人道主義等の立場から監獄改良の動きが活発化する。西欧先進諸国における監獄改良運動においても釈放者の保護への関心が高まる中，旧刑法（明治13年太政官布告第36号）の執行法として制定された改正監獄則（明治14年太政官達第81号）では，刑期満了者で頼るべきところのない者や，仮出獄者で住所，引取人又は帰住費用のない者に監獄に在留することを許して生業を与えるなどの「別房留置」の制度が取り入れられ，官営の釈放者事業が行われることとなった（1882年施行）。しかし，別房留置の人口は既決囚の増加とともに増え続け，ほどなく財政難等を理由に1889（明治22）年に廃止されるが，刑余者に対する保護の必要性はますます増大するところから，内務省は府県知事と集治監典獄に対して民間慈善家による保護会社の設立等による民間保護事業の督励の訓令を発した。以後，釈放者の保護は，専ら民間篤志家や宗教家などによる慈善事業に委ねられることとなる。

　日本の近代的な更生保護の源流は，免囚（監獄からの釈放者）の保護を目的として，1880（明治13）年に静岡で金原明善，川村矯一郎等の創設した静岡勧善会（なお，1888年に「静岡県出獄人保護会社」となる）に求めることができる。当初は，県下に保護委員を委嘱して職業あっせんを行うことを活動の中心にしたが，前記の別房留置の廃止を受けて保護施設の建設を始め，1890（明治23）年から収容保護を開始した。現在は静岡県勧善会と名称を改めているが，現存する最古の更生保護施設を経営する団体である。

　猶予者・釈放者保護の団体は年々その数が増加し，1925（大正14）年には732団体となっている。その背景には，英照皇太后の御大喪に当たっての1万人に近い受刑者の赦免（1897年），皇室からの慈恵救済賜金の下付，免囚保護事業奨励費の国庫支出（1908年），明治天皇御大喪恩赦（1912年）に際し司法省から各

宗本山に対して全国の寺院が率先して釈放者の保護に当たるよう協力要請がなされたこと、さらに、保護の対象も、当初は監獄からの釈放者に限られていたが、1905（明治38）年に執行猶予制度が、1922（大正11）年に起訴猶予制度がそれぞれ導入されたことに伴い、これらの猶予者を保護対象とする団体の設立に至ったなどの事情が認められる。

　同時に、これらの団体の中には、たとえば、静岡県出獄人保護会社のように全県下に1700名を超える保護委員を委嘱するなど、収容保護施設をもちつつ、あるいは、収容保護施設をもたずとも、釈放者を訪問して相談と援助を行う組織も多く含まれており、そこに今日の保護司制度の原型をみることができる。ちなみに、1925（大正14）年当時の保護人員合計は5万8000人余であり、そのうち収容保護人員は5300人余であった。

　他方、少年保護については、旧刑法で犯罪をした少年を監獄に併置された「懲治場」に収容する制度が設けられた。一方、民間において、非行少年の保護・教育を行う感化事業の必要性が唱えられ、1883（明治16）年には大阪で池上雪枝が「池上感化院」という少年保護施設を開設した。その後各地に少年保護のための同様の施設が設けられるようになる中で、1900（明治33）年には「感化法」（明治33年法律第37号）が制定され、各府県は感化院の設置を義務づけられたが、財政上の理由から懲治場に頼らざるを得ない状況であった。1907（明治40）年、現刑法の制定により、懲治場制度が廃止され、少年法の立法作業が急がれていたところ、1923（大正12）年に旧少年法（大正11年法律第42号）と矯正院法（大正11年法律第43号）が施行された。

　旧少年法は、18歳未満の者を少年とし、刑罰法令に触れる行為をし、又はそのおそれがある少年に対する9種類の保護処分を定め、現行の保護観察処分少年や少年院仮退院者に対する保護観察に相当する処分を設けたほか、少年の刑執行猶予者と仮出獄者を少年保護司の観察に付する規定も設けて、少年に対するプロベーションとパロールの制度を我が国ではじめて導入した点で画期的であった。保護処分をする機関として、少年審判官、少年保護司及び書記で構成する少年審判所が置かれたが、少年保護司には、専任の官吏のほか、民間の適任者も充てられた。後者は嘱託少年保護司と呼ばれ、法的根拠をもつ機関であったため、今日の保護司制度の前身の一つとされる。また、「保護団体等委託」の処分の受託団体として、1922（大正11）年創立の星華学校をはじめ、多くの少年保護団体が設立され、1923（大正12）年の30団体から1937（昭和12）年

の114団体にまで増加している。

　一方，成人犯罪者に対する保護観察は，1936（昭和11）年の思想犯保護観察法（昭和11年法律第29号）の施行により，一部の成人犯罪者に対して導入され，全国に22の保護観察所が設置されたが，第二次世界大戦の終戦後の1945（昭和20）年10月15日付連合国軍総司令部（GHQ）の覚書によって準拠法が即日廃止され，次代への継承もなく制度一切が消滅した。

　1937（昭和12）年には，全日本司法保護事業大会が開催され，釈放者保護，少年保護，思想犯保護の3分野の全国指導連絡的組織として全日本司法保護事業連盟が結成された。同大会において，一般成人犯罪者に対する保護観察制度の創設等の法制化の要望が決議されたが，同年の日中戦争の勃発による戦時体制の昂進と国家財政の逼迫を背景に実現をみず，さしあたり保護団体と各地の保護団体で採用されていた司法保護委員を制度化することを目的とした司法保護事業法（昭和14年法律第42号）が，1939（昭和14）年に制定，施行された。

　同法は，猶予者・釈放者保護等の対象となる者として，起訴猶予者，執行猶予者，刑執行停止者，刑執行免除者，仮出獄者，刑執行終了者，保護処分を受けた少年の7種を定め，これらの者に対する保護の種類を収容保護，一時保護，観察保護の3種とした。収容保護と一時保護は認可を受けた司法保護団体が行い，観察保護は非強制的立場で司法大臣の任命を受けた司法保護委員がその実施に当たることとされた。司法保護委員は非常勤，無給の国家公務員となり，同年に全国で1万2899人を数えた。この司法保護委員制度が現在の保護司制度の前身とされる。

　このように，成人に関しては，民間の活動を主体として保護が実施され，国はそれを奨励し指導するにとどまっており，上記の観察保護も，本人の意思に反しない任意的なものであり，これを敢えて忌避する者に対しては手を打つ術もなかった。また，旧刑法においてすでに仮出獄の制度が定められ，現刑法への改正時もその要件の緩和が図られたが，特別な恩典として例外的に認められるもので，しかも警察の特別監視に付されるものであって，仮出獄者に対する保護観察の導入を図る刑法改正作業は第二次世界大戦への突入によって中断を迫られた。

（2）更生保護の近代的制度の整備と犯罪者予防更生法

　戦後，新憲法のもと，刑事司法の分野においては，刑事訴訟法，少年法等が

全面的に改正されるなど大きな改革が進められ，更生保護の分野においては，1949（昭和24）年に犯罪者予防更生法が制定され，保護観察，仮釈放，犯罪予防活動等に関する更生保護の近代的制度が成立することとなった。

　同年7月1日の同法の施行により，家庭裁判所が保護処分に付した少年に対する保護観察，少年院仮退院者に対する保護観察のほか，新たに仮出獄者に対する保護観察が導入された。これにより，従前の仮出獄者に対する警察監視は廃止され，決定権限を法務府長官から行政委員会である地方成人及び少年保護委員会に移し，改善更生を目的として保護観察を行うアメリカ型のパロール制度が採用されることとなった。

　ただし，刑の執行猶予者に対する保護観察については，国会審議の過程で修正を受け，旧少年法のもとで実績のあった18歳未満の少年に限定しての出発となった。しかし，その後も制度導入に関する検討が進められ，1953（昭和28）年の刑法改正によりいわゆる再度目の執行猶予者に対する必要的な保護観察が，翌1954（昭和29）年には初度目の執行猶予者に対する裁量的な保護観察の制度が相次いで導入された。これらの者に対しては，犯罪者予防更生法に比べてより緩やかな保護観察の枠組を基本とする執行猶予者保護観察法が新たに制定（1954年）され，ここに成人の保護観察付（全部）執行猶予制度が整備されるに至った。その後，1958（昭和33）年に売春防止法が改正され，婦人補導院から仮退院中の者も保護観察に付されることになり，ここに保護観察の対象を5種類とする制度が整うこととなった。

　これらの法整備に至るGHQとの一連の立案折衝過程にあっては，GHQ側から，釈放者保護事業は司法省ではなく厚生省（当時）の所管とし，その保護は生活保護施設で担うべきであって，これとは別に司法保護団体・施設に関する規定を設けるべきではないとの意見や，保護観察を民間ボランティアの司法保護委員に行わせるのは適当でなく有給常勤の公務員に当たらせるべきとの意見などが示され，交渉が難航した経緯がある。

　このうち，犯罪者予防更生法による保護観察の対象から除外された満期釈放者，起訴猶予者等のうちには，その再犯の防止のため保護措置を必要とする者も少なくなく，また，同法には保護施設に関する規定を欠いていたことから，そのための立法措置が必要となり，1950（昭和25）年，更生緊急保護法（昭和25年法律第203号）が公布・施行され，これに伴い司法保護事業法が廃止された。釈放者保護事業の所管に関して「応急」の措置としての性格を法で明らかにし

て法務庁に残すという妥協に達したという事情が，この更生「緊急」保護という語に表れている。なお，更生緊急保護法では，更生保護事業の中心的な担い手として民間団体である更生保護会が規定され，この事業を国の責任のもとに行うという原則が明らかにされている。

　また，司法保護委員の廃止をめぐっても，交渉が難航の末，それまでの司法保護委員の実績や保護観察官の確保を困難とする予算事情等もあって，終に当局の意見が認められ，保護観察官で十分でないところを補う者として司法保護委員が規定されるに至った。一方，廃止された司法保護事業法には司法保護委員に関する規定があったため，この種の民間篤志家に関する法律を新たに制定する必要が生じ，名称も司法保護委員に代えて保護司とする保護司法が，1950（昭和25）年，公布・施行された。

　当初の更生保護の実施体制は，アメリカにおいて発達した行政委員会に倣って，法務府の外局として中央更生保護委員会を置き，その地方支分部局として全国8地方ごとに地方少年保護委員会及び地方成人保護委員会を設け，さらにそれぞれ事務局の事務分掌機関として，家庭裁判所及び地方裁判所の管轄区域ごとにそれぞれ少年保護観察所及び成人保護観察所を置くというものであり，それぞれに保護観察官が配置された。

　このような実施体制は，1952（昭和27）年に法務府を法務省に改める機構改革の際，大幅に改編される。すなわち，中央更生保護委員会は廃止され，法務省の内部部局としての保護局と諮問機関としての中央更生保護審査会が設けられた。保護局は，更生保護の中央機関として，従前の中央更生保護委員会の権限の多くを引き継ぐ一方，中央更生保護審査会は非常勤職員3人で組織され，権限は現行のような個別恩赦等の法務大臣への申出などに大幅に縮減された。少年と成人に分かれていた各地方保護委員会は，それぞれ統合されて地方更生保護委員会となり，犯罪者予防更生法に規定する決定をもってする処分について委員3人で構成する合議体で行うこととされた。また，少年，成人別の保護観察所も統合され，法務省直属の地方支分部局の位置づけに変更された。地方更生保護委員会と保護観察所は，それぞれ独立した地方支分部局とされ，相互に所掌事務の重なり合うところはなくなったが，地方更生保護委員会は管内保護観察所に対する監督権を有することとされた（犯罪者予防更生法第12条第2項）。これらにより，更生保護の機構は，後述するような現在の姿に近い体制となった。

　しかし，犯罪者予防更生法は，長引く GHQ との折衝のため，本来同時に施行をみるべき新少年法（昭和23年法律第168号）や旧少年院法（昭和23年法律第169号）（1948年公布，翌1949年 1 月 1 日施行）から出遅れ，しかも新たな更生保護制度はそれにふさわしい新たな予算や人員を伴わない脆弱な体制のまま年度途中での発足を余儀なくされたため，後々の組織体制整備に大きな影を落とすこととなった。

（3）更生保護制度改革と更生保護法

　戦後更生保護の制度構築が一段落した後は，処遇の科学化・専門化や，犯罪傾向や社会情勢の変化に対応した処遇施策の導入等が試みられていく。たとえば，1967（昭和42）年の処遇分類制と1971（昭和46）年の分類処遇制，1974（昭和49）年の直接処遇班の設置，1977（昭和52）年の交通短期保護観察，1979（昭和54）年の無期・長期刑仮出獄者中間処遇，1984（昭和59）年の仮出獄の適正・積極化施策，1990（平成 2 ）年の類型別処遇，1994（平成 6 ）年の短期保護観察と社会参加活動の導入などがある。

　更生保護関係の法改正が動き出すのは，バブル経済の崩壊（1991～1993年）以後，社会の犯罪情勢が次第に深刻化していく時期と重なる。たとえば，主に更生保護施設をめぐって，1994（平成 6 ）年の更生緊急保護法の一部改正（更生保護施設に対する補助金に関する規定の改正）を皮切りに，1995（平成 7 ）年，更生保護事業法の制定により更生緊急保護法が廃止された。これにより，更生保護会は更生保護施設に組織変更され，その経営母体は民法法人から更生保護法人となり，税制面等において社会福祉法人並みの法的地位が与えられた（1996年施行）。2002（平成14）年には，更生保護施設の処遇の専門施設化を目的として，犯罪者予防更生法等の一部が改正され，「社会生活に適応させるために必要な生活指導」が処遇内容に加えられた。他方，1999（平成11）年に保護司法が一部改正され，保護司会等の法定化と地方公共団体の保護司活動への協力規定が新設されるなどした。

　保護観察を中心とする従来の所掌範囲に新たな分野が加わったのもこの時期である。すなわち，2003（平成15）年，心神喪失等の状態で重大な他害行為を行った者の医療及び観察等に関する法律が公布され，保護観察所に新たに配置された社会復帰調整官が生活環境の調査・調整，精神保健観察等の地域社会における処遇を一貫して担う心神喪失者等医療観察制度が導入され，保護観察の

在り方等にも大きな影響を与えた（第14章，第15章参照）。また，2004（平成16）年の犯罪被害者等基本法（平成16年法律第161号）の成立や翌年の犯罪被害者等基本計画の閣議決定を受け，2007（平成19）年，しょく罪指導プログラムが開始され，次いで，後述する更生保護法の全面施行より前に，仮釈放等審理における意見等聴取制度や心情等伝達制度の規定が先行的に施行されるなど更生保護における犯罪被害者等施策が開始された。

そのような中，2004（平成16）年から翌年にかけて，保護観察対象者等による重大再犯事件が相次いだことから，更生保護制度の実効性，特に再犯を防止する機能に対して国民の厳しい目が向けられることとなり，更生保護制度全般の抜本的な検討・見直しが急務となった。そこで，法務大臣のもとに「更生保護のあり方を考える有識者会議」が設けられ，2006（平成18）年に報告書「更生保護制度改革の提言——安全・安心の国づくり，地域づくりを目指して」が提出された。

同報告書は，保護観察の有効性を高め，更生保護制度の目的を明確化し，保護観察官の意識を改革することなどにより強靭な更生保護制度を実現すべきであると提言し，その改革の方向性に沿って，2007（平成19）年に更生保護法が制定され，翌年施行された。

同法により，①犯罪者予防更生法と執行猶予者保護観察法が整理統合され，②目的規定において，前述のとおり「犯罪を防ぎ，非行をなくす」ことが明記され，③遵守事項の内容を整理し，特別遵守事項の付加・変更が可能となり，専門的処遇プログラムの受講義務の新設など遵守事項の内容の充実が図られた。また，④生活環境の調整の規定が整備され，⑤犯罪被害者等の意見等聴取制度等が創設され，⑥保護観察官と保護司の役割について規定が整備された。

同時に，保護観察等の運用面の改革策が矢継ぎ早に実施されていく。すなわち，警察との連携による所在調査体制の強化や性犯罪者等に対する認知行動療法に基づく専門的アプローチの導入など指導監督面の強化が図られるとともに，再犯防止が政府全体の政策課題として重視される中，2012（平成24）年の「再犯防止に向けた総合対策」（犯罪対策閣僚会議決定）をはじめとする一連の政策文書等に基づき，補導援護面や実施体制面の充実強化に向けた様々な改革が進められた。これにより，高齢者，障害者等の社会復帰支援を強化するため司法と福祉の連携策が開始されるとともに，就労・住居の支援や薬物依存者の回復支援などの多様な領域で生活の再スタートを実際的に支援する方策がシステム

として整えられた。

　2013（平成25）年には，刑の一部の執行猶予制度が導入され（2016年施行），施設内処遇の効果を引き継ぎつつ，相当期間の社会内処遇を実施する仕組が始まった。同時に，更生保護法が改正され，規制薬物等に対する依存がある保護観察対象者に関する保護観察の実施方法の特則や生活環境の調整における地方更生保護委員会の役割の強化等のための所要の規定が整備された。なお，同法改正においては，特別遵守事項の類型に社会貢献活動が加えられている。

　その後，2016（平成28）年の再犯防止推進法やそれに基づき策定された2017（平成29）年の国の再犯防止推進計画等により，国・地方公共団体・民間の三者が協働して多機関連携による処遇や息の長い支援を行う枠組に法的根拠が与えられた。

　また，2022年改正更生法等により，息の長い支援の実現を目的とする仕組として，①前述のとおり更生緊急保護の充実や刑執行終了者等に対する地域援助などが導入されるとともに，②更生保護事業を営む者等が行う専門的援助を受けることの指示等を指導監督の方法や遵守事項の類型に追加することなどによる保護観察処遇の充実強化，③これらを民間側で実施する更生保護事業の枠組等の整備，④被害者の被害回復・軽減に努めることの指示等を指導監督の方法に追加するなどの被害者等の思いに応える処遇等の充実強化を目的とする規定が新設されるなどした（以上につき，2023年中に施行予定）。さらに，⑤刑の執行猶予制度を拡充する刑法改正と連動した再保護観察付執行猶予者の保護観察処遇の特則の新設，⑥懲役・禁錮の廃止と拘禁刑の創設の規定が2025年中までに施行予定とされており，矯正処遇と連動した社会内処遇の一層の充実強化が図られることになる。

　同時に，保護観察に関して，2021（令和3）年の少年法一部改正（施行は2022年4月1日）により，18歳及び19歳の「特定少年」に対する保護処分の特例として2年の保護観察などの枠組が新設され，必要に応じ専門的処遇プログラムの適用が少年にも拡大される一方，従来，5種類で成り立っていた保護観察については，2022（令和4）年の「困難な問題を抱える女性への支援に関する法律」により売春防止法第3章に規定する補導処分が廃止され，婦人補導院からの仮退院中の保護観察は2024年4月1日をもってなくなることとなった。

ポイント　刑の一部執行猶予制度

　刑の一部執行猶予制度とは，いわゆる初入者等に3年以下の懲役又は禁錮の刑を言い渡す場合（罪名は問わない），1年以上5年以下の期間，その刑の一部の執行を猶予できるとするものである（刑法第27条の2第1項）。他方，いわゆる累犯者の場合は，薬物使用等の罪を犯した者のみ，同制度が適用される（薬物使用等の罪を犯した者に対する刑の一部の執行猶予に関する法律）（以下「薬物法」という）。従来の刑期全部の実刑や刑期全部の執行猶予のいずれでもない，刑の言渡の新たな選択肢である。

（例）懲役2年，うち6月につき2年間執行猶予

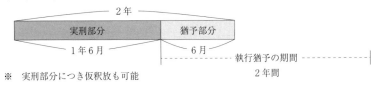

　※　実刑部分につき仮釈放も可能

　実刑部分の施設内処遇を先に執行し，その後に猶予期間の社会内処遇が実施されることとなり，両者を有機的に組み合わせて再犯防止を図ることを目的とする。とりわけ薬物依存者の場合，物理的に薬物を遮断した環境の中で行う離脱指導に引き続き社会に出てからも処遇を継続できることは再犯防止に効果的であり，累犯者にも適用可能とされた所以である。

　言渡の要件は，初入者等の場合，刑事責任の観点から相当であり，かつ，特別予防の観点から必要かつ相当である場合であり，薬物使用等の罪を犯した累犯者については，さらに要件が絞り込まれ，規制薬物等に対する依存を改善する処遇を実施すればその者の再犯防止を図り得る場合に限定される。

　猶予期間中の保護観察は，初入者等の場合は裁判所の裁量による。一方，薬物法対象者の場合は必要的に付され，原則として薬物再乱用防止プログラムが特別遵守事項として義務付けて実施されるほか，あらかじめ保護観察対象者の意思に反しないことを確認したうえで，依存の改善に資する医療や専門的な援助を受けるよう指示するなど，医療・福祉等との多機関との地域連携を基本として実施される。

　刑の一部執行猶予の言渡を取り消されることなく猶予期間を経過した時は，猶予部分の刑の言渡の効力は失われていわゆる実刑部分の刑に減軽され，当該実刑部分の執行終了時点で刑の執行を受け終わったものとされる。一方，遵守すべき事項を遵守しなかった時は裁量的取消の対象となる。

3　更生保護の基本法制

　更生保護制度の内容を規定する主要な法律は，以下のとおりである。

　更生保護法は，更生保護の機関の所掌事務等を定めるとともに，仮釈放等，保護観察，生活環境の調整，更生緊急保護，さらに，特定の者に対する恩赦の申出や審査請求等について規定しており，更生保護の基幹となる法律である。

　更生保護事業法は，更生保護事業の適正な運営の確保とその健全な育成発達を図ることや，犯罪をした者等の改善更生を助けることを目的として，更生保護事業の種類・経営・監督等，更生保護法人の設立等更生保護事業に関する基本事項を定めている。

　保護司法は，保護司の使命，設置区域，定数，推薦及び委嘱，欠格事項，保護司選考会，任期，職務の執行区域，職務の遂行，服務，費用の支給，解嘱等について定めるとともに，保護司会及び保護司会連合会についても規定している。

　恩赦法（昭和22年法律第20号）は，恩赦全般（政令による恩赦と特定の者に対する恩赦）の効力及び手続について定めている。恩赦は，大日本帝国憲法下では天皇の大権事項とされていたが，現行憲法においては内閣の権限となり，内閣が決定し（第73条第7号），天皇が認証する（第7条第6号）仕組となっている。

4　更生保護の組織

　更生保護の諸活動は，以下のとおり，法務省の保護局，地方更生保護委員会，保護観察所等が国の機関として更生保護行政をつかさどり，保護司はじめ更生保護施設，更生保護女性会，BBS会，協力雇用主等の民間関係者と協働して実施されており，そのような官民協働に支えられた更生保護が日本の制度の特徴となっている（図8-1）。

（1）更生保護行政を担う機関

　法務省には，国の法務行政を担う部門として，内部部局に大臣官房と6つの局が置かれているが，その一つの保護局が，総務課，更生保護振興課，観察課の3課体制で，更生保護及び医療観察の事務をつかさどっている。また，更生

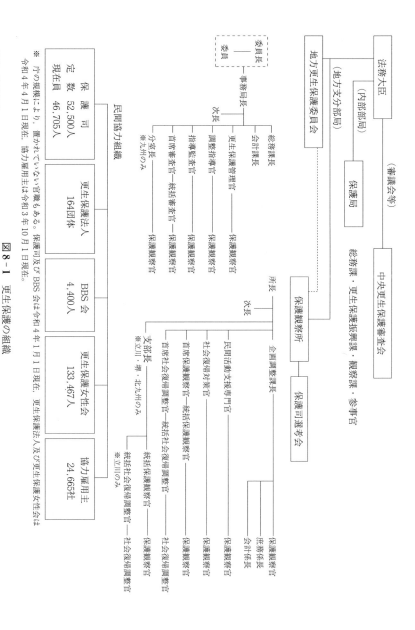

図 8-1　更生保護の組織

※ 庁の規模により、置かれていない官職もある。保護司及び BBS 会は令和 4 年 1 月 1 日現在。更生保護法人及び更生保護女性会は令和 4 年 4 月 1 日現在。協力雇用主は令和 3 年 10 月 1 日現在。

出所：筆者作成。

保護法第4条に基づき，国家行政組織法（昭和23年法律第120号）第8条に規定する「審議会等」に当たる合議制の機関である中央更生保護審査会が置かれている。同審査会は，法務大臣に対する個別恩赦の申出や地方更生保護委員会がした仮釈放の取消等の決定に対する行政不服審査・裁決を行うほか，更生保護法人の設立の認可等に際して法務大臣に意見を述べる権限を有している。委員長及び委員4人（うち2人は非常勤）で組織され，いずれも法務大臣が両議院の同意を得て任命する。

　地方支分部局としては，地方更生保護委員会と保護観察所がある。地方更生保護委員会は高等裁判所の管轄区域ごとに置かれ，全国に8か所ある。3人以上政令で定める人数以内の委員で組織し，法務大臣が委員のうちから委員長を命ずる。仮釈放の許可・取消，少年院からの仮退院・退院の許可・戻し収容決定の申請，不定期刑の終了等の処分を3人の委員で構成される合議体で行う。また，保護観察所の事務の監督事務，更生保護事業法や保護司法に基づく法務大臣の権限委任事務などを行う。

　一方，保護観察所は，地方裁判所の管轄区域ごとに置かれ，全国に50か所あるほか，3つの支部，29の駐在官事務所が置かれている。保護観察・生活環境の調整・更生緊急保護等の実施，恩赦の上申，犯罪予防活動の促進等のほか，心神喪失等の状態で重大な他害行為を行った者の医療及び観察等に関する法律に基づく精神保健観察等の実施の事務を所掌している。なお，その附属機関として保護司選考会が置かれる（保護司法第5条）。委員は，地方裁判所長，家庭裁判所長，検事正，弁護士会長，矯正施設の長の代表，保護司代表，都道府県公安委員長，都道府県教育委員会教育長，学識経験者等のうちから，法務大臣が委嘱し，13人（東京保護観察所に置かれるものは15人）以内で組織され，保護観察所の長の諮問に応じて保護司の委嘱及び解嘱等に関する意見を述べる。

（2）保護観察等の実施者

　保護観察官が地方更生保護委員会の事務局及び保護観察所に，社会復帰調整官が保護観察所に置かれている（第14章参照）。

　更生保護法は，「保護観察における指導監督及び補導援護は，保護観察対象者の特性，とるべき措置の内容その他の事情を勘案し，保護観察官又は保護司をして行わせるものとする」と規定（第61条）し，保護観察官と保護司を保護観察の実施者としている。

　そのうち，保護観察官は，「医学，心理学，教育学，社会学その他の更生保護に関する専門的知識に基づき，保護観察，調査，生活環境の調整その他犯罪をした者及び非行のある少年の更生保護並びに犯罪の予防に関する事務に従事する」（更生保護法第31条第2項）常勤の一般職国家公務員である。

　これに対し保護司は，犯罪をした人や非行のある少年の立ち直りを地域で支える民間のボランティアである。「社会奉仕の精神をもって，犯罪をした者及び非行のある少年の改善更生を助けるとともに，犯罪の予防のため世論の啓発に努め，もつて地域社会の浄化をはかり，個人及び公共の福祉に寄与すること」を使命とする（保護司法第1条）。保護観察官とともに保護観察等の事件事務を担当する（更生保護法第61条等）と同時に，それぞれの地域における犯罪予防活動に従事する（保護司法第8条の2）。

　法務大臣から委嘱された一般職・非常勤の国家公務員として位置づけられるが，給与は支給されず，予算の範囲内において，その職務を行うために要する費用の全部又は一部の支給を受けることができる（保護司法第11条）。保護司法により守秘義務が課せられている（保護司法第9条第2項）一方，国家公務員法（昭和22年法律第120号）の政治的行為の禁止・制限の規定等の適用は除外されるほか，職務遂行中の負傷は国家公務員災害補償法（昭和26年法律第191号）の適用を受ける。

　保護司となるためには，①人格及び行動について社会的信望を有すること，②職務遂行に必要な熱意及び時間的余裕を有すること，③生活が安定していること，④健康で活動力を有することという4条件をすべて具備する一方，①禁錮以上の刑に処せられた者，②日本国憲法の施行の日以後において，日本国憲法又はその下に成立した政府を暴力で破壊することを主張する政党その他の団体を結成し，又はこれに加入した者，③心身の故障のため職務を適正に行うことができない者として法務省令で定めるものという欠格条項のいずれにも該当しないことが求められる（保護司法第3条，第4条）。

　保護司の委嘱は，保護観察所の長が，前述の保護司選考会の意見を聴いたうえで，法務大臣に推薦し，その中から法務大臣が委嘱する。保護司の任期は2年で，再任は妨げない（保護司法第7条）とされ，実際にも処遇等の経験の積み重ねが重要視される。なお，運用上，保護司として処遇実務に携わる場合の上限年齢は，78歳に達するまでとされている。

　更生保護法において，保護司は，「保護観察官で十分でないところを補い」，

保護観察や生活環境の調整の事務に従事する（第32条等）とされ，保護観察は，「保護観察対象者の特性，とるべき措置の内容その他の事情を勘案し，保護観察官又は保護司をして行わせる」ものとされている（第61条）。この「保護司が保護観察官で十分でないところを補」うとは，保護司が単に保護観察官のマンパワーの不足を補完することを意味するのではなく，保護観察対象者や地域社会への関わり方において民間ボランティアとしての保護司がもつ特性や機能が，保護観察官がもつそれとは異なることを踏まえたうえで，両者がそれぞれの立場で保護観察対象者に関わることにより改善更生等の相乗的な効果をあげようとする協働態勢の考え方を表している。協働態勢において，保護観察官は人間科学等の専門性を有し有権的措置に直接関わるのに対し，保護司は民間性や地域性の長所をもち，同じ地域に住む隣人の立場から働きかけを行い，有権的措置へは直接には関わらないものと理解されているが，そのような保護司の特徴的な関わりが，対象者のアイデンティティの変容によい影響を与え，犯罪からの離脱を維持・促進するうえで効果的であると考えられる。

　保護司が保護観察事件を担当する場合，保護観察官が作成した保護観察の実施計画に基づき，本人や家族等との面接等をとおして，本人との信頼関係の構築に腐心しながら，生活状況の把握，生活上の相談，就労や就学における助言，親子関係の調整その他立ち直りに向けた指導助言などを行う。担当ケースの処遇の状況は保護観察所に報告され，保護観察官において緊急的に介入することも含め必要な措置がとられる。保護司と対象者との面接は，保護司の自宅において夜間や休日等に行われることが多いが，近年は，公共施設等の一部を借用するなどして設置された「更生保護サポートセンター」を活用する例が増えている。また，本人の生活状況を確認するために，対象者宅を訪問して面接を行う方法も適宜組み合わせて行われる。なお，保護司は，「地方委員会又は保護観察所の長の指揮監督を受けて」これらの事務を行うこととされ，国が負うべき責任を本来民間のボランティアである保護司に負わせることのないようにすることが法律上明らかにされている。

　保護司は，委嘱と同時にそれぞれ保護区に配属され，保護司会を組織し，あらかじめ保護司会が計画し保護観察所長の承認を得た犯罪予防活動に従事する（保護司法第8条の2）。保護区ごとの保護司会は，1998（平成10）年に保護司法の一部改正により，それまでの任意組織から法定組織に改められ，都道府県ごとに保護司会連合会を組織することとされた。

　このように保護司会は，公益性，公共性の高い組織として位置づけられ，犯罪予防活動の活動計画の策定・実施，世論の啓発，保護司適任者の確保，保護司の研鑽や育成，個々の保護司処遇活動への相談支援などにおいて，重要な役割を果たしている。また，保護司の任務の一つとしての犯罪予防活動等の地域活動は，この保護司会の活動として具体化し実現される。

　2022（令和4）年1月1日現在，保護司の数は4万6707人（定数は5万2500人）で，平均年齢は65.4歳である。近年は，社会情勢の変動に伴い，地域社会の連帯感の希薄化，保護司という職務の特殊事情等から，保護司適任者の確保が難しくなってきており，保護司候補者検討協議会の設置・活用，地方自治体や地域関係団体との連携，広報活動の強化などのほか，前述したとおり自宅以外の面接場所と地域活動拠点を確保し保護司の活動環境を整える目的で「更生保護サポートセンター」をすべての保護司会に設置するなどの取組が進められている。

注
(1)　恩赦は，行政権によって，国家刑罰権を消滅させ，裁判の内容を変更させ，又は裁判の効力を変更若しくは消滅させる行為であり，大赦，特赦，減刑，刑の執行の免除，復権の5種類がある。また，恩赦には，政令によって恩赦の対象となる罪や刑の種類，基準日等を定めて，その要件に該当する者について，個別の審査等なしに一律に行われる政令恩赦と，特定の者について，恩赦を相当とするか否かを個別に中央更生保護審査会が審査し，相当と判断された者について，内閣が決定し，天皇の認証を受けて行われる個別恩赦の2種類がある。このうち更生保護法に運用規定等が定められているのは後者の個別恩赦として行われる特赦，減刑，刑の執行の免除，復権についてのみである。これは，被害者（遺族）・社会感情を考慮しつつ，罪を犯した者の改善更生の意欲を高めさせ，その社会復帰を促進するという刑事政策的見地から実施されるものであり，主として，無期刑仮釈放者に対する刑の執行の免除や有罪の確定裁判を受けたことにより生じている各種の資格制限の回復のための復権が行われている。

学習課題
①　人が立ち直るとはどのようなことか，そのために必要なことは何かについて考えてみよう。
②　保護司の活動としてどのようことが行われているか調べてみよう。また，保護司の適任者を確保するために，どのような方策が必要か考えてみよう。

～～～～～～～ コラム7　更生保護行政の組織理念 ～～～～～～～

　2021（令和3）年1月，「更生保護行政における組織理念」が制定された。安全・安心な社会の実現に向けて更生保護行政が果たすべき役割を内外に示すもので，「使命」と5つの「行動指針」からなる。

　「使命」は「犯罪や他害行為をした人の再犯・再他害を防止し，その改善更生・社会復帰を支援するとともに，人が人を支える地域のネットワークを更に広げ，安全・安心な地域社会，そして，『誰一人取り残さない』共生社会の実現を目指します」としている。犯罪や非行をした人を社会から排除・孤立させることなく，再び受け入れることが自然にできる社会を目指す「ソーシャルインクルージョン」はこれまでも更生保護の理念とされてきた考え方であり，国連の「持続可能な開発目標」（SDGs）が掲げる理念とも重なる。

　使命の実現に向けた行動倫理である以下に掲げる「行動指針」は，多様な価値が衝突する処遇現場で生ずる揺らぎに向き合う際の準拠枠になると同時に，地域社会との向き合い方など今後の更生保護を構想する際の基本方針を示している。

(1)　法令を遵守するとともに，個人の尊厳と人権を尊重し，地域社会における処遇の主宰者であるという自覚の下，常に自己研鑽に努めるとともに，組織としての使命を全うするため，個々の持てる力を結集して職務を遂行します。

(2)　犯罪や他害行為をした人が，いずれは地域社会の一員として社会復帰できるよう，一人ひとりと真剣に向き合い，粘り強く処遇します。

(3)　事件によって被害を受けた方々の実情を真摯に受け止め，再犯・再他害によって新たな被害を生まないよう取り組むことはもとより，あらゆる職務の遂行が，被害からの回復に資するものとなるように努めます。

(4)　刑事司法関係機関と緊密な連携を図り，責任を持って刑事司法手続の一翼を担うとともに，保護司を始めとする民間の更生保護関係者への感謝と敬意を持ち，充実した協働態勢を構築し，共に行動します。

(5)　地域社会の関係機関・団体と信頼によりつながり，これら機関・団体との行動連携において自らの役割と責任を果たすとともに，安全・安心な地域社会の実現のため，より多様かつ広範なネットワークの構築に努めます。

第 ⑨ 章

生活環境の調整・仮釈放等

　犯罪や非行をした者の改善更生や再犯防止を図るためには，施設内処遇と社会内処遇の有機的な連携が必要不可欠である。生活環境の調整，仮釈放等は施設内と社会内との間をつなぐ機能をもつ制度であり，適切かつ効果的な運用が図られれば，現在，大きな課題となっている満期釈放者への対策にも効果が見込まれる。施設内処遇と社会内処遇の有機的な連携の観点から，それぞれの制度の概要とともに，満期釈放者対策等を見据えた制度運用上の課題について概説する。

1　矯正施設収容中の者に対する生活環境の調整

（1）目　的
　人が犯罪や非行をする背景には，その人を取り巻く生活環境が大きく影響している。犯罪や非行をした者は矯正施設において改善更生や再犯防止に向けた矯正教育を受けたとしても，釈放後に適当な住居や就労先等がなかったり，釈放後の生活環境が改善更生を妨げるようなものであったりすれば，再犯に至ってしまう。
　生活環境の調整とは，犯罪や非行をして矯正施設に収容された者に対して，収容期間中に，釈放後にどこで，どのような生活をすることを希望しているのかを確認し，保護観察官又は保護司が実際に帰住予定地を訪問することにより，一緒に生活する予定の親族等に話を聞くなどして，そこで生活することが改善更生，再犯防止に適当かを調査し，より望ましい生活環境となるよう調整を行うことである。
　「犯罪をした者及び非行のある少年に対する社会内における処遇に関する規則」（平成20年法務省令第28号）（以下「処遇規則」という）第112条では，保護観察

所の長は矯正施設に収容されている者に対して，以下の事項について必要な調整を行うものとされている。

> ア　釈放後の住居を確保すること
> イ　釈放後の帰住予定地で同居するなどして改善更生に協力する引受人等を確保すること
> ウ　釈放後の改善更生を助けることについて引受人等以外の家族その他の関係人に理解及び協力を求めること
> エ　釈放後の就学先又は通学先を確保すること
> オ　改善更生を妨げるおそれのある生活環境について，釈放された後に影響を受けないようにすること
> カ　釈放後，公共の衛生福祉に関する機関その他の機関からの必要な保護を受けることができるようにすること
> キ　その他健全な生活態度を保持し，自立した生活を営むために必要な事項

（2）機　能

　生活環境の調整は，矯正施設に収容されていた者の釈放後の円滑な社会復帰を促すものであるが，施設内処遇を効果的に行うために必要不可欠なものであると同時に，適正な仮釈放の決定においても重要な意味をもっている。

　保護観察所が行った生活環境の調整の結果は，矯正施設及び矯正施設所在地を管轄する地方更生保護委員会に送付される。釈放後の保護観察処遇に活用されるほか，矯正施設における処遇においても活用されており，矯正施設被収容者にとっては釈放後の生活計画の具体化等につながり，矯正処遇の原則の一つとされている改善更生の意欲の喚起のためにも欠かせないものである。また，矯正施設においては就労支援や福祉的支援等を内容とする社会復帰支援が行われているが，この参考資料にもなる。

　地方更生保護委員会が行う仮釈放等の審理にも重要な意味をもっている。仮釈放の実質的要件の一つである「再犯のおそれがないこと」の判断では，釈放後の生活環境を考慮することとされており，生活環境の調整の結果はこの判断の重要な資料となる。また，地方更生保護委員会は仮釈放等を許可する場合には仮釈放後の居住すべき住居を指定することとされており，これは生活環境の調整の結果を踏まえて行われる。

（3）手　続

　犯罪や非行をした者が矯正施設に収容されると，釈放後に帰住を希望する帰住予定地と引受人等を申告する。帰住予定地等は身上関係事項として帰住予定地を管轄する保護観察所に通知され，そこで当該被収容者に関する生活環境の調整が開始される。

　保護観察官又は保護司は帰住予定地を訪問して，居住可能かどうかなど住居の状況の確認，引受人等と面接をして，当該被収容者が釈放された場合の引受意思の確認，就労・就学先や生計の見込みなどの調査を行うとともに，必要に応じて本人と引受人等との関係や就労・就学先，福祉的な支援等の調整を実施する。また，被収容者本人に対しても施設での面接や手紙等を通じて，釈放後の生活計画等の確認や必要な助言等も行う。生活環境の調整の結果は，当該帰住予定地への帰住可否に関する保護観察所長の意見を付して，被収容者を収容する矯正施設及び当該施設の所在地を管轄する地方更生保護委員会に通知される。

　保護観察所においては，円滑な社会復帰につなげるため，これらの調整等を釈放までの間継続的に行うこととされているが，被収容者が希望する帰住予定地への帰住を不可と判断した場合には，被収容者本人に関する情報が十分にないことが多く，より適切な帰住地の選定や確保に向けた調整を主体的に行うことが困難なケースが多い。また，生活環境の調整は帰住予定地を単位として行われるため，被収容者の意向や状況によっては，管轄する保護観察所の異なる帰住予定地を並行して調整する場合があり，このような場合においては，保護観察所間の連絡調整が必要となる。被収容者の適切な帰住地の調整のためには，帰住予定地を管轄する保護観察所だけの調整では十分ではないケースが多々ある。

　地方更生保護委員会は，矯正施設被収容者との面接等により，生活環境の調整に資する情報を収集し，生活環境の調整を行う保護観察所に対して具体的な指導及び助言を行うこととされている。帰住先のない，又は希望した帰住予定地への帰住が不可と判断された被収容者については，面接等の調査で収集した情報を基により適切な帰住地を選定し，保護観察所に対して調整を指示したり，同じ被収容者について並行して調整を行っている保護観察所間の連絡調整を行ったりして，生活環境の調整のコントロールタワーとしての機能を果たすことが求められている。2020（令和2）年度から，生活環境の調整に関する調査

を専ら担当する地方更生保護委員会の保護観察官を全国の犯罪傾向の進んだ者を収容する大規模な刑事施設を中心に駐在させる制度が開始され，コントロールタワーとしての機能をより積極的かつ効果的に果たせるような体制の整備も図られている。

（4）関係機関との連携

　適当な帰住先がない者については，更生保護施設や自立準備ホーム，住み込み就労が可能な協力雇用主のもとへの帰住等を調整することとなる。全国の保護観察所のうち，管内に更生保護施設が1施設しかない庁も多く，更生保護施設だけでは帰住先のない者の受入を十分に行えない状況がある。また，更生保護施設においては，女性や少年については定員が少なく，女性については，管内の更生保護施設に定員がなく，受入ができないといった庁も多数ある。各保護観察所においては，更生保護施設の状況等を勘案し，実情に応じて自立準備ホームや住み込み就労が可能な協力雇用主を開拓するほか，居住支援法人と連携して，帰住先の確保に取り組んでいる事例もある。

　再犯防止においては，住居とともに就労先の確保が重要である。被収容者の希望により，矯正施設収容中の段階から釈放後の就労先の確保のための調整を行うケースもある。一部の保護観察所においては，民間団体である更生保護就労支援事業所に委託して矯正施設被収容者の就職活動支援を行う枠組もあり，ハローワークや更生保護就労支援事業所，協力雇用主と連携し，生活環境の調整として就労先の確保にも取り組んでいる。

　また，薬物等の依存症のある被収容者に対しては，本人の意向や特性に応じて，ダルク等の依存症回復支援施設への入所や通所のほか，依存症からの回復支援プログラム等を実施する精神保健福祉センター等への通所を調整している。依存症のある被収容者の処遇については，引受人や，その他の被収容者の親族の理解と協力が重要であることから，生活環境の調整において個別に理解や協力を求めるほか，依存症のある被収容者の引受人等を対象とした引受人・家族会を実施し，依存症回復支援施設スタッフや精神保健福祉センター職員，医師等を講師として招き，釈放後の被収容者との接し方，支援の在り方等についての講義等を行い，理解促進を図っている。

　性犯罪者については，保護観察の遵守事項として認知行動療法に基づく性犯罪再犯防止プログラムの受講を義務づけるなどしているところであるが，性嗜

好障害として医療機関での治療等を必要とする者もある。薬物の自己使用とは異なり，被害者のいる犯罪であり，再犯があれば大きな社会不安にもつながることから，生活環境の調整においては，より慎重かつ丁寧な対応が必要となる。被収容者との面接等を行った地方更生保護委員会や生活環境の調整を行う保護観察所において，再犯防止のためには治療等が必要と判断される者については，矯正施設収容中の段階から性嗜好障害等の治療や支援を行う医療機関，自助グループ等の専門家に対し，治療等の必要性のアセスメントや釈放後の治療等への動機づけのほか，本人が治療等を受ける意向を示した場合には釈放後の支援計画の作成，引受人等との面接までを依頼することができる仕組が整えられ，2020（令和２）年度から運用されている。

　少年院に収容されている者のうち，精神障害を有するなど処遇等に特別な配慮を有する者や重大な非行をした者などについては，特に少年院出院後の帰住先や支援等の確保に困難を伴うことが多い。これらの者については，地方更生保護委員会が少年院を管轄する矯正管区と協議し，少年院内での処遇に加えて生活環境の調整等を充実強化すべき少年として認定のうえ，個々の少年の状況に応じて生活環境の調整の方針を作成し，当該方針に基づき，保健，医療，福祉，教育その他の関係機関と連携した調整を主導するような取組も実施されている。

　関係機関との連携については，第11章，第12章も参照されたい。

（5）特別調整

　矯正施設被収容者のうち，釈放後の適当な帰住先がなく，高齢又は障害により社会で自立した生活を営むことが困難な者については，釈放までの間に，帰住先を確保し，釈放後直ちに必要な福祉サービス等が受けられるようにするための調整が再犯防止のためには必要不可欠である。

　2009（平成21）年度，法務省と厚生労働省の連携のもと，帰住先のない高齢又は障害のある矯正施設被収容者に対する生活環境の調整の特別の枠組として特別調整が設けられ，特別調整対象者の福祉サービス等の調整を行う地域生活定着支援事業（2012年度に現在の名称「地域生活定着促進事業」に改称。以下，現在の名称で記載する）が開始された。

　地域生活定着促進事業は，都道府県が実施主体となり，地域生活定着支援センターを設置して，高齢又は障害により福祉的な支援を必要とする矯正施設被

収容者に対し，矯正施設収容中から釈放後の一定期間，一貫して関わり，福祉的な支援の調整のほか，対象者本人や支援を実施する関係機関からの相談等に応じ必要な助言等を行うものである。

　特別調整は，保護観察所が地域生活定着支援センターと連携し，特別な手続により行う生活環境の調整である。

　特別調整の対象となる者の要件は以下のとおりである。

ア　高齢（概ね65歳以上をいう。以下同じ）であり，又は身体障害，知的障害若しくは精神障害があること

イ　釈放後の住居がないこと

ウ　福祉サービス等を受ける必要があると認められること

エ　円滑な社会復帰のために特別調整の対象とすることが相当と認められること

オ　特別調整を希望していること

カ　関係機関に対する個人情報の提供に同意していること

　矯正施設又は地方更生保護委員会が特別調整の要件に該当すると考えられる者を選定し，矯正施設所在地を管轄する保護観察所に通知する。

　通知を受けた保護観察所において，当該被収容者と面接するなどして，特別調整の要件に該当するか否かの判断を行い，特別調整対象者を決定する。その後，保護観察所は所在地を管轄する地域生活定着支援センターに対して，当該対象者の帰住先の確保，福祉サービスの調整等について協力依頼を行い，連携して調整を行うこととなる。

　特別調整対象者には，収容されている矯正施設の所在地とは異なる地域での生活を希望する者が多く，その場合は，矯正施設所在地を管轄する地域生活定着支援センターから対象者が帰住を希望する地域を管轄する地域生活定着支援センターに協力依頼を行い，密接に連携しながら調整を進めている。その他，福祉サービスの調整に当たっては，障害等の認定や福祉サービスの実施主体となる地方自治体のほか，地域包括支援センターや福祉施設等，様々な関係機関との連携が必要となる。また，特別調整対象者の中には，これまで福祉的支援を受けてこなかった者も多く，福祉サービス等の内容を理解していない者，さらには支援に対する動機づけが十分でない者も一定数みられ，対象者との面接を積み重ね，説明や動機づけ等を丁寧に行っていくことも重要である。

福祉施設に帰住する場合には，釈放後直ちに入所できないケースが少なくない。このような場合には，更生保護施設のうち，バリアフリーなど高齢又は障害のある者の受入のための設備を整え，社会福祉士等の資格をもった福祉的な支援を専門的に行うスタッフを配置した施設を指定更生保護施設として，特別調整対象者の一時的な受入も行っている。⁽²⁾

現状においては刑事施設に収容されている特別調整対象者の多くは満期釈放となっている。⁽³⁾再犯防止のためには，釈放後のフォローアップが重要であり，犯罪者処遇の専門機関として保護観察所が地域生活定着支援センターや福祉関係機関等とともに重層的・伴走的に関与することが求められる。そのため，保護観察所においては，満期釈放を前提とするのではなく，仮釈放を見据えた計画的かつ効率的な調整を行い，早期の帰住先確保に努めている。

また，通常の生活環境の調整を行っている矯正施設被収容者で，帰住先が確保されている又はその見込みがある者についても，福祉的な支援を必要とする場合には，保護観察所から地域生活定着支援センターに福祉的な支援の調整を依頼し，連携して調整を行うこともある。これを特別調整と区別して，一般調整と呼んでいる。

2　仮釈放等

（1）仮釈放等とは

仮釈放等とは，矯正施設に収容されている者を収容期間の満了前に釈放して更生の機会を与え，その円滑な社会復帰を図ろうとする処分であり，行政官庁である地方更生保護委員会によって決定される。

仮釈放等には，以下の種類がある。

> ア　仮釈放：懲役又は禁錮の刑により刑事施設等に収容されている者（少年法第56条第3項に基づき，少年院において懲役又は禁錮の刑の執行を受けている者を含む。以下「懲役・禁錮受刑者」という）について，刑法第28条の規定により刑期満了前に釈放する処分。
>
> イ　少年院からの仮退院：保護処分により少年院に収容されている者について，更生保護法第41条の規定により収容期間の満了前に釈放する処分。
>
> ウ　仮出場：拘留の刑により刑事施設に収容されている者，罰金又は科料を完納で

きないために労役場留置されている者について，刑法第30条の規定により収容期間満了前に釈放する処分。

　エ　婦人補導院からの仮退院：補導処分により婦人補導院に収容されている者について，売春防止法第25条第1項の規定により収容期間満了前に釈放する処分。

（2）仮釈放の意義

　仮釈放を許された者は，仮釈放期間中，保護観察所による保護観察に付され，遵守事項を遵守する義務がある。遵守事項に違反すれば，仮釈放を取り消され，再び刑事施設において刑の執行を受けることとなる。仮釈放中に刑期は進行し，仮釈放期間が経過すれば，刑の執行は終了するため，仮釈放は刑の執行の一形態であるとされている。

　仮釈放の目的には，大別すると以下の4つの考え方がある。[4]

　ア　恩恵のための制度：仮釈放は，受刑者の刑事施設内での良好な行状に対する褒賞として与えられるものであり，これによって刑事施設内での秩序が維持されるとする考え方。

　イ　刑罰の個別化のための制度：刑罰を個別化し，自由刑の弊害を避けるための制度とする考え方。仮釈放は，個々の受刑者本人や本人を取り巻く諸条件の変化に応じ，不必要又は不適当となった拘禁という拘束を排除し，個別正義を実現する手段であるとする。

　ウ　社会防衛のための制度：犯罪者をいきなり完全に無拘束の状態で釈放するのではなく，仮釈放して，仮釈放後は一定期間保護観察に付し，再犯を防止するとともに，社会に適応できないことが明らかになった時は，再び施設に収容することが社会防衛に資するとする考え方。

　エ　改善更生のための制度：受刑者に対して，満期前に釈放となることについての希望を与えて改善更生を促すとともに，仮釈放後は保護観察に付して監督援護しつつ，社会内での改善更生を図るための制度とする考え方。

　仮釈放は，刑事施設から社会へのソフトランディングを図り，犯罪をした者の改善更生，再犯防止を実現しようとする制度であり，刑事政策上重要な意義をもつ。

　長期刑受刑者に対して，仮釈放後一定期間更生保護施設に居住させて社会生活に適応させるための生活訓練等を中心とした重点的な保護観察処遇を行う中間処遇が長年実施されてきた。近年，薬物依存のある者を対象として早期に仮釈放をし，一定期間更生保護施設等に帰住させて依存回復訓練などを集中的に行う薬物中間処遇も一部の更生保護施設等で実施されるようになっている。

　現在，仮釈放については，中間処遇にみられるような上記エの考え方を重視して，改善更生及び再犯防止を促進する観点から，積極的な運用が図られている。

（3）仮釈放の許可基準

　仮釈放は，刑法第28条に「懲役又は禁錮に処せられた者に改悛の状があるときは，有期刑についてはその刑期の3分の1を，無期刑については10年を経過した後，行政官庁の処分によって仮に釈放することができる」と規定されている。

　形式的な要件としての「法定期間の経過」と，実質的な要件としての「改悛の状があるとき」という基準を満たした時に仮釈放が可能となる。

　実質的な要件である「改悛の状があるとき」は，処遇規則第28条において，より具体的な基準として「懲役又は禁錮の刑の執行のため刑事施設又は少年院に収容されている者について，悔悟の情及び改善更生の意欲があり，再び犯罪をするおそれがなく，かつ，保護観察に付することが改善更生のために相当であると認めるときにするものとする。ただし，社会の感情がこれを是認すると認められないときは，この限りでない」と規定されている。

　この規定では，まず中心的な要件として「悔悟の情及び改善更生の意欲がある」と認められるかどうかを見極め，これが認められる者について「再び犯罪をするおそれがない」と認められるかどうか，さらに「保護観察に付することが改善更生のために相当である」と認められるかどうかを判断する。これらを満たす者であっても，「社会の感情が仮釈放を是認すると認められない」場合には仮釈放を許すとは限らないということになる。

　仮釈放の要件については，このように，順序立てて判断していくこととなる。

（4）仮釈放の手続（刑事施設）

①　身上関係事項の通知

　刑事施設は，受刑者を新たに収容した時は，施設の所在地を管轄する地方更生保護委員会，本人が申告した帰住予定地を管轄する保護観察所に対して，書面により，受刑者の身上関係事項（氏名等のほか，刑名・刑期，犯罪の内容，心身の状況，生活歴，帰住予定地等）を通知する。

②　法定期間経過の通告

　刑事施設は，懲役・禁錮受刑者について，刑法第28条等に規定された法定期間が経過した時は，その旨を地方更生保護委員会に通告する。これにより，地方更生保護委員会は，仮釈放の形式的要件が満たされたことを把握する。

③　仮釈放の申出

　更生保護法第34条第１項において，刑事施設の長は，法定期間が経過した者について，仮釈放の許可基準に該当すると認める時は，地方更生保護委員会に対し，仮釈放を許す旨の申出をしなければならないとされている。

（5）仮釈放の手続（地方更生保護委員会）

①　82条調査

　更生保護法第82条第２項において，地方更生保護委員会は，保護観察所の長に対して，生活環境の調整が有効かつ適切に行われるよう，調整を行うべき住居，就業先などの生活環境に関する事項について，必要な指導及び助言を行うものとされている。

　薬物事犯者や性犯罪者など帰住予定地の設定に配慮が必要な者や釈放後に医療機関等の支援を受けさせることが適当と認められる者など，生活環境の調整に配慮が必要な者について，地方更生保護委員会の保護観察官が刑事施設において，受刑者本人と面接するなどの方法により調査を行う。更生保護法第82条に規定された調査であることから「82条調査」と呼ばれている。

　具体的には，受刑者本人との面接や刑事施設職員との協議等により，釈放後の生活計画等を確認するとともに，受刑者の問題性や支援等のニーズを把握し，適当な帰住地や必要な支援等をアセスメントする。82条調査の結果を踏まえ，地方更生保護委員会は，生活環境の調整を行う保護観察所に対して，新たな帰住予定地での生活環境の調整の開始や支援等の調整を具体的に指導及び助言する。

82条調査とそれを踏まえた保護観察所に対する指導及び助言を積極的かつ継続的に実施することで，早期に適当な帰住先を確保することが可能となり，仮釈放の積極的な運用につながる。また，満期釈放が見込まれる場合についても，保護観察所に対して，帰住先や支援等の調整の継続を促し，満期釈放後の帰住先や支援等の確保，更生緊急保護の実施にもつながる。

② 　36条調査

更生保護法第35条第1項では，地方更生保護委員会は，刑事施設の長からの申出がなくても，必要があると認める時は仮釈放を許すか否かの審理を開始することができるとされている。

このため，地方更生保護委員会は，受刑者の仮釈放の許否について独自に判断を行うことができる機関として，刑事施設の長からの仮釈放の申出がない段階から，仮釈放の審理を開始するか否かを判断するために必要な調査を行っている。この調査は，更生保護法第36条に規定されていることから「36条調査」と呼ばれている。

この調査は，刑法第28条に規定する法定期間を経過した受刑者について幅広く実施されており，地方更生保護委員会の保護観察官が刑事施設を訪問し，受刑者本人との面接や刑事施設職員からの必要事項の聴取，関係記録の閲覧等により実施されている。調査結果は，審理を開始するか否かの判断資料となるにとどまらず，保護観察所が実施する生活環境の調整や刑事施設からの申出を受けた場合の仮釈放の審理等に幅広く活用されている。

③ 　仮釈放審理と25条調査

地方更生保護委員会による仮釈放を許すか否かに関する審理は，矯正施設の長の申出を受けて開始されることが一般的である。

この審理は，地方更生保護委員会に所属する委員3名の合議体で行われる。この場合の「審理」とは，心証形成を含めて，合議体が仮釈放の許否の判断を下すために行う一連の活動を指す。

合議体は，審理において必要があると認める時は，審理の対象とされている者（以下「審理対象者」という）との面接，関係人に対する質問その他の方法により，調査を行うことができるとされている。この調査は，更生保護法第25条に規定されていることから，「25条調査」と呼ばれ，合議体の構成員である委員又は保護観察官に行わせることとされている。

また，地方更生保護委員会は，仮釈放の許否に関する審理においては，原則

として，その構成員である委員をして，審理対象者と面接をさせなければならないこととされており（更生保護法第37条第1項），一般的には，合議体の構成員である委員が刑事施設に出向いて審理対象者との面接を行っている。

更生保護法第37条第2項においては，地方更生保護委員会は仮釈放審理において必要と認める時は，保護観察所の長に対して，事項を定めて生活環境の調整を行うことを求めることができるとされている。審理対象者の帰住予定地が再犯防止のために適当でないと判断される場合には，新たな帰住予定地での生活環境の調整の開始を求めることが考えられる。また，医療機関による治療等や家族関係の再調整が必要と認められる場合などには具体的な調整事項を定めて調整を求めることとなる。

合議体は，これらの調査結果等を踏まえ，仮釈放の許否の採決を行う。採決は構成員の過半数により決せられる。また，仮釈放を許す旨の決定に併せて，仮釈放の日，居住すべき住居が指定されるとともに，必要に応じて，仮釈放期間中に遵守すべき特別遵守事項が定められる。

なお，仮釈放の許否の判断や特別遵守事項の設定に際しては，犯罪被害者等から聴取した意見等も重要な判断材料となる。

（6）少年院からの仮退院

少年院送致は保護処分の一類型である。保護処分は少年の健全育成を目的とし，少年の矯正と環境の調整等に関する教育的・社会福祉的な措置を内容とするものである。少年院に送致された少年に対しては，少年院での矯正教育のみで完結するのではなく，少年院での施設内処遇と保護観察による社会内処遇の有機的一体化を図ることが必要と考えられている。[5] このような観点から，少年院からの仮退院の制度は，適当な時期に施設内処遇から社会内処遇に移行させる制度としての意義があると考えられる。

少年院からの仮退院の許可の基準は，更生保護法第41条において，「地方委員会は，保護処分の執行のため少年院に収容されている者について，（中略）処遇の段階が最高段階に達し，仮に退院させることが改善更生のために相当であると認めるとき，その他仮に退院させることが改善更生のために特に必要であると認めるときは，決定をもって，仮退院を許すものとする」とされている。

少年院の処遇の段階は，改善更生の状況に応じた矯正教育等を行うため，1級，2級，3級に区分され，少年院に入所すると，まずは3級に編入され，改

善更生の状況に応じて上位の段階に移行する。「処遇の最高段階に達し」た者とは，1級に在級している者をいう。

　手続については，仮釈放と大きく変わりはない。地方更生保護委員会が行う36条調査は，刑事施設においては，仮釈放の形式的な要件である法定期間経過後に開始をすることが一般的であるが，少年院在院者については，少年院から身上関係事項の通知を受けた段階で開始することとされており，適期に仮退院審理が開始できるよう，早期の段階から計画的かつ継続的に実施されている。

（7）仮釈放等の運用の状況

　少年院からの出院者の99％以上が仮退院となっており(6)，少年院送致となった少年については，施設内処遇と社会内処遇は一体として運用がなされている。

　刑事施設からの出所者に占める仮釈放者の割合を仮釈放率と呼んでいる。平成期以降の仮釈放率の推移をみると，2005（平成17）年から6年連続で減少し，2008（平成20）年に50％を割り，2010（平成22）年に49.1％と最低となった。それ以降は概ね上昇傾向にあり，2021（令和3）年は60.9％であり，平成期以降では最も高くなっている(7)。

　近年，国，地方自治体，民間団体が一体となって再犯防止に取り組み，刑務所出所者のうち，出所後2年以内に再び刑務所に入所した者の割合（以下「再入率」という）は減少傾向にある。ただ，仮釈放者と満期釈放者で出所後2年以内の再入率を比較すると，満期釈放者は仮釈放者よりも2倍以上高くなっており，今後は満期釈放者の再犯をどのように防ぐのかが大きな課題となっている。

　仮釈放者の再入率が満期釈放者と比較して低くなっていることの要因の一つとして，仮釈放者は釈放後の保護観察を通じて，保護観察官等の指導監督を受けながら，個々の実情に応じた必要な支援に結びつける様々な援助を受ける機会があるのに対し，満期釈放者は，支援を受ける機会がより限定されていることが挙げられている(8)。

　満期釈放者の再犯を防止するための対策として，受刑者に対する生活環境の調整を充実強化し，早期に適当な帰住先や支援等を確保し，仮釈放の要件を満たす者については仮釈放して保護観察による支援等につなげることが掲げられており，より一層積極的な仮釈放の運用が求められている。

注

(1) 全国50庁のうち女子定員をもつ更生保護施設がある庁は12庁。

(2) 103施設のうち高齢又は障害の対象者を受け入れる指定更生保護施設は74施設。

(3) 2021（令和3）年度に終結した特別調整事件のうち仮釈放又は仮退院となったのは約10％。

(4) 大塚仁ほか編（2015）『大コンメンタール刑法　第1巻（第3版）』青林書院, 712～713頁。

(5) 藤本哲也（2008）『刑事政策概論（全訂第6版）』青林書院, 204頁及び209頁。

(6) 法務省法務総合研究所編「令和4年版　犯罪白書」140頁。

(7) (6)と同じ, 71頁。

(8) 2019（令和元）年12月23日犯罪対策閣僚会議決定「再犯防止推進計画加速化プラン」第1及び第2の1(1)。

参考文献

日本更生保護学会編（2021）『更生保護学事典』成文堂。

学習課題

① 近年, 仮釈放率は上昇傾向にあるが, 仮釈放者の刑の執行率はどのように推移しているか調べてみよう。

② 再犯を防止し, 安全安心な社会を実現するうえでの現行仮釈放制度の課題について, 諸外国の制度を調べるなどして考えてみよう。

コラム8　保護観察所における職員の意識改革と体制の整備

　2019（令和元）年12月23日に犯罪対策閣僚会議において「再犯防止推進計画加速化プラン」が決定された。ここでは，より一層の再犯防止を図るための課題として，満期釈放者対策の充実強化が掲げられている。

　満期釈放者対策においては，保護観察所における生活環境の調整の充実が必要不可欠であるが，これまでは仮釈放後の保護観察実施を念頭に置いた運用がなされ，仮釈放の見込みがなくなった時点で，調整が行われなくなるケースがほとんどであった。また，生活環境の調整は帰住予定地単位で行われており，当該帰住予定地が不可となった場合には，当該対象者にとって適当な帰住先が他にないかを検討し，積極的に調整するような取組は想定されず，そのための職員体制も整備されていなかった。満期釈放を見据えた積極的かつ継続的な生活環境の調整の実施のためには職員の意識改革と体制の整備が大きな課題となっている。

　法務省では，2021（令和3）年度から保護観察所における職員の意識改革と体制の整備のための取組をそれぞれ進めている。意識改革の取組としては，満期釈放者対策ガイドラインの発出がある。ここでは，満期釈放を見据えた具体的な生活環境の調整の流れがモデルとして提示され，実際の生活環境の調整の状況に応じて，満期釈放を見据えた具体的な対応を促している。体制の整備としては，社会復帰対策官の新設がある。従来の帰住地，施設，支援施策ごとの事務分掌の枠組を乗り越え，帰住先のない対象者に対して，更生保護施設や自立準備ホーム，協力雇用主など，管内の社会資源を横串にして，適当な帰住地や支援等を選定し，調整するといった役割が期待される。

第10章

保護観察

　本章では，保護観察の具体的なイメージを摑むに当たり，主人公である保護観察対象者はもとより，保護観察官や保護司を登場させ，更生に向けてのドラマがどのように展開されるかを表現する。そのうえで，保護観察が社会福祉という分野とどのように関わることがあるのか，その可能性について思いをめぐらす契機を提供する。

1　保護観察のあらまし

（1）刑事司法というトンネルの出口

　警察から始まる刑事司法は，トンネルにたとえることができる（図10-1）。検察，裁判の段階を経て，少年院や刑務所などの矯正施設に収容され，長く暗いトンネルの中を歩むことを余儀なくされる者もいるが，彼ら彼女らも，いずれは，出口へと差しかかる。刑事司法というトンネルの出口付近に位置しているのが保護観察である。このトンネルの出口は，同時に明るい陽が射す社会の入口でもある。保護観察は，刑事司法の最終段階として，地域社会を基盤としながら，彼ら彼女らを更生へと導くことを目的としている。

　近年，高齢化の波は，刑務所にも押し寄せ，2021（令和3）年の矯正統計年報によると，男子刑務所の入所受刑者のうち，65歳以上の者が13.2%を占め，女子刑務所に至っては，18.7%という高い数値を示している。一方，知的障害や発達障害を含む何らかの精神障害を抱える者も増え，「令和4年版　犯罪白書」によると，少年院の入院者においては，30.0%を占め，刑務所の入所受刑者においても，15.3%という数値になっている。このことは，地域社会を基盤とする保護観察が社会福祉や精神保健などの専門分野とも密接に連携する必要性に迫られていることを意味している。

図 10-1　刑事司法というトンネル

出所：筆者作成。

　保護観察をつかさどる機関が保護観察所である。保護観察に付された者は，すべからく，保護観察所（支部及び駐在官事務所を含む）を訪れ，更生に向けての第一歩を踏み出すことになる。

（2）保護観察という舞台

　保護観察という舞台に立つ主人公が保護観察に付された者，すなわち，保護観察対象者であることは，いうまでもない。保護観察対象者が再び過ちを犯さないように傍らで寄り添う存在が保護司である。そして，保護観察対象者と保護司との関わりを舞台袖で静かに見守り，必要に応じて，新たな登場人物を投入したり，自らが舞台に登場したりして，保護観察という舞台を望ましい方向に展開させる任務を担うのが保護観察官である。

　これらの三者について，順次，説明しよう。

① 　保護観察対象者

　いうまでもなく，自らの意思で保護観察対象者にはなれない。保護観察対象者になるか否かに当たっては，刑事司法というトンネルを潜り，裁判所における司法判断がなされることが前提となる。保護観察対象者の種別と保護観察の期間は，表10-1のとおりである。

　保護観察対象者は，遵守事項を守り，生活行動指針に即した行動又は生活をすることが求められることを除けば，通常の社会生活を営むことができるので，矯正施設における生活とは，雲泥の差がある。しかし，自由な生活には，再犯の危険性が伴う。再犯の危険性を封じ込めるため，遵守事項というものが書面で示され，保護観察対象者は，これを守ることを誓約し，署名捺印している。

　ここで，仮にAさんという人が保護観察の対象になるとして，例をあげて説

表 10 - 1　保護観察対象者の種別と保護観察の期間

種　別	保護観察の対象となる者	保護観察の期間
保護観察処分少年	家庭裁判所の決定により，保護観察に付された少年（1号観察）。	決定のなされた日から20歳に達するまでの期間又は2年間のいずれか長い期間。ただし，特定少年に対しては，2年又は6月の期間のいずれかが選択される。
少年院仮退院者	家庭裁判所の決定により，少年院に収容され，その後において地方更生保護委員会の決定により，少年院からの仮退院を許された者（2号観察）。	仮退院の日から20歳に達するまでの期間。ただし，収容期間が定められている時は，20歳に達したとしても，その期間が満了するまで。
仮釈放者	裁判所で実刑の言渡を受け，刑務所で服役し，その後において，地方更生保護委員会の決定により，仮釈放を許された者（3号観察）。	仮釈放の日から残期間が満了するまでの期間（不定期刑については，例外がある）。無期刑仮釈放者は終身（判決時少年の無期刑仮釈放者については，例外がある）。注1参照。
保護観察付執行猶予者	裁判所の判決により，刑の全部又は一部の執行を猶予され，保護観察に付された者（4号観察）。	刑の全部の執行を猶予された者は，判決の確定の日から執行猶予期間が満了するまでの期間。刑の一部の執行を猶予された者は，実刑部分の刑期終了日の翌日から執行猶予期間が満了するまでの期間。

注1：刑の一部の執行を猶予された者は，実刑部分について仮釈放を許された場合，保護観察の期間は，実刑部分が満了するまでである。その後，仮釈放者から保護観察付執行猶予者に種別異動し，執行猶予期間が満了するまで保護観察が続くことになる。なお，刑の一部執行猶予制度については，第8章参照。

　2：売春防止法の改正に伴い，2024年4月1日に婦人補導院が廃止され，婦人補導院仮退院者（5号観察）が保護観察の種別から除かれる。

出所：筆者作成。

明しよう。図10-2は，保護観察対象者であるAさんに対する遵守事項通知書である。一般遵守事項は，すべての保護観察対象者に定められているもので，Aさんもまた健全な生活態度を保持したうえで，保護観察官及び保護司の指導監督を誠実に受け，面接を通じて生活実態をつまびらかにするほか，居住すべき住居から転居又は7日以上の旅行をする時は，事前に許可を受けなければならない。これに対し，特別遵守事項は，保護観察対象者の問題性に応じて個別具体的に定められるものである。Aさんの場合，犯行当時，仕事をせず，パチンコやスロットに興じるうちに，共犯者と接触し，犯罪に手を染めたという生活実態に鑑みて，このような特別遵守事項が設定されている。

遵守事項が遵守されていないと，保護観察官に呼び出され，事情を聴かれるほか，違反の内容や程度によっては，矯正施設に収容され得ることから，遵守事項は，保護観察対象者にとって，強い規範性を示すものである。

図10-3は，Aさんに対する生活行動指針通知書である。生活行動指針は，努力目標や注意事項に該当するもので，生活行動指針に即していないからといって，問責されることはなく，むしろ，改善更生の目安として保護観察対象者を前向きに動機づける側面がある。Aさんの場合，金銭管理と交友関係に注意を払いつつ，パチンコやスロット以外で気分転換を図る方法を見出すことが努力目標に掲げられている。

保護観察対象者は，遵守事項を守り，生活行動指針に即した生活又は行動をするよう指導監督を受ける立場であるとともに，必要かつ相当な限度において，就労支援などの補導援護の対象にもなり得る。とりわけ，住むところがないなどの緊急的な事態が生じた時は，応急の救護という形態で，更生保護施設を設置している更生保護事業者などに対し，食事付きの宿泊の保護などを委託している。このように，権力的な性質を有する指導監督と福祉的な性質を有する補導援護が両輪となって，保護観察対象者を更生へと導くのが保護観察である。

②　保護司

保護司は，法務大臣から委嘱された非常勤の国家公務員である。ただし，給与は，支給されない。それぞれ，法務大臣が区域を分けて定める保護区ごとに配属される。任期が２年と定められているものの，大半が再任され，一定の期間，自らが居住する地域社会に根差した柔軟な活動が期待されている。

先ほどのAさんの例を用いて説明しよう。保護司であるBさんは，保護観察対象者であるAさんを担当している。ある日，保護観察官から連絡が入り，保護観察所からAさんの身上などに関する書類が自宅に送付されたのを受け，Bさんと連絡をとり合い，はじめての面接を行うことになった。初対面は，お互いに緊張するものであるが，Bさんは，Aさんを笑顔で自宅に迎え入れ，以後，保護観察所で策定された実施計画に基づき，毎月２回の頻度で面接を積み重ねることになった。

保護観察における面接の場所については，特に決まりがあるわけでなく，遵守事項に記されているように「呼出しによる面接」（来訪）と「訪問による面接」（往訪）の２つの形態に分けられているだけである。とはいえ，面接の性質上，秘密が守られ，温かい雰囲気が醸し出せる場所となると，保護司の自宅

（表）

遵 守 事 項 通 知 書

令和×年×月×日

○　○　○　○　殿

○○保護観察所長　　○　○　○　○　公印

あなたが保護観察の期間中遵守すべき事項は，次のとおりです。

一般遵守事項

1　再び犯罪をすることがないよう，又は非行をなくすよう健全な生活態度を保持すること。

2　次に掲げる事項を守り，保護観察官及び保護司による指導監督を誠実に受けること。

　イ　保護観察官又は保護司の呼出し又は訪問を受けたときは，これに応じ，面接を受けること。

　ロ　保護観察官又は保護司から，労働又は通学の状況，収入又は支出の状況，家庭環境，交友関係その他の生活の実態を示す事案であって指導監督を行うため把握すべきものを明らかにするよう求められたときは，これに応じ，その事実を申告し，又はこれに関する資料を提示すること。

3　保護観察に付されたときは，速やかに，住居を定め，その地を管轄する保護観察所の長にその届出をすること。

4　保護観察に付されたときに保護観察所の長に届け出た住居又は転居をすることについて保護観察所の長から許可を受けた住居に居住すること。

5　転居又は7日以上の旅行をするときは，あらかじめ，保護観察所の長の許可を受けること。

特別遵守事項

1　共犯者と交際を断ち，一切接触をしないこと。

2　パチンコ店やスロット店に出入りしないこと。

3　就職活動を行い，又は仕事をすること。

図 10 - 2　遵守事

出所：筆者作成。

（裏）

誓　　約

　本書に掲げられた遵守事項は，私が保護観察の期間中守らなけれ
ばならない事項であり，その具体的内容についてもただいま説明を
受け，よく分かりました。
　これらの遵守事項は，善良な社会の一員として自立し，改善更生
するために守ることが必要なものであり，これらを守らなかった場
合は，矯正施設に収容されることがあることについても説明を受け，
理解しました。

　私は，今後，本書に掲げられた遵守事項を守り，再び犯罪をする
ことがないよう，又は非行をなくすよう，健全な生活態度を保持す
ることを誓います。

令和×年×月×日

○　○　○　○　　㊞

1　この特別遵守事項に不服がある場合は，これを知った日の翌日から起算し
　て 3 月以内に法務大臣に対し，審査請求をすることができます。
2　この特別遵守事項の取消しの訴えは，これを知った日の翌日から起算して
　6 月以内に，国を被告として（訴訟において国を代表する者は法務大臣とな
　ります。）提起することができます。ただし，この処分に対して審査請求を
　した場合には，審査請求に対する裁決があったことを知った日から起算して
　6 月以内に提起しなければなりません。

項通知書の例

生　活　行　動　指　針　通　知　書

令和×年×月×日

○　○　○　○　　殿

○○保護観察所長　○　○　○　○　　公印

　あなたの生活行動指針は，次のとおりです。
　保護観察期間中は，生活行動指針に即して生活し，及び行動するよう努め
てください。

1　生活行動指針

　(1) 計画的に支出し，金銭管理に努めること。

　(2) 健全な方法で気分転換を図る習慣を身に付けること。

　(3) 交友関係を改善すること。

2　備　　考

> 1　この生活行動指針に不服がある場合は，これを知った日の翌日から起算し
> て3月以内に法務大臣に対し，審査請求をすることができます。
> 2　この生活行動指針の取消しの訴えは，これを知った日の翌日から起算して
> 6月以内に，国を被告として（訴訟において国を代表するものは法務大臣と
> なります。）提起することができます。ただし，この処分に対して審査請求
> をした場合には，審査請求に対する裁決があったことを知った日の翌日から
> 起算して6月以内に提起しなければなりません。

図 10 - 3　生活行動指針通知書の例

出所：筆者作成。

が無難であるということになる。しかし，昨今の住宅事情から，更生保護サ
ポートセンター⁽¹⁾や公民館の一室で面接をする事案が増えつつある。

　保護司は，面接の度に保護観察対象者の心情を察しつつ，暮らしぶりについ
て，丁寧に問いかけ，悩み事があれば，耳を傾け，大きく頷き，思いやりのあ
る言葉を発し，寄り添い続ける存在である。その一方で，彼ら彼女らが再び過
ちを犯さないように働きかける重要な役割も担っている。その拠り所となるの
が遵守事項と生活行動指針にほかならない。これらを評価基準としつつ，生
活が崩れないように，時機を逸することなく，適切な助言や説諭をすることは
もとより，事情に応じて，家族，学校，職場などの関係者に協力等を求めるこ
とも少なくない。

　保護観察は，順調に経過する時もあれば，そうでない時もある。「就職が決
まった」「運転免許を取った」という類いの望ましい場面に立ち会うこともあ
れば，残念ながら，再犯に至る深刻な事態に直面することも少なくない。急速
を要する事態に遭遇した時は，取り急ぎ，保護観察所に電話等を通じて口頭で
報告することになるが，それも含めて，保護観察の経過については，毎月，書
面で保護観察所に報告することになっている。保護観察対象者が急に面接を避
けるようになることもめずらしくないが，そのような時は，不都合なことが生
じている可能性がある。誰しも不都合なことが生じた時は，合わせる顔がない
と感じ，足取りが重くなる心情を理解したうえで，保護観察対象者を問い詰め
るのでなく，「どうしたの？」「何があったの？」と大らかな態度で，粘り強く
働きかける配慮を要する。もっとも，犯罪性が進んだ者となると，再犯をして
いたとしても，何事もなかったかのように平然と面接の約束を果たし，後日，
保護司を驚嘆させることもある。

　通常，保護司は，保護観察対象者と生活を共にして監護しているわけではな
く，毎月2回ないし3回の定期的な面接を通じて保護観察対象者と関わるとい
う立場上，保護観察対象者やその家族等から，SOS が発信されない限り，問
題が見過ごされるおそれがある。このため，保護観察対象者に対しては，厳格
な姿勢と慈愛の精神をもって接し，関係人に対しては，誠意をもって接し，そ
の信頼を得るように努めなければならないとされている⁽²⁾。

　なお，少年院仮退院者及び仮釈放者の場合，保護観察を開始するに当たり，
生活環境調整によって，本人が矯正施設に収容されている時期から帰住予定地
を訪問し，家族等らと面接をしているのが通例である。

③　保護観察官

　保護観察官は，常勤の国家公務員で，法務省の地方出先機関である地方更生保護委員会又は保護観察所に配属されている。通常，国家公務員採用試験（総合職，専門職，一般職）の合格者の中から，地方更生保護委員会又は保護観察所に法務事務官として採用され，その後に保護観察官に補職される。

　保護観察所に勤務する保護観察官の多くは，保護区ごとに担当が割り振られ，当該保護区内に居住する保護観察対象者を受け持ち，保護司と協働して保護観察を実施している。

　保護観察を実施するに当たり，保護観察対象者に対し，保護観察官が面接し，保護観察への動機づけはもとより，様々な情報を入手したうえで，適切な見立てに基づき，必要な手当てを施すべく，保護観察の実施計画を策定する。以後，保護観察官は，保護観察対象者を担当する保護司からの報告を受け，適宜，スーパービジョンを行いつつ，必要に応じて保護観察対象者を保護観察所に呼び出すなどして面接している。とりわけ，遵守事項違反の事実が判明した時は，速やかに保護観察対象者から事情聴取し，再び違反しないように強く働きかけている。遵守事項違反の内容や程度によっては，あらかじめ裁判官から発せられた引致状を執行し，保護観察対象者の身柄を確保したうえで，矯正施設に収容する手続をとることもある。矯正施設に収容する手続等を不良措置と呼び，表10－2のとおりとなっている。保護観察対象者の場合，居住すべき住居に居住しなければならず，転居又は7日以上の旅行をする時は，あらかじめ保護観察所の長の許可が必要であるので，行方をくらますとなると，重い遵守事項違反となる。とりわけ，仮釈放者の所在がわからなくなった時は，地方更生保護委員会の決定によって保護観察が停止される。その場合，刑の時効が完成するまで保護観察事件が終結しないばかりか，直ちに裁判所から引致状の発付を受け，保護観察官が警察と連携するなどして引致状を執行し，当該仮釈放者の身柄を確保するのが通例である。

　一方，保護観察対象者が遵守事項を守り，生活行動指針に即し，社会の善良な一員として更生したと認められれば，あらかじめ定められた保護観察期間に達する前に保護観察を終わらせることができ，その手続を保護観察官が行う。これを良好措置と呼び，表10－3のとおりとなっている。

　なお，専門的処遇プログラムについては，認知行動療法に代表される専門的な知識に基づく体系的な手順による処遇であることから，原則として，保護観

表 10 - 2　不良措置

種　別	措　置	効果等
保護観察処分少年	警告	保護観察所の長が警告を発し，その日から 3 か月を特別観察期間とし，指導監督を強化する。
	施設送致申請	保護観察所の長が家庭裁判所に対し，少年院等への送致を求める。
	虞犯通告	保護観察所の長が家庭裁判所に対し，新たな虞犯事由により審判に付すことを求める。
保護観察処分少年（特定少年）	収容決定申請	保護観察所の長が家庭裁判所に対し，家庭裁判所が決定の際に定めた収容可能期間（1 年以下）につき，少年院に収容することを求める。収容中は，保護観察が停止される。
少年院仮退院者	戻し収容の申請	保護観察所の長の申出を受けた地方更生保護委員会が家庭裁判所に対し，戻し収容を求める。
少年院仮退院者（特定少年）	仮退院の取消	仮退院の日数を算入したうえでの残期間につき，少年院に収容する。保護観察所の長の申出を受けた地方更生保護委員会が決定する。
仮釈放者	保護観察の停止	刑の進行が停止され，当初の刑期終了日を迎えても刑が終了しない。保護観察所の長の申出を受けた地方更生保護委員会が決定する。
	仮釈放の取消	仮釈放を許された期間と同一の日数を刑務所で服役する。保護観察所の長の申出を受けた地方更生保護委員会が決定する。
保護観察付執行猶予者	執行猶予の取消請求	保護観察所の長の申出を受けた検察官が裁判所に対し，執行猶予の取消を求める。

出所：筆者作成。

表 10 - 3　良好措置

種　別	措　置	効果等
保護観察処分少年	一時解除	3 か月を超えない範囲で指導監督及び補導援護を行わず，その後，再開するか解除するかのいずれかの判断をする。保護観察所の長が決定する。
	解除	保護観察を終結する。保護観察所の長が決定する。
少年院仮退院者	退院	保護観察を終結する。保護観察所の長の申出を受けた地方更生保護委員会が決定する。
仮釈放者	不定期刑の終了	長期と短期とを定めて言い渡される不定期刑につき，仮釈放が許された者を対象とし，刑を終了させ，これに伴い，保護観察を終結する。保護観察所の長の申出を受けた地方更生保護委員会が決定する。
保護観察付執行猶予者	仮解除	指導監督及び補導援護を行わない。ただし，状況によって，仮解除を取り消し，再開ができる。保護観察所の長の申出を受けた地方更生保護委員会が決定する。なお，2022年成立の改正刑法等が施行されてからは，保護観察所の長が決定する。

出所：筆者作成。

察官が行っている。

　このように，我が国における保護観察は，保護観察官による専門性に加え，保護司による地域性及び民間性を巧みに組み合わせた協働態勢を基調とするもので，我が国の独自なものとして発展した経緯がある。

（3）保護観察という筋書きのないドラマ

　保護観察もまた筋書きのないドラマである。ここで，筆者が駆け出しの頃のエピソードを紹介する。ある少女との面接の思い出である。この少女は，家庭裁判所の審判で保護観察に付され，当時，20歳になろうかという年齢であったが，長い間，自宅にひきこもる生活が続いていた。事件記録をみると，もともと中学生までは，生徒会の役員をするような活発な優等生であったが，高校に進学後，勝ち気な性格が災いして両親との衝突を繰り返し，家出中に知り合った暴力団員に覚醒剤を打たれ，警察に逮捕されたという経緯が記されていた。面接の当日，どんな子だろうかと思いながら，面接場所に指定した公民館の一室で待っていると，女性の保護司と一緒に現れた。面接中，彼女は，実に礼儀正しく，快活で，しっかりと話してくれた。筆者は，思わず，彼女に対し，「あなたのような素敵な女性は，家にいてはもったいない。社会に出て活躍すべきだ」という趣旨の発言をしたことを覚えている。しばらくして，ある会合で，担当の保護司から，思わぬことを言われた。「先生，あの後，彼女，仕事を探し始めたのよ。面接の後，若い男の先生から褒められたと言って喜んでいましたから。あれが良かったみたい。ずっと男性不信でしたからね」。

　その後，保護司からの報告で彼女が地元で有名な企業の工場に就職したことを知った。半年ほど経ち，就労を中心とした堅実な生活が営まれ，両親もすっかり安心している様子が確認されたことから，保護観察が解除された。それから1年ほど経過した頃，担当した保護司が保護観察所に筆者を訪ねてきた。「先生，うれしい報告があるんですよ。あの子，結婚しましてね。職場で知り合った男性と。私も披露宴に招待されたんですよ。もっとも母親の友人ということでね」と満面の笑みを浮かべて，披露宴の配席表などをみせてくれた。大学を出たばかりの青二才であった筆者は，想像をはるかに超えた展開に圧倒されるばかりであった。多感な年頃や不安定な時期においては，その一言で生かしも殺しもするといわれているが，この原体験は，「褒め励ます」ことの重要性はもとより，決して日々の面接や関わりを疎かにできない教訓として筆者の

胸に刻み込まれるとともに，人と人との出会いが「縁」につながり，人の一生を左右する偶発性に畏敬の念を抱かせるに十分なものであった。

　さて，保護観察官は，毎月，保護司から提出される書面（保護観察経過報告書）に目を通し，介入すべきか否かの判断をしているが，保護観察が終了する月の経過報告書は，格別なものがある。その一端を紹介する。

ⅰ　期間満了日の翌日，次のようなメールが届いた。「長い間，お世話になりました。保護観察は，めんどうくさいと思っていましたが，○○先生との面接は，何でも話せて，全く苦になりませんでした。愚痴，相談など様々な話を親身になってくださって，面接の後は，気持ち的にも楽でした。保護司さんが○○先生で，良かったと思っています。長い間，ありがとうございました。」

ⅱ　明日で4年間の保護観察が終わることを告げたところ，月2回の面接を楽しみにしていたとのこと。話し相手がいない中で，この場でいろいろなことが話せ，たくさんのことを教わり，自分の考え方が変わり，更生へとつながったと話す。保護観察が付いたことは，自分にとって自分を変えるチャンスになったとも言う。

ⅲ　保護観察の解除通知書を渡すと，「ありがとうございます」と喜んでいる。今までを振り返り，「保護観察になって良かったと思う。こんなに自分の人生のこと，大切なことを話せる人はいなかった。親にも言えないことが言えた。終わっても来てもいいですか」と言って目頭を押さえている。

　必ずしも，このような心温まる例ばかりではないが，保護観察が終了した後も保護司のもとに家族を伴って顔を出すなどの思わぬ再会に目を細めたという類いの報告は，枚挙にいとまがない。一昔前は，かつて受け持った保護観察対象者の結婚式に招待される保護司も少なくなかった。保護観察に付された者と保護司との関係性は，相互の信頼を基盤としつつ，彼ら彼女らの自己成長を促進させるものとして機能している。

2　事例でみる保護観察

（1）生活習慣の改善に向けての手当て

　大半の非行や犯罪が生活習慣に起因していることは，いうまでもない。たとえば，額に汗して働くという勤労観に欠け，無為徒食の状態で無計画に出費し，借金で首が回らなくなった挙げ句に強盗を企てたという事例の場合，不就労や浪費という生活習慣に問題があることを指摘できる。とりわけ，少年の場合には，家庭内の不和が基調にあって，深夜徘徊が常態化し，昼夜逆転した日々において，夜間に不良仲間の影響を受け，恐喝，バイク盗，無免許運転などの非行を繰り返す例が多くみられる。

　非行や犯罪が生活習慣に起因する色彩が濃厚な場合，たとえば，就労させ，規則正しい生活を営ませたうえで，交友関係を改めさせ，深夜の外出を控えさせるという方向で本人を動機づけていくことが求められる。いうなれば，「生活再建」が課題となるが，一旦，望ましい生活習慣が確立したら，今度は，これが崩れないように自らの生活を見つめ直させる「生活点検」という課題へと移行することになる。

事例1

　C君は，中学生になると，地元では「札付きの悪」として名が売れていた先輩と行動を共にし，喫煙，万引き，自転車盗などの非行を繰り返すようになった。実は，C君の出生後に実父母が離婚し，母親がC君を引き取ったが，その後，母親が再婚したため，C君と同居している父親とは血のつながりがない。C君は，中学生になって自らの出生の秘密を知り，微妙な家庭の雰囲気の中で，先輩を中核とする不良仲間に自らの居場所を求め，喧嘩，自動二輪等の無免許運転，集団暴走へと非行の範囲が拡大していったのである。当然のことながら，遅刻や欠席が目立つようになり，中学校の教師も心配していたところ，中学3年生の夏休みに仲間4名と共謀し，下級生に対して殴る蹴るの暴行を働いたうえに，タバコの火を背中に押しつけたり，首にベルトを巻いて引きずるなどしたりして，怪我を負わせ，逮捕される事態に至る。C君が少年鑑別所に収容されている間に弁護士を通じて被害弁償がなされ，反省の態度を示すC君に対し，家庭裁判所における審判の結果は，「保護観察」の決定であった。これを受け，C君は，両親のもとに帰ることができ，保護観察所

で，「①共犯者との交際を絶ち，一切接触しないこと，②正当な理由のない欠席，遅刻又は早退をすることなく学校に通うこと，③被害者等に一切接触しないこと」などの特別遵守事項が定められ，以後，保護観察官の監督のもと，保護司による定期的な面接を受ける生活となった。

　C君は，2学期から中学校に登校し始め，担当の保護司において中学校や実母と連携をとりながら，C君との定期的な面接を積み重ねていったところ，期待に応えて不良仲間との縁を切り，中学校でも問題となる行動をせず，無事，卒業式を迎えることができ，専門学校に進学した。しかし，特別遵守事項で共犯者との交際が禁止されていたものの，不良仲間の核にいる先輩らは共犯者でなかったため，次第に彼らとの交際が目立つようになった。案の定，入学して半年後に専門学校を中退してしまい，その後，一旦は，面倒見の良い雇主のもとで溶接の仕事を始めるも，不良仲間が代わる代わるC君を誘い出し，誘いを断り切れないC君は，無断欠勤を積み重ね，とうとう解雇される事態に至った。これを受け，担当の保護司が建設業を営む協力雇用主(5)に相談したところ，C君を雇うに当たっては，不良仲間との縁を切るのが先決であるとの結論に達し，危機感を抱いたC君も協力雇用主のもとで住み込みで働き始めた。C君は，職場に温かく迎え入れられ，雇主からは，来春から定時制高校に通うことを勧められ，意を強くしたC君は，先輩との決別を決心し，それを伝えたところ，殴られるという洗礼を受けたものの，不良仲間と絶縁することができた。これが転回点（ターニングポイント）となり，その後，定時制高校の受験に合格し，通学用の原動機付自転車を職場で用意するという配慮まで受け，昼間，建設現場で働きながら，定時制高校に通う生活が定着するに至り，保護観察に付されてから2年3か月を経過した時点で，C君の保護観察は，解除された。

　思春期の少年のほとんどは，交友関係に大きな影響を受ける。C君の場合，特定の先輩と付き合い始めてから，不良交友の輪が広がり，傷害事件を起こすまでに至るが，その後の経過をみれば，不良仲間と絶縁することは，一筋縄ではいかないことが理解できる。C君は，住み込み就職したことを契機にして，不良仲間との絶縁を決意し，手痛い洗礼を受けるが，そのような勇気をもてるようになった背景に彼を支援する雇主をはじめとする職場の人間関係の存在があったことは，改めて指摘するまでもない。こうした場面では，単に物理的に生活環境が変わっただけでは，功を奏さないことが多い。「不良仲間との縁を

切らせるため，施設に預けたが，飛び出し，地元に戻ってきてしまった」「親類に預けたが，そこでまた別の不良仲間ができた」という悲嘆の声を耳にすることもしばしばである。非行を繰り返す少年の多くは，根強い孤独感や疎外感を抱えていることもあって，いつも誰かと一緒にいなければ，寂しくて，とても一人ではいられない。たとえ，相手が自分を虐げる存在であっても，一人でいるよりもましなのである。こうした心情を理解したうえで，生活環境そのものを抜本的に変えるに当たっては，彼ら彼女らに孤独感を抱かせないような特段の配慮が求められる。世間には，単身で海外渡航するなど，たくましい少年もいるが，その大半は，家庭という絶対的な居場所への帰属意識を土台にして，将来への見通しに対する一定の手応えを得ているのであろう。帰る場所がなければ，それは，もはや，冒険ではなく，安住の地を探し求める流浪の旅となりかねない。

（2）障害に対する手当て

　非行や犯罪の背景に障害が隠れていることは，めずらしくない。知的障害，精神障害，発達障害，パーソナリティ障害などを抱えているのに，これに気づかれず，適切な医療や福祉の措置を受けていないがゆえに不適応を起こし，その結果，非行や犯罪に至っている例もある。たとえば，発達障害の代表格の一つである自閉スペクトラム症（ASD）の場合，他者とのコミュニケーションが苦手な一方で，独特なこだわりをもち，独自の世界観を構築する傾向にあることが指摘されている。その特性を周囲が理解しないと，対人トラブルを頻繁に起こし，周囲から孤立しがちになる。中には，部屋にひきこもり，インターネットを通じて残虐なシーンなどが写し出されている映像に触れ続けることで，凶悪な事件を引き起こす結果を招いた例もある。

　非行や犯罪の背景に障害が隠れている時は，本人や周囲が障害を受容し，障害の程度に応じた医療や福祉を施すとともに，障害特性を正しく理解しないことで引き起こされる二次障害を防ぐべく周囲に理解と協力を求めることが必要不可欠である。

事例 2

　D君は，小学校に入学すると，授業中，落ち着きがなく，教室を走り回り，他の児童とのトラブルが続出した。このため，精神科医の診察を受けたところ，軽度知

的障害に加え，自閉スペクトラム症（ASD）と注意欠如・多動症（ADHD）[7]の診断がなされ，中枢神経刺激剤を服用するようになった。しかし，その後も行動に変化がなく，小学 6 年生からは，特別支援学級で授業を受けるようになった。中学校に進学すると，万引きをして補導されたり，幼稚園に通う女児に興味を示したりする状態に陥っていたところ，中学 3 年生の時，公園で遊んでいた 6 歳の女児を手招きして呼び寄せ，人目の付かない場所に連れ込んだうえで，背後から女児の肩を触り，自らの左腕を女児の首に回して絞めるという暴行の容疑で逮捕された。その後，少年鑑別所の収容を経て，家庭裁判所において，児童福祉法の規定による措置を相当と認め，児童相談所長に送致することの決定がなされ，親もとに戻った。これを受け，児童相談所が介入し，D 君に対する定期的な面接のほか，両親に対しても，D 君との関わり方についてのトレーニングが実施された。中学校の卒業を前にして療育手帳[8]（B 2）を取得し，卒業後は，知的障害児の職業訓練・生活訓練施設に入所した。親もとを離れての生活となったが，相手の気持ちを想像できず，こだわりも強いため，他の入所者とのトラブルが続発した。そうしたところ，訓練の休憩時間に女子の入所者を呼び寄せては，彼女の首や肩に加え，乳房を触っては，首を絞めるという行為を 3 週間にわたって繰り返していることが発覚し，施設に入所してから 1 年 2 か月経過後，児童相談所に一時保護され，その後，家庭裁判所に送致され，再び少年鑑別所に収容された。家庭裁判所の審判で D 君の行為が暴行として認定され，少年院送致の決定がなされた。

　審判の結果を受け，少年院で矯正教育がなされるとともに，出院後に備えて，両親の同意のもと，保護観察所が N 市の障害福祉課，発達障害者支援センター[9]，児童相談所，知的障害児の職業訓練・生活訓練施設，少年鑑別所，地域生活定着支援センター[10]の担当者を招集し，連携会議を定期的に開催した。その結果，出院時に18歳を超える D 君は，親もとに帰住させて就労による自立を目指すことにし，D 君が通う就労支援作業所に加えて，両親の D 君に対する監護を補う障害者相談センターを調整することになった。連携会議に連動して保護観察官と保護司による両親に対する面接が行われる一方で，少年院では，D 君に対し，親もとへの一時外泊をさせ，作業所の見学のほか，発達障害者支援センターの相談員による面接などを行う特別の配慮がなされた。

　審判から 1 年後，少年院からの仮退院が許可され（「①異性や子どもに付きまとわないこと，②被害者に直接会わないこと，③就職活動を行い，又は仕事をするこ

と」などの特別遵守事項を設定），両親のもとに帰住し，保護観察に付された。保
護観察所での保護観察官による面接において，就労支援Ｂ型作業所[11]に入所し，週に
４日の頻度で障害者相談センターの支援員による家庭訪問が行われるとともに，精
神病院にも通院する方針を明確にしたうえで，毎月，２回の頻度で保護司による面
接を受け，生活状況の報告を励行することを約束させた。保護司による面接はもと
より，概ね３か月に１回の頻度で行う保護観察官による面接で，遵守事項が守られ
ていることを確認していった。

　出院後も引き続き連携会議が定期的に開催され，１年が経過する頃には，Ｄ君か
ら「すみません」「ありがとうございました」「お願いします」などの言葉が自然に
発せられ，緩やかではあるが，相手のことを考えるようになったとの変化が報告さ
れたほか，作業報酬の高い就労支援Ａ型作業所[12]への異動を検討するまでに至った。
懸念された女児への接近の様子もまったくなく，一人で外出しても帰宅の時刻を知
らせてくるほか，家事の手伝いを進んで行うなど家庭内でも落ち着いた生活態度が
保たれていることから，障害者相談センターの支援員による家庭訪問が週に１回の
頻度に緩和された。

　仮退院が許可されてから１年６か月を経過した時点で，地方更生保護委員会の決
定により，退院が許可され，これに伴い，保護観察も終了した。

　保護観察対象者が障害を抱えている場合，障害の程度に応じた医療や福祉に
よる手当てが必要となる場合が多い。しかし，そもそも障害があろうとなかろ
うと，あるいは，どんなに困窮していたとしても，「やらなければならないこ
と」や「やってはいけないこと」があることを対象者に学ばせ，実践させなけ
ればならない。保護観察においては，「やらなければならないこと」や「やっ
てはいけないこと」が遵守事項として示され，障害を抱え，罪を犯した人たち
の更生に向けては，Ｄ君の場合のように保護観察の枠組を活用して医療や福祉
の分野と積極的に連携していくことが求められる。

（３）嗜癖（依存症）に対する手当て

　嗜癖（しへき）とは，アディクションの和訳で，端的にいうと，「わかっちゃ
いるけど，やめられない」という状態である。依存症とも呼ばれ，薬物依存，
アルコール依存のような物質依存，盗撮，痴漢，下着盗，買い物依存，ギャン
ブル依存，窃盗症（クレプトマニア）などの行為依存，ドメステツイク・バイオ

レンス，ストーカー行為などの関係依存などに分けられる。

　保護観察対象者が嗜癖（依存症）の状態に陥っている時は，生活再建を視野に入れつつ，嗜癖（依存症）そのものに対する手当てが求められる。手当てとしては，認知行動療法や自助グループが有効とされ，これらを取り入れたプログラムが医療機関のほか，刑務所（改善指導）や保護観察所（専門的処遇プログラム）でも実施されている。加えて，薬物依存の状態にある者の民間リハビリ施設であるダルク（DARC）のほか，NA，AA などの自助グループ団体などが嗜癖（依存症）で苦しむ人々を受け入れている。

　嗜癖の状態になると，就職などの常識的な生活再建がかえって再発の危険性を高める場合もある。たとえば，薬物依存の状態にある者の場合，職を得たとしても手放しでは喜ぶことができない。なぜならば，仕事に就き，一定の収入を得ると，覚醒剤などの規制薬物を購入することができるようになるからである。規制薬物は闇の価格で密売されるが，薬物依存の状態にある者がまとまった現金を手にすると，まず，脳裏に浮かぶのが「これでクスリが買える」という悪魔の囁きであるということをしばしば耳にする。加えて，仕事をすれば，職場での人間関係の煩わしさや顧客からの苦情など，様々なストレスに晒される。不快な感情を抑えることができず，気分を変えるために再び薬物に手を出すことが少なくない。他の嗜癖（依存症）にも同様のことがいえ，ここが何とも難しいところである。

事例 3

　Eさんは，20歳の時，覚醒剤取締法違反の容疑で逮捕され，裁判で懲役 1 年執行猶予 3 年の言渡を受け，その後，一旦は，クリーニング店に就職し，結婚して一女の父親にもなり，無事，3 年間の執行猶予期間を経過した。しかし，その直後，週刊誌で覚醒剤に関する記事を目にしたのが引き金となって覚醒剤への渇望が生まれ，密売人から覚醒剤を入手し，再び乱用する日々に陥る。仕事を辞め，覚醒剤を買い求める生活を続けるうちに，多額の借金を抱え，妻と離婚し，自己破産の手続をした。その後，両親のもとに身を寄せる生活になるが，覚醒剤を止めることができず，30歳台の半ば，覚醒剤取締法違反の罪により，裁判で懲役 2 年 6 月執行猶予 4 年の言渡を受けるも，執行猶予期間中に覚醒剤の使用の容疑で逮捕され，裁判で懲役 1 年 6 月の言渡を受け，これに伴い，執行猶予が取り消され，刑務所での服役を余儀なくされた。

　　服役した刑務所で改善指導（薬物依存離脱指導）を受け，自らが依存症の状態に
あることを理解し，覚醒剤の渇望が生まれるのは，①一人で退屈している時，②飲
酒して気が大きくなった時，③疲れている時，④苛々している時，⑤パチンコで
勝って多額の現金を手にした時であることを自覚するに至った。

　　これらの事態を避け，覚醒剤への渇望が生まれたときは，覚醒剤を使用した場合
の損失を考えつつ，家族や職場の人に連絡をとり，別の楽しいことを想像して頭の
中の場面を切り替えるなどの対処方法を用意した。

　　Ｅさんは，30歳台後半，およそ１年間の刑期を残して仮釈放が許可され（「①覚
醒剤などの規制薬物の使用者や密売人と一切接触しないこと，②就職活動を行い，
又は仕事をすること，③薬物再乱用防止プログラムを受けること」などの特別遵守
事項を設定），母親のもとに帰住し，保護観察に付された。これに伴い，毎月２回
の頻度で保護司による面接を受けるとともに，解体の仕事に従事する傍ら，定期的
に保護観察所にも出頭し，特別遵守事項で定められている薬物再乱用防止プログラ
ムを受講することになった。同プログラムにおいて，渇望が生じる環境に身を置か
ないように生活しているかを点検しつつ，渇望が生じた時は，どのように対応した
のかを申告させるとともに，簡易薬物検出検査(16)を実施し，覚醒剤を使用していない
ことを証明させ続けていったところ，Ｅさんが保護観察官に対し，給料日になると，
覚醒剤の渇望が生じることを赤裸々に告白するに至った。これを契機に覚醒剤への
渇望が高まる給料日は，母親や職場の同僚らと一緒に過ごすという安全策を実践す
るようになった。加えて，就労を中心とした堅実な生活が営まれていることを実感
するため，家計簿を付けることを保護司が助言したところ，Ｅさんは，月末になる
と，同居する母親に自主的に家計簿をみせることを励行し，母親からの信頼も徐々
に得られ，刑期が終了し，保護観察が終わる頃には，このまま，覚醒剤を止め続け
られるのならば，別れた妻子との復縁も可能になるとの希望を語るまでに至った。

　薬物依存は，アルコール依存と並ぶ物質依存の代表格である。薬物依存の状
態にある覚醒剤の乱用者は，少なくなく，そのような場合，まずは，薬物依存
が治療可能な病気でもあることを本人自身に受け入れさせるところから始めな
ければならない。Ｅさんの場合，受刑によって，自らが薬物依存の状態である
と自覚し，出所後は，毎月の保護司による面接はもとより，保護観察所におけ
る専門的処遇プログラムを通じて断薬に向けての動機づけを高めるとともに，

覚醒剤を使用しない生き方を模索するようになり，およそ1年間にわたる仮釈放の期間を無事に経過した。しかし，薬物依存の状態にある場合は，些細なことがきっかけで，再発する危険性が高く，予断を許さないことから，このことを本人のみならず，関係者が理解することが必要である。

（4）見立ての重要性

我が国の保護観察においても，RNRモデル等を理論的基盤に置くアセスメントツール（Case Formulation in Probation/Parole）が開発されたのを受け，2021（令和3）年1月から，個々の事例ごとに再犯リスクに基づき，面接頻度を定めたうえで，リスク要因のみならず，強み（strength）をも反映した実施計画を策定している。RNRモデルは，カナダの心理学者であるボンタとアンドリューズによって提唱されたもので，再犯リスク（Risk）の大きさに処遇の密度を合わせたうえで，犯因性ニーズ（Criminogenic Needs：再犯の動的リスク要因）の改善に焦点を当てつつ，反応性（Responsivity）を踏まえ，認知行動療法等を行うことを想定しているが，再犯との相関が高い犯因性ニーズとしては，「反社会的な交友」「反社会的な態度」「反社会的な人格パターン」「配偶者や家族の問題」「就学・就労上の問題」「余暇の問題」「物質乱用（問題飲酒，薬物乱用）」などが特定されている。一方，誰しも良き生活（good lives）を志向している前提に立ち，彼ら彼女らの強みにも焦点を当て，これを保護要因として育ませるという視点も取り入れられている。すなわち，保護観察においては，保護観察対象者をリスク要因と保護要因の両面から捉えたうえで，犯罪・非行からの離脱（desistance）に向けての時間軸を意識しつつ，地域社会の一員として，彼ら彼女らがどのように生活していくのが望ましいのか，一人ひとり丁寧に見立てることが重要とされている。

見立て（assesment）における仮説を検証する過程そのものが手当て（treatment）であることから，保護観察対象者の再犯防止において，手当てが功を奏さない時は，改めて見立て直し，視野を広げて，様々な手当てを探し求め，これを実践してみるという創造的な関わりが求められている。しかし，その一方で，現実は，我々の見立てが外れ，良くも悪くも想像を超える展開に驚かされることもしばしばである。順調に経過していたのに，再犯に至り，これまでの努力が水泡に帰す例もあれば，疾風怒涛ともいえる絶望的な日々の連続であっても，これを凌ぐうちに，救いの手が差し伸べられ，いつの間にか，嵐

が収まっている例もある。

　一般的にさほど犯罪傾向の進んでいない者の場合，保護観察の実施計画が策定しやすく，見立てが裏切られることも少ないが，犯罪傾向が進み，当たる球次第で思わぬ方向に転がる「ビリヤードの球」のような性質をもつ者となると，見立てが困難である。とりわけ，思春期に代表される不安定な時期においては，疾風怒濤の悪天候と束の間の晴天を繰り返すような状況が続く。たとえば，少女の場合，「彼氏ができた」という報告があって，「良かったね」と喜びを表現したのも束の間，1か月も経たないうちに，「妊娠した」と打ち明けられ，その後，親子で「産むの，産まないの」と言い争う場に立ち会うこともめずらしくない。それでも，一喜一憂するのではなく，長期戦になると覚悟して寄り添い続けるうちに，良縁に恵まれ，嵐が嘘のように感じられるくらい平穏な日々が訪れることもあるのだから，不思議なものである。もっとも，累犯者となると，十分な関わりをする前に，こちらの見立てにおいて懸念したとおりの再犯に至ることも多く，無力感を抱かざるを得ない。一般的に累犯者であればあるほど，再犯予測がしやすいが，これは，可塑性が乏しいことの裏返しで，そもそも見立てることの意義を見失いかねない。

　偶然の積み重ねによって，新たな展開へと導かれる彼ら彼女らの運命を謙虚に受け止めつつ，地位や役割を超えたところに成り立つ素朴な信頼関係を尊重し，あえいだり，もがいたりするうちに，思いもかけず，救いの弦を摑むこともある。確かに思い入れが強過ぎて猪突猛進するのは，危険であるが，見立てに時間をかけ過ぎて肝心な手当てが後手に回ることは，避けなければならない。事件は，面接室で起きているわけではないので，取り急ぎ，現場を覗いてみることが必要な時もある。

　彼ら彼女らを対象として切り離し，因果律に思いめぐらせる科学的な態度に加え，人間の脆さや儚さの自覚のうえに立ち，彼ら彼女らとの相互行為を通じて垣間みられる「意味のある偶然の一致（meaningful coincidence）」や「同時性（synchronicity）[17]」にも理解を示す当事者的な態度をも併せ持つことが肝要であることは，保護観察の実務においても例外ではない。時機を逸することなく，有用な社会資源を活用することで，悪縁を絶ち，良縁が結ばれる例も多く，社会内処遇における創発性にも着目すべきである。

　法令通達に由来する原理原則（principle）と学術に裏づけられた技法（skill）に加え，個々の経験が体系化された流儀（style）が一つになって，実務家とし

ての芸（art）が成り立つ。そのためには，折に触れて保護観察対象者の動向は
もとより，ソーシャルワーカーとしての自らの動きを冷静に見つめ，必要に応
じて，他者の助言や支援が受けられるケースカンファレンスやスーパービジョ
ンが日常的に行われる職場環境が整えられることが前提であることは，改めて
指摘するまでもない。

注

(1)　地域における更生保護の活動の拠点として保護区ごとに設置され，保護司が交代
　　で駐在している。

(2)　犯罪をした者及び非行のある少年に対する社会内における処遇に関する規則第3
　　条。

(3)　刑の時効は，刑法第32条において定められているが，無期刑については20年，10
　　年以上の有期刑については15年，3年以上10年未満の有期刑については10年，3年
　　未満の有期刑については5年となっている。

(4)　性犯罪再犯防止プログラム，薬物再乱用防止プログラム，暴力防止プログラム，
　　飲酒運転防止プログラムの4種類がある。

(5)　刑務所出所者ら前歴のある者であっても，差別せず，積極的に雇用する企業や事
　　業者。

(6)　Autism Spectrum Disorder の頭文字をとっているもので，自閉スペクトラム症
　　と訳される。従来の自閉症，アスペルガー症候群などの独特なコミュニケーション
　　や常同行動などが含まれる様々な状態を連続体として単一の診断名で再定義された。

(7)　Attention Defect and Hyperactivity Disorder の頭文字をとっているもので，注
　　意欠如・多動症と訳され，発達障害の一種である。集中力に欠け，落ち着きがなく，
　　就学期において，授業中に歩き回るなどの症状を示すほか，成人し，就労してから
　　も，ケアレスミスの頻発や対人トラブルを引き起こし，不適応状態に陥ることが多
　　い。

(8)　知的障害者と判定された者に対し，都道府県知事又は政令指定都市の長が発行す
　　る障害者手帳。18歳未満は児童相談所，18歳以上は知的障害者更生相談所が判定を
　　行う。

(9)　発達障害者支援法（平成16年法律第167号）に基づき，発達障害者への支援を総
　　合的に行うことを目的とした機関。都道府県若しくは政令指定都市が自ら又は都道
　　府県知事等が指定した社会福祉法人等が運営している。

(10)　高齢又は障害を有する刑務所出所者らが出所後直ちに福祉サービスを受けられる
　　よう設置された機関。厚生労働省の「地域生活定着支援事業」として都道府県に1

　　か所（北海道は2か所）設置され，社会福祉法人やNPO法人などが受託している。

⑾　障害者の日常生活及び社会生活を総合的に支援するための法律（平成17年法律第
　　123号）に基づくサービスの一つで，障害や疾病を有し，体力等の理由から，企業
　　等で雇用契約を結んで働くことが困難な者に対し，比較的簡単な作業を短時間から
　　行わせることができる施設。

⑿　障害者の日常生活及び社会生活を総合的に支援するための法律に基づくサービス
　　の一つで，障害などがあることにより，企業等で就労が困難な者に対し，雇用契約
　　を結び，継続的に就労させることができる施設。

⒀　Drug Addiction Rehabilitation Center の頭文字をとった団体で，自身が薬物依
　　存の状態にあった近藤恒夫氏が創立。当事者同士が一つ屋根の下で同じ釜の飯を食
　　うなどして共同生活を送り，毎日のミーティングを通じて，生きづらさや薬物に対
　　する渇望を赤裸々に語り，仲間の力を借ながら，「今日一日薬物を使わない生活」
　　（Just for today）を続けている。

⒁　Narcotics Anonymous の頭文字をとった自助グループ。薬物依存の状態にある
　　者同士による回復のための集まりで，全国各地の会場でミーティングを行っている。

⒂　Alcoholics Anonymous の頭文字をとった自助グループ。アルコール依存の状態
　　にある者が集まり，飲酒しない生き方を続けていくため，全国各地の会場でミー
　　ティングを行っている。

⒃　覚醒剤を使用していないことを証明し，断薬に向けての努力を励ます意図で実施
　　しているが，尿などの検体から覚醒剤の成分が検出された時（陽性反応）は，警察
　　署に任意同行を求めるなどしている。

⒄　河合隼雄（1967）『ユング心理学入門』培風館，241頁。

参考文献

長尾和哉（2021）『非行・犯罪からの立ち直り――保護観察における支援の実際』金
　剛出版。

学習課題

①　保護観察における遵守事項の意義を考えてみよう。
②　保護観察対象者に対する補導援護としては，どのような場面が想定されるのか調
　べてみよう。
③　保護観察所と福祉機関との連携によって，何ができるのか調べてみよう。

～～～～～　コラム 9　保護司の仕事　～～～～～

　筆者が保護司を拝命してから23年が経過した。当初は，社会のために役立ちたいという思いも覚悟もなかったが，法務大臣の辞令をいただいてから2か月後，保護観察対象者を受け持つことになり，保護観察所から郵送された関係書類を目の当たりにしてはじめて，相手の行く末に大きな影響を与え得る責任のある仕事であると実感した。それからというもの，関係書類を何度も読み返すことはもちろんのこと，研修会には万障繰り合わせて参加し，自己研鑽の日々である。

　これまでに50人を超える保護観察対象者を担当してきたが，実際に面接するとなると，年齢，事件の内容，成育歴，生活環境などが一人ひとり違い，相手の反応も千差万別である。生い立ちを聴き，共に涙したり，体調を崩したとの連絡を受け，昼夜問わず，病院まで付き添ったりしたこともある。親子喧嘩を仲裁したこともあれば，毎日のように訪ねてくる人のお相手をしたこともある。思い出は尽きない。彼ら彼女らには，「過去を変えることはできないが，未来は，あなた自身次第で幸せになれるよ。私にできることはするので，一緒に頑張ろう」と優しく励ましては，実の母親のように寄り添ううちに，次第に信頼関係が築かれていったように思う。

　立ち直りには，一定の時間がかかる。気負うことなく，熱意を抱きつつも，保護観察官の指導のもと，自らの役目や立場を自覚し，冷静に対応しなければならない。とりわけ，未成年の場合は，その心情を汲み取り，慈愛の心で優しく諭すことが求められる。

　ある保護観察対象者は，「何度も死のうと思ったが，先生と出会ってから，マザーテレサが自分に舞い降りた感じがしてパワーをもらっている。面接の度に心が洗われ，穏やかになれる」と言ってくれた。本人や家族から「担当してもらって良かった」という言葉を耳にする度ごとに，微力ながらも，保護司として「お役にたてたかな」と実感している。

第11章

更生緊急保護・更生保護施設

　本章では，保護観察を受けている人以外で生活に困窮した刑務所出所者等を，緊急的に援護してその再犯防止を図る更生緊急保護について解説する。

　また，刑務所から釈放され再出発を目指す人たちを受け入れ，その社会復帰を援助する更生保護施設や，これらの人たちの更生を地域全体で支えるためのネットワークの拠点となる更生保護協会等の両輪からなる更生保護事業について解説するとともに，これらが近年一層多様かつ高度な役割を求められてきていることについて触れる。

1　更生緊急保護

（1）更生緊急保護とは

　仮釈放とならず刑務所を満期で釈放となった場合，改善更生の意欲のある者であったとしても，釈放後に，住居や仕事がなく，当面の生活費等に困り，適当な相談相手がいないなど社会的孤立や孤独の状態に置かれると，生活が容易に不安定化し，自暴自棄のような感覚に陥って，再び犯罪を起こすおそれが強まる。そのような状態に至る前に，本人からの保護の申出に基づいて，住居の提供や仕事や生活などの相談に応じることなどをとおして，保護観察所が緊急的な援護を行い，その改善更生を助ける仕組がある。これを更生緊急保護という。

　更生緊急保護の対象となる人は，以下の①から⑨までに該当する人のうち，刑事上の手続又は保護処分による身体の拘束を解かれた者である（更生保護法第85条第1項）。これは，刑の執行等による身体の拘束が一定期間なされると，社会生活が中断し，釈放後に住居や仕事など必要な生活手段をすぐに得られず，また，保護的な人間関係からも疎遠となり，結果的に改善更生が困難になるこ

とがあるからである。

---

① 懲役，禁錮又は拘留の刑の執行を終わった者：刑事施設を満期釈放された者のほか，仮釈放期間を終了した者や少年に対する不定期刑の終了により刑の執行を受け終わったものとされた者が該当する。

② 懲役，禁錮又は拘留の刑の執行の免除を得た者：恩赦法第8条に規定する刑の執行の免除が行われた者が該当する。

③ 懲役又は禁錮につき刑の全部の執行猶予の言渡しを受け，その裁判が確定するまでの者：全部執行猶予の言渡しを受け，その裁判が確定するまでの間の者が該当する。

④ ③のほか，懲役又は禁錮につき刑の全部の執行猶予の言渡しを受け，保護観察に付されなかった者：いわゆる単純全部執行猶予の裁判が確定した者が該当する。

⑤ 懲役又は禁錮につき刑の一部の執行猶予の言渡しを受け，その猶予の期間中保護観察に付されなかった者であって，その刑のうち執行が猶予されなかった部分の期間の執行を終わったもの：いわゆる単純一部執行猶予の言渡しを受けて服役し，実刑部分の執行終了により釈放された者が該当する。

⑥ 訴追を必要としないため公訴を提起しない処分を受けた者：犯罪の嫌疑が認められるものの，犯罪の情状等により起訴猶予処分とされた者が該当する。検察官による不起訴処分を受けた者のうち，嫌疑なしや嫌疑不十分等を理由とされるものは該当しない。なお，2022（令和4）年の刑法等の一部を改正する法律による更生保護法及び更生保護事業法の一部改正（以下「2022年改正更生法等」という）により，本規定が「検察官が直ちに訴追を必要としないと認めた者」と改正されたことにより，これまで非該当であった「起訴猶予処分となる前に処分保留で釈放され，その後起訴猶予処分となった者」も該当することとなる。

⑦ 罰金又は科料の言渡しを受けた者

⑧ 労役場から出場し，又は仮出場を許された者

⑨ 少年院から退院し，又は仮退院を許された者：少年院から期間満了等を理由に退院した場合のほか，少年院から仮退院を許された者については，その後退院決定を受けた場合や仮退院期間を満了した場合が該当するが，仮退院中の保護観察対象者は除かれる。

上記④，⑤及び⑨において保護観察対象者が対象から除外されているのは，

これらの者は，補導援護（更生保護法第58条）及び応急の救護（同法第62条）により同様の保護を受けることができ，更生緊急保護対象者から概念上区別するためである。

　更生緊急保護を受けるためには，㋐親族からの援助を受けることができず，若しくは公共の衛生福祉に関する機関その他の機関から医療，宿泊，職業その他の保護を受けることができない場合，又は㋑これらの援助若しくは保護のみによっては改善更生することができないと認められることが必要である。すなわち，刑事施設を満期釈放された人が，生活上の困難に陥った場合であっても，一般市民として福祉サービス等による保護を受けることは可能であり，それで十分といえる場合には更生緊急保護の適用はない（公共機関による保護優先の原則）。一方，福祉サービス等の保護や親族からの援助が，時間的に間に合わない，実施要件を満たさない，改善更生に必要な内容を伴わないなどの理由で，十分とはいえず結果的に再犯に陥ることを防ぐという刑事政策上の必要性が認められる場合には更生緊急保護が適用される。

　なお，生活保護法（昭和25年法律第144号）第4条第2項には，いわゆる他法優先の原則（「他の法律に定める扶助は，すべてこの法律による保護に優先して行われるものとする」）が規定されている。これと更生緊急保護の公共機関による保護優先の原則との関係については，生活保護法に基づく公的扶助と更生緊急保護はそれぞれ内容が異質であり両法間の優先関係は法律上存在しないと解されており，更生緊急保護の対象者も公的扶助の対象となることができる。

　また，更生緊急保護は，本人の申出があった場合において，本人の意思に反しない場合に限り，行われる。本人に対してこれを強制することや，身体に拘束を解かれた者に対し継続して一定の自由の制約を行うことを認めるものではない。一方で，いわゆるセルフネグレクトの状態にある人にいかに改善更生に必要な保護を届けられるかという観点から，必要な情報の提供やアウトリーチの手法の活用など，申出をよりしやすい仕組とすることが求められる。

（2）更生緊急保護の実施基準と内容

　更生緊急保護は，その対象となる者の改善更生のために必要な限度で，国の責任において行うことが，その実施の基準となる（更生保護法第85条第2項）。すなわち，更生緊急保護は，本人が進んで法律を守る善良な社会の一員となり，速やかに改善更生する意欲を有する者であると認められる場合に限られ，その

うえで，その改善更生を保護するのに必要かつ相当な限度において行い，かえって本人の自助の責任を損ない，自立の妨げとならないよう配慮しなければならない。また，対象となる者は，保護観察の対象とは異なり自由な立場にあり，いたずらに国が深く関与するのは必ずしも適当とはいえない場合もあることから，その者の改善更生に必要な限度で，国が更生緊急保護を行う責任を負うこととされている。

「国の責任」とは，国が保護の要否を判断し，実施に任じ，その費用を国が支払うことを意味し，その実施方法には，保護観察所が自ら行う自庁保護と，更生保護事業法の規定により更生保護事業を行う者その他の適当な者に委託して行う委託保護がある。その実施に当たっては，対象となる者が公共の衛生福祉機関等から必要な保護を受けることができるようあっせんするとともに，その効率化に努め，保護を必要とするものをできるだけ多く，かつ効果的に保護するという観点を踏まえつつ，更生緊急保護の期間の短縮と費用の節減を図ることとされている。

更生緊急保護の措置の内容は，宿泊場所，食事，宿泊場所への帰住旅費，就業・生活援助のための金品等を提供する現物給付型保護と，住居，医療，療養，就職，教養訓練の機会を得るために必要な助言やあっせん，職業補導や社会生活への適応に必要な生活指導，生活環境の改善・調整，その他健全な社会生活を営むために必要な助言等を行う非現物給付型保護の2つに大別される。

適切な住居がなく宿泊を伴う保護が必要な人については，後述する更生保護施設を設置・運営する更生保護法人等に対し更生緊急保護の委託が行われることが多い。この場合，更生保護施設の入所者に対し，食事の給与のほか，たとえば，就労の支援や，金銭管理等の日常指導や生活技能訓練プログラムなど自立促進のための包括的な支援措置が実施される。

なお，実務では，国が行う更生緊急保護の措置とは別に，更生保護法人はじめ様々な関係機関等による独自事業として，当座の生活や就業等に必要な資金等を給与するなどの保護も行われている。

（3）更生緊急保護の期間

更生緊急保護を受けることができる期間は，刑事上の手続又は保護処分による身体の拘束を解かれた後6月を超えない範囲内（釈放日の翌日を起算日として，原則として6か月目に該当する日の終了までで，一般法定期間という）とされる。た

とえば，４か月間の仮釈放とされた者は，仮釈放期間終了からさらに２か月の間は更生緊急保護を受けることができる。

　ただし，高齢，疾病，障害などの心身の状況や生活環境を理由として，この期間内では自立生活を営むことが困難な場合など，改善更生を保護するために特に必要があると認められる時は，さらに６月を超えない範囲内において保護を行うことができる（更生保護法第85条第４項。これを特別法定期間という）。なお，2022年改正更生法等により，金品の給貸与や宿泊場所の提供は従来どおりであるものの，それ以外の就労支援や生活指導などの措置の特別法定期間が１年６月を超えない範囲内へと延長された（第85条第４項）。これは，満期釈放者の再入率が高い現状に鑑み，後述するように更生緊急保護に必要な期間をできる限り確保して息の長い支援を充実強化するためである。

（4）更生緊急保護の手続と実施状況

　更生緊急保護を受けようとする人は，身柄を釈放された後に，保護観察所に書面で申出をすることとされている。更生緊急保護を受けようと保護観察所を訪問した人に対し，保護観察官が面接し更生緊急保護の申出書に必要事項の記入を求め，申出の意思を確認する。なお，その前段階として，更生緊急保護の対象となる人が刑事上の手続等による身体の拘束を解かれる際に，検察官，矯正施設の長が必要があると認める時は，更生緊急保護の制度と申出の手続について教示を受け，さらに，検察官，矯正施設の長において，更生緊急保護を行う必要があると認める時又は本人がこれを希望する時は，更生緊急保護の説明書と保護カード（更生緊急保護の要否に関する意見その他参考となる事項を記載した書面）の交付を受けることとなっている。

　申出があった本人に対する面接では，提示された保護カード等の書面その他による調査を行うなどして，更生緊急保護の要件を満たしていることを確かめ，本人の性格，年齢，経歴，心身の状況，家庭環境，交友関係，親族の状況，生活能力，今後の計画や本人の希望等から，更生緊急保護の必要性について判断し，とるべき措置の内容，委託先，委託期間を決定する。更生緊急保護の措置は，決定後直ちに行われるのが通例である。

　これを更生保護施設等に委託して実施する時は，本人に対し，委託内容の説明と自ら改善更生に努めるよう自覚を促すために必要な指導等を行い，委託期間中は受託者の指示にしたがい改善更生に努める旨を誓約させる。

　他方，受託者は，保護観察所に対し，毎月，本人に対する保護措置の実施状況等を報告するほか，状況に重要な変化があったときは直ちにこれを報告することとされており，必要に応じ委託内容の変更等の措置がとられる。また，委託によって生じる被保護者の補導援護・宿泊・食事等の費用及び人件費を含む委託事務費が，国から受託者に対して支弁される。

　ここで更生緊急保護の実施状況をみると，申出の受理人員は，1956（昭和31）年の4万260人をピークに年々減少し，バブル景気の頃を底（5000人前後）として，バブル崩壊以降上昇に転じ，2009（平成21）年には1万4933人となったが，その後再び減少に転じ，2020（令和2）年には8187人となっており，社会経済情勢の変動や刑務所出所者数の動向等の影響を受けながら推移している。同年の状況を対象の種類別にみると，刑の執行終了者5603人（うち満期釈放者3761人），起訴猶予者988人，刑の全部執行猶予者962人（うち保護観察付執行猶予未確定231人，単純執行猶予731人），罰金・科料443人，労役場出場・仮出場149人，少年院退院・仮退院32人となっている。

（5）満期釈放者等に対する社会復帰支援の充実化

　近年，犯罪をした人や非行のある少年に対する息の長い支援を実現する観点から，更生緊急保護の積極的活用が課題となっている。刑務所への入所を重ねるほどその社会復帰は難しくなり，刑務所と社会の間を行き来する回転ドア現象が深刻化する現実がみられる。これに対処するには，刑務所出所後の段階での支援（いわゆる出口支援）と，再犯に至ってしまった段階で必要な更生環境を整える支援（いわゆる入口支援）の両者が重要となってくる。また，犯罪や非行を繰り返す前の初期の段階にある人に適切な支援を行い，犯罪や非行をそれ以上繰り返させないための方策が求められる。

　この点で，2016（平成28）年の再犯の防止等の推進に関する法律第21条は，「矯正施設における処遇を経ないで，又は一定期間の矯正施設における処遇に引き続き，社会内において指導及び支援を早期かつ効果的に受けることができるよう」必要な施策を講ずるものと定め，特に起訴猶予者・単純執行猶予者のように受刑しない者や刑務所を満期釈放となり社会内での処遇を受けない者に対しても再犯防止施策の充実を求めている。

　このうち入口支援については，2013（平成25）年から，保護観察所が検察庁と連携し，釈放前の段階から本人の希望等を確認し，起訴猶予となる前に釈放

後の受入れ先を調整する取組の試行が開始された。これは，高齢，障害等により福祉サービス等が必要な人への支援を中心とするものであった。その後，いわゆるホームレスの人たちを更生保護施設等で受け入れ，就労支援等を行うことを中心とする仕組へと変更された後（2015年），2018（平成30）年度からは，保護観察所に特別支援ユニットが設置され，起訴猶予等となった高齢，障害等により福祉的サービスが必要な人に対し，地方公共団体や社会福祉等関係機関と連携しつつ，継続的な調整と生活指導等を行うこととされた。さらに，2021（令和3）年度から，広く社会復帰支援の措置が必要と考えられる人に対し充実した更生緊急保護が行き届くよう体制の整備を図るため，特別支援ユニットは社会復帰対策班に順次発展的に解消されていくこととなった。同時に，その連携先である地域生活定着支援センターの業務において，従前のいわゆる出口支援段階だけでなく，起訴猶予者，単純執行猶予者，罰金・科料の者に対する入口支援段階の業務が明確に位置づけられた。なお，2022年改正更生法等においては，罪を犯したと認められる釈放見込みの勾留中の被疑者に対する生活環境の調整の規定が設けられ，これらの取組の法的根拠が明文化されている。

　他方，出口支援については，特に再入率の高い満期釈放者のうち，真に保護を必要としている人に必要な措置が届いていないという課題がある。たとえば，2020（令和2）年5〜6月に刑事施設から満期釈放された者1289人を対象とする法務省特別調査（『令和3年版　犯罪白書』）によれば，出所当年の5〜12月の間に更生緊急保護を申し出た者は236人（18.3％）にとどまる。受刑時の分類で精神・身体上の配慮が必要とされていた者は939人（72.8％）であったのに対し，申出をした者は168人であり，福祉ニーズを有するにもかかわらず適切な支援を得られていない者が多いことがわかる。また，受刑中の生活環境の調整段階で，更生保護施設への帰住希望者は406人（31.2％），親族等から引受けを拒否された者は174人（13.3％），本人が帰住希望地を設定せず調整を実施できなかった者は256人（19.7％）であり，全体の6割強に上る者が適当な帰住環境が整わないまま満期釈放となっていることがわかる。

　このような状況に鑑み，近年，満期釈放が見込まれる者のうち，更生保護施設等への帰住を希望する者をリスト化し，釈放後速やかに更生保護施設等の支援につながるよう調整を強化する取組が広がりつつあるが，これらに加えて，前述した社会復帰のための息の長い支援を必要とする者に対し，より積極的に更生緊急保護の措置の機会を提供して地域での自立を働きかけるアウトリーチ

型の仕組が必要と考えられる。

　この点で，2022年改正更生法等により，刑事施設等に収容中からの更生緊急保護の申出を可能にし，動機づけの強化も含め釈放後直ちに必要な措置を受けやすくする改正がなされた（第86条第2項）。また，刑執行終了者等に対する地域援助の充実化策として，保護観察所の長が必要と認める時，その意思に反しないことを確認したうえで援助を行う仕組や，地域住民や関係機関等からの相談に応じ，情報の提供，助言その他の必要な援助を行う仕組が新設されており（第88条の2等），その適切な運用が期待される。

2　更生保護事業

（1）更生保護事業とは何か

　更生保護事業とは，犯罪をした人や非行のある少年の改善更生を助ける各種事業の総称であり，更生保護事業法において，これまで継続保護事業，一時保護事業及び連絡助成事業の3つの事業で構成されていたが，2022年改正更生法等により，それぞれ宿泊型保護事業，通所・訪問型保護事業及び地域連携・助成事業に改められることとなった。各事業の内容は次のとおりである。

（2）宿泊型保護事業

　宿泊型保護事業（更生保護事業法第2条第2項）は，法改正前は「継続保護事業」とされていたものである。保護観察に付されている人や更生緊急保護の対象者（前節で示した①〜⑨）であって，現に改善更生のための保護を必要としているものを更生保護施設に宿泊させて，その者に対し，教養訓練，医療又は就職を助け，職業を補導し，社会生活に適応させるために必要な生活指導又は特定の犯罪的傾向を改善するための援助を行い，生活環境の改善又は調整を図る等その改善更生に必要な保護を行う事業をいう。

　この「特定の犯罪的傾向を改善するための援助」は，2022年改正更生法等により追加されたものである。その趣旨は，従来保護観察所においてのみ行われていた薬物再乱用防止プログラムなどの専門的処遇について，それと同等と認められるプログラムを更生保護施設などが行っている場合に，その受講を特別遵守事項として義務づけることが新たに可能とされたこと（更生保護法第51条第2項第7号等）に伴い，そのようなプログラムの実施が宿泊型保護事業及び後

述する通所・訪問型保護事業の内容に含まれることを明確にしたものである。

　宿泊型保護事業と通所・訪問型保護事業の対象者には，更生緊急保護の期間のような制限はないため，たとえば，出所後一定の期間が超過し更生緊急保護の対象とならない者であっても，事業者が国からの委託によらず被保護者の申出に基づき任意で保護することができる。これは，本来更生保護事業は，事業者の自発的な意思に基づく活動であるとの趣旨によるものであり，この場合の保護を（国からの委託保護と区別して）任意保護と呼んでいる。

　国及び地方公共団体以外の者で宿泊型保護事業を営もうとする者は，法務大臣に対し経営認可の申請を行い，その認可を得なければならない。認可を得て継続保護事業を営む者を「認可事業者」という。認可の基準は，更生保護事業法において，被保護者に対する処遇の方法，更生保護施設の規模及び構造が法令で定める基準に適合し，実務に当たる幹部職員が法令で定める資格又は経験並びに被保護者に対する処遇に関する熱意及び能力を有すること，さらに，更生保護法人以外の者にあっては，経営の組織及び経理の方針が一般社団法人若しくは一般財団法人又はこれに準ずるものであって，当該事業を営むための経済的基礎が確実であり，かつ，経営の責任者が社会的信望を有することなどが定められている。

（3）通所・訪問型保護事業

　通所・訪問型保護事業（更生保護事業法第2条第3項）は，宿泊型保護事業と同様の対象者に対し，更生保護施設その他の適当な施設に通わせ，又は訪問する等の方法により，宿泊場所への帰住，教養訓練，医療又は就職を助け，職業を補導し，社会生活に適応させるために必要な生活指導又は特定の犯罪的傾向を改善するための援助を行い，生活環境の改善又は調整を図り，金品を給与し，又は貸与し，生活の相談に応ずる等その改善更生に必要な保護を行う事業をいう。

　更生保護施設に収容しないで行う保護を指すが，法改正前は「一時保護事業」として，帰住のあっせん，金品の給与等の一時的な措置を中心に実施されてきた。しかし，近年は，これにとどまらず，更生保護施設を退所した者など地域に居住する犯罪前歴者等が更生保護施設に来て生活相談を受けたり，薬物再乱用防止のためのプログラムに参加するなど継続的にフォローアップを行う取組等が実績をあげてきている。そこで，通所や訪問による継続的な保護を行い，

地域生活への定着を助ける事業を含む趣旨を明確にし，息の長い処遇による地域での更生支援を今後一層充実させるため，名称の変更に至ったものである。

　国及び地方公共団体以外の者で通所・訪問型保護事業又は後記の地域連携・助成事業を営もうとする者は，法務大臣に対し，名称，事務所の所在地，事業の種類及び内容（更生保護法人以外の者である場合は，定款その他の基本約款，経理の方針，資産の状況並びに経営の責任者の氏名等も追加）について事前に届出をする必要がある。届出をして通所・訪問型保護事業又は地域連携・助成事業を営む者を「届出事業者」という。

（4）地域連携・助成事業

　地域連携・助成事業（更生保護事業法第2条第4項）は，改善更生の支援に向けた，①関係機関等とのネットワーク整備，②地域住民の活動参加の促進，③人材の確保・養成・研修，④啓発，連絡，調整又は助成を行う事業をいう。

　法改正前は，「連絡助成事業」として④の内容を中心に定義され，具体的には，都道府県単位等に置かれた「更生保護協会」等の届出事業者により，社会を明るくする運動などの広報活動，保護司，更生保護施設，更生保護女性会，BBS会，協力雇用主などの民間協力者による円滑な活動のための研修の企画・実施や活動助成など，地域の実情に即した幅広い活動が行われてきた。しかし，近年は，息の長い支援のネットワークを構築してこれを活性化させる地域の拠点として上記の①〜③の機能の強化も期待されてきており，その趣旨を明らかにするために具体的に事業内容を列挙するとともに，名称もそれにふさわしいものに改められたものである。

3　更生保護法人と更生保護施設

（1）更生保護法人

　現在，101ある認可事業者のうちの98，67ある届出事業者（認可事業者であるものを除く）のうちの66が，それぞれ更生保護法人である。更生保護法人は，更生保護事業法に基づき，更生保護事業を営むことを目的として設立された特別な法人であり，その高い公益性を確保するため，法人組織管理，残余財産の帰属等において厳しい規制を受ける一方，施設整備等に対する国の補助や税制面における優遇措置などが認められている。

　更生保護法人を設立しようとする者は，法務大臣の設立認可を受けなければならない。認可の基準は，同法において，設立の手続，申請書及び定款の内容の法令への適合性，必要な資産，業務運営が適正に行われることの確実性等が認められることなどが定められている。設立後においては，国は，更生保護法人に対し，その公益性及び適正な運営を確保するため，法人業務について報告させ，立入検査を行い，必要に応じ，改善命令，業務停止命令，役員の解職の勧告，公益事業又は収益事業の停止命令，さらに解散命令を発することができる。

（2）更生保護施設

　刑務所を出所後，新たな人生に踏み出し，再犯とは無縁な生活を続けていくためには，出所したその時点から，帰るべき場所，生活基盤となる住居のあることが必須である。しかし，出所後の適当な住居を得られない者は多く，2021（令和3）年では，出所受刑者総数1万7809人中4253人（23.9％）が更生保護施設等（後述する自立準備ホームを含む。以下同じ）を帰住先としている。特に満期釈放になる場合に比べ再犯率が低い仮釈放者1万830人中3753人（34.7％）に対し更生保護施設等が帰住先を提供しており，更生保護施設等がなければこれだけの人数が満期釈放になり，円滑な再出発に支障を来していた可能性がある。同じく満期釈放者（一部執行猶予者を除く）6676人のうち帰住先不明等の者2844人（42.6％）を除く3832人中，448人（11.7％）を更生保護施設等が受け入れている。また，刑事施設への入所度数が1度の者に比べ2度以上の者の場合に更生保護施設等への帰住率が高まる傾向にある。

　更生保護施設は，刑務所出所者や保護観察対象者等のうち，頼るべき適当な人や住居がないなどの理由で，自立更生することが難しい人を一定期間保護して，食事を提供し，就職指導や社会適応のために必要な生活指導を行うことで，その社会復帰（地域での自律・自立）を援助する生活施設である。2021（令和3）年中に保護観察所の委託を受けて新たに入所した者のうち，70.9％が仮釈放者，次いで満期釈放者が9.5％であり，刑務所出所者が約8割を占めており，それ以外では，単純猶予者が4.5％，起訴猶予者が5.6％であり，前記の入口支援にも一定の役割を果たしていることがわかる。

　更生保護施設の先駆けは，1888（明治21）年に実業家金原明善と典獄川村矯一郎らが創設した「静岡県出獄人保護会社」であるとされる。その後，大規模

な恩赦，皇室からの御内帑金の下賜，免囚保護事業奨励金の予算化，保護団体への委託の仕組の整備などを背景に「釈放者保護団体」の数が増加し，さらに被保護者に対応して「猶予者保護団体」「少年保護団体」「思想犯保護団体」が生まれていった（第8章参照）。

戦後，「思想犯保護団体」が消滅し「少年保護団体」が廃止されたが，従来釈放者保護を行っていた司法保護団体の多くは，1950（昭和25）年の更生緊急保護法に基づく更生保護会として再出発し（1950年末時点で143団体），戦後の混乱と貧困の時代にあって，緊急保護として食事や宿泊所を提供し，自立を援助するうえで大きな役割を果たした。高度経済成長期を迎えると，労働力需要の増大と激しい人口移動等の影響を受けて入所者数が減少し，団体数も1959（昭和34）年の172をピークに減少に転じた。

その後，更生保護施設を活用した長期刑仮出獄者に対する中間処遇の導入やハード面での施設改善が進められる一方，地域からの排斥運動が激化するなど厳しい局面を経て，1995（平成7）年に更生緊急保護法を廃止して更生保護事業法が制定され（翌年施行），「更生保護施設」に生まれ変わった。2000（平成12）年以降は，宿泊所・食事の提供や就労指導に加えて，広く社会適応を促すための積極的な処遇を実施するなど，その処遇施設化の取組が精力的に進められてきている。

2022（令和4）年4月現在，全国に103施設あり（その分布状況等は図11−1のとおり），そのうちの100施設は更生保護法人98団体によって運営されているが，その他は，社会福祉法人，NPO法人，一般社団法人がそれぞれ1施設を運営している。

収容定員は，最大施設110人から最小施設10人までであるが，収容定員20人以下の施設が全体の4分の3を占め（20人未満22施設，20人54施設），小規模施設が多い。また，各都道府県に最低1施設設置されているが，大都市圏に集中しているほか，女性・少年を受け入れている施設は少ない。

更生保護施設には，施設長，補導主任，補導員，調理員，宿日直等を補助する非常勤職員等が配置されている。その他，後述する指定更生保護施設や薬物処遇重点実施更生保護施設等には，それぞれ福祉や薬物処遇等の専門職が追加配置されている。

2020（令和2）年度の実績をみると，全国の更生保護施設で宿泊保護をした人数（被保護者の年間実人員）は7138人，収容率は65.2%となっている。退所し

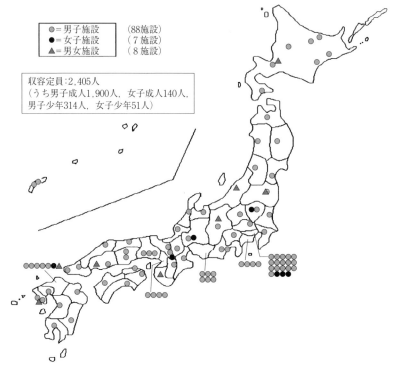

図11-1 全国の更生保護施設の設置状況（103施設）（2022年4月1日現在）
出所：筆者作成。

た人5587人のうち，その退所先は，借家が最も多く（33.3%），次いで就業先16.3%，親族・縁故者13.6%，社会福祉施設6.4%であり，退所時の職業は，労務作業39.8%，サービス業7.2%である一方，無職は39.8%であった。また，在所期間は，1月未満17.4%，1月以上2月未満16.9%，2月以上3月未満16.0%，3月以上6月未満37.3%であり，6月未満の累計では87.6%，平均在所期間は79.9日であった。

（3）更生保護施設における処遇

　更生保護事業法では，更生保護施設における被保護者の処遇の基準として，①被保護者の人権に十分に配慮すること，②被保護者に対する処遇の計画を立て，常に被保護者の心身の状態，生活環境の推移等を把握し，その者の状況に

応じた適切な保護を実施すること，③被保護者に対し，自助の責任の自覚を促し，社会生活に適応するために必要な能力を会得させるとともに，特に保護観察に付されている者に対しては，遵守すべき事項を守るよう適切な補導を行うことが定められている。

　また，更生保護施設における処遇の基準等に関する規則（平成14年法務省令第37号）第4条においては，処遇の一般原則として，「被保護者に対しては，常に懇切で誠意ある態度で接すること」「処遇計画に従って，被保護者に最もふさわしい方法を用いて生活指導等を行うことにより，自律及び協調の精神を会得させ，その他健全な社会生活に適応するために必要な態度，習慣及び能力を養わせること」「読書の指導，教養講座の開催その他の方法で，被保護者の教養を高めることに努めること」「就労の意欲を喚起し，その習慣を身に付けさせるように指導するとともに，被保護者の希望，適性，心身の状況等に十分配慮し，公共職業安定所等の協力を得るなどの方法により，当該被保護者に適した職業が得られるように努めること」「浪費を慎み，その所有する金品は，改善更生に役立てるため適切に使用し，又は貯蓄するように指導すること」「努めて親族との融和を図るなどして，生活環境の改善又は調整を図ること」などが定められている。

　更生保護施設における処遇の目標は，施設内における生活の安定にとどまらない。実際に施設を退所してから地域において犯罪に陥らず，人とつながり，社会と折り合いをつけながら自分にとって有意義な人生を送れるように支援することにある。したがって，入所中は，①被保護者にとって犯罪の背景や原因となっている問題点の解消を図ること，②被保護者が自立生活できる能力を高めること，③自立生活を継続するための条件（退所先，仕事，自立資金，相談等ができる人間関係）をあらかじめ整えることのそれぞれに向けた働きかけが処遇の焦点となる。

　このような観点から，更生保護施設では，処遇の原則を踏まえつつ，限られた期間内に更生保護施設ごとの特色や実際の被保護者の特性に応じた指導，支援がなされている。具体的には，被保護者がそれぞれの人生を前向きに生きようとする意欲を喚起し更生を促進するような集団環境づくりに意を用い，そのうえで基本的な生活態度等を身につけるための生活指導を集団生活の日常の中に組み込んで実施している。これを土台として，個別の諸課題の改善を目的とする処遇を，外部の専門家やボランティアの協力を得ながら行っており，社会

生活技能訓練（SST），酒害・薬害教育，社会奉仕活動，就労支援講座，コラージュ療法，料理教室，パソコン教室，ダルクミーティング，ギャンブル離脱プログラム，窃盗離脱プログラム，コグトレ，法律相談等の多様な例がみられる。今後は，これらの処遇を拡充するとともに，前述した特定の犯罪的傾向を改善するための援助に相当する処遇の開発も期待される。

　さらに，退所後に地域で孤立し，必要となる援助を自分から求めようとせず，結果的に生活が破綻して再犯に至る悪循環に陥らないように支援する必要がある。そのために，入所中から一定の信頼関係を培ってきた更生保護施設が退所後に地域で暮らす元入所者と引き続き関係を保ち，生活上生じる様々な課題や困り事について相談に乗ることも，更生保護施設の処遇として重要である。

　このような観点から，2017（平成29）年度から，「フォローアップ事業」が開始されている。これは，更生保護施設を退所して地域で生活を始めた者が引き続き更生保護施設に通所し，生活相談や薬物依存回復訓練などを継続して受けられる委託事業であり，その者の事情をよく知る更生保護施設の職員が引き続き生活相談に応じることにより，地域生活の安定に寄与している。

　加えて，これによっても支援の手が届きにくい者もあることから，2020（令和２）年10月から，「訪問支援モデル事業」が開始された（2023年度から「訪問支援事業」）。これは，援助が必要であるにもかかわらず，自発的にそれを求めようとしない人を見つけ，必要性を伝え，その生活空間に出向くなどしてその人に援助を届ける「アウトリーチ」の考え方を重視した取組である。退所者等の自宅に訪問するなどして接触を保ち，生活上の相談・助言のほか，各種手続への同行支援や関係機関等との協議等多様な支援を行うもので，そのための訪問支援職員が全国８つのモデル施設に新たに配置された。

　入所中の処遇は，退所後に地域で生活につまずき再犯に至ることなく地域に定着できるよう援助する目的でなされるが，退所後のこれらの取組と相まってその実があがるといえよう。更生保護施設は，刑事施設から釈放された者を社会につなぐ中間施設であると同時に，地域で生活しながら様々な困難に遭遇した際に頼っていける相談・支援の居場所として，刑務所へ戻ることへの防波堤となる中間施設でもある。その両者の機能を果たすことによって，地域に定着・自立するまでの間の橋渡しをする役割を十全に果たすことが可能となる。

（4）特別なニーズに対応する処遇

　近年では，政府の取組として再犯防止が重視される中，更生保護施設が地域社会における刑務所出所者等の支援の中核的存在として多様かつ高度な役割を果たすことが求められるようになり，対象者の特性に応じた多様な試みがなされてきている。

　高齢・障害のある被保護者については，2009（平成21）年度から，これらの者を積極的に受け入れる更生保護施設の指定がなされた（指定更生保護施設）。これは，高齢・障害により福祉サービス等を受けることが必要であるにもかかわらず，出所後直ちに福祉による支援を受けることが困難な者について，社会福祉士等の福祉の専門職を配置した更生保護施設で一時的に受け入れ，医療・福祉機関と連携し，健康維持のための支援や調整，社会生活適応指導や日常生活訓練などその特性に応じた処遇を行うもので，2022（令和4）年4月現在，全国で74施設が指定されている。

　薬物依存のある被保護者に対しては，2013（平成25）年度から，薬物処遇重点実施施設が指定されており，2022（令和4）年4月現在，全国で25施設となっている。これは，入所から3か月の重点期間に，精神保健福祉士の有資格者等を配置し，薬物依存回復プログラムや個別カウンセリング，ダルク等のミーティングへの参加や退所先の調整等を集中的に行うものである。また，2019（平成31／令和元）年度から，早期に仮釈放して一定期間更生保護施設等に居住させたうえで，ダルク等の薬物依存者のための地域社会資源と連携した濃密な保護観察を実施する薬物新中間処遇が試行されており，2022（令和4）年4月現在，9施設で実施されている。

　発達障害等を抱える少年については，2022（令和4）年10月から，主に少年を受け入れる3施設に福祉等の専門スタッフが追加配置され，その特性に応じた処遇を行う取組が開始された。

　これらのほか，出所後に適当な帰住先を確保できない者が相当数に上る一方，更生保護施設の定員には限りがあり，しかも新設は地域住民の理解が得られにくいことなどもあって，更生保護施設以外にさらに多様な帰住先を確保するため，2011（平成23）年度から，法務省において「緊急的住居確保・自立支援対策」が開始されている。ホームレス支援や障害者支援等の分野ですでに宿泊施設をもつ民間団体等に保護観察所に登録してもらい，宿泊場所等の提供を委託するものであり，この宿泊場所のことを自立準備ホームという。2022（令和4）

年4月現在，全国で473事業者が登録され，2021（令和3）年度の委託実人員は1863人であり，収容保護実績は増加傾向にある。今後，更生保護施設が，自立準備ホームの有する生活困窮者，薬物依存者，少年，女性，障害者などに対する多様な支援ノウハウと有機的に連携することにより，処遇の厚みが増していくものと考えられる。

参考文献
松本勝ほか編（2022）『更生保護入門（第6版）』成文堂。

学習課題
① 　更生緊急保護の現代的意義について考えてみよう。
② 　更生保護施設でどのような処遇が行われているか調べてみよう。また，更生保護施設が抱える課題について考えてみよう。

コラム10　息の長い支援

　2015（平成27）年12月に，当時の首相が現職としてはじめて民間の更生保護施設を視察し，「薬物依存の人たちの更生・再犯防止のためには，まず，薬物依存からの離脱，そのための治療が必要であること，そして更生保護など『息の長いケア』が大切であると実感した」と述べられた。

　地域で生活していると様々な困り事に何度も直面することは誰しも避け難いことである。それでも犯罪に至った過去のような生活に再び戻らないようにするためには，更生保護施設入所中の本人に対する働きかけや援助にとどまらず，施設から出て地域で暮らし始めた刑務所出所者たちが再び社会的に孤立するのを防ぐための働きかけ，すなわち「息の長いケア」が必要である。

　これまでにも，たとえば，施設退所の際に1年後必ず電話してくるよう申し向けテレフォンカードを渡して見送ったり，退所した高齢者がいつでも立ち寄れるサロンを施設内に設けたり，更生保護施設が行う諸行事への参加を呼びかけ現に入所している人たちとの交流をお膳立てするなどの様々な工夫がなされてきた。本文で述べた「訪問支援事業」などはその延長線上にある。

　「落ち込んじゃって薬物を買いたくなったんだけど，どうしたらいいか」「退所する時には仕事も順調だったし更生意欲も十分だったが，ある時腰を痛めてしまい，仕事を辞めざるを得なくなり，貯蓄がだんだんなくなり，お腹が空いて万引きをしてしまった。変なプライドがあって福祉には相談しなかった」。

　これら以外にも，金銭管理，近隣トラブルや転居，失業や転職，健康管理や病院への同行，福祉サービスの利用など，相談内容は様々である。その解決のために寄り添うことも大切であるが，このようなつながりを続け，困った時に戻れると具体的に思い描ける場所や人があること自体も，地域での生活を続けていくうえでの心の支えとなる。

　このようなつながりは，更生保護施設の職員の手から，いずれ地域のできるだけ多くの様々な頼れる仲間にリレーしていけることが大切である。そのためには，そのようなつながりを地域に広げる取組が重要であり，本文で述べた地域拠点事業への期待は大きい。息の長いケアは，これらを両輪として進んでいくのである。

第 12 章

関係機関・団体との連携

　保護観察対象者等の再犯を防止し，その社会復帰支援をするためには，保護観察所や更生保護関係機関・団体の支援のみでは，その目的を達成することは不可能である。本章では，国・地方自治体・民間等の専門の機関・団体と連携した支援を行う必要があることについて解説する。

　とりわけ，2016（平成28）年，再犯の防止等の推進に関する法律（以下「再犯防止推進法」という）が施行されて以降，多機関が連携する取組が一層積極化されていることに言及する。

1　関係機関・団体との連携の意義・必要性

　犯罪や非行の背景には，その者を取り巻く様々な要因が複雑に関連し合っており，犯罪や非行をした人の再犯を防止し，社会の中でその社会復帰支援をし，その更生を促すためには，これらの要因に焦点を当てた適切な支援を行うことが必要である。これらの支援を国の機関である保護観察所を中心とした更生保護関係機関・団体のみで行うことは不可能であり，住居や就労，保健・医療・福祉など，それぞれのニーズに対応した国・地方自治体・民間等の専門の機関・団体と連携した支援を行う必要がある。

　とりわけ，2016（平成28）年，再犯防止推進法が施行され，再犯防止が地方公共団体の責務であることが規定されたうえ，国と地方公共団体は再犯防止に関する取組に当たって，相互に連携を図らなければならず，民間団体やその他の関係者との緊密な連携協力の確保に努めなければならないとされたことから，今や犯罪や非行をした人の地域における社会復帰支援は，保護観察所等の国の機関，地方公共団体，民間の関係機関・団体等の多機関が連携して行うことがいわば当然という時代になっている。

2　就労支援が必要な者への支援

（1）就労支援の重要性

就労には，収入を得て経済的に自立するだけではなく，社会とのつながりを構築し，自己実現を図ることができるなどの意義がある。

再犯者（刑務所に再入所した者）のうち，約7割が再犯時に無職であることや，保護観察を終了した人のうち，犯罪等によって保護観察を終了した人の割合は，無職者が有職者の約3倍になっていることなどから，仕事に就くことが再犯リスクを下げることにつながるといえる。[1]

保護観察対象者にとって就労することは，経済的な安定と規則正しい生活リズムを維持することができ，現場での人間関係を通じてコミュニケーションスキルが育まれ，一定の役割や責任を果たすことで責任感や自信を身につけ，規範意識を養う機会にもつながる。このため，保護観察処遇において，就労の確保とその継続に向けての指導が重要になる。

しかし，犯罪や非行をした者が実際に就労することには様々な困難を伴う。前科等があることに加えて，求職活動を行ううえで有利となる学歴や資格等を有していないことなどから，求職活動が円滑に進まない場合がある。また，就職した場合でも社会人として求められるマナーや対人スキルを身につけていないといったことから，職場での人間関係を十分に構築できず，短期間で離職する者も少なくない。そこで，従来から，保護観察所においては，保護観察対象者に対する補導援護の一環として，担当の保護観察官や保護司が，対象者を個別に地元の協力雇用主につなぐなどし，就労支援の取組をしていたが，近年は，再犯防止対策として，多機関・団体と連携して，より体系的・組織的な就労支援対策を実施している。

（2）刑務所出所者等総合的就労支援対策

上記の就労支援の重要性に鑑み，2006（平成18）年度から，法務省は，厚生労働省と連携し，出所受刑者等の就労の確保に向けて，刑務所出所者等総合的就労支援対策（図12-1）を実施し，組織的に保護観察対象者等の就労を確保する仕組を開始した。

この取組は，矯正施設入所者に対しては，公共職業安定所（以下「ハローワー

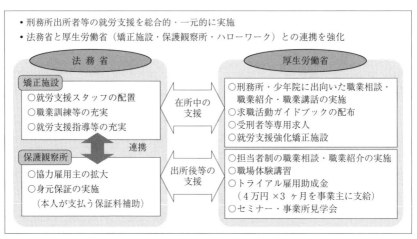

- 刑務所出所者等の就労支援を総合的・一元的に実施
- 法務省と厚生労働省（矯正施設・保護観察所・ハローワーク）との連携を強化

法　務　省

矯正施設
○就労支援スタッフの配置
○職業訓練等の充実
○就労支援指導等の充実

保護観察所
○協力雇用主の拡大
○身元保証の実施
（本人が支払う保証料補助）

連携

在所中の支援

出所後等の支援

厚生労働省

○刑務所・少年院に出向いた職業相談・職業紹介・職業講話の実施
○求職活動ガイドブックの配布
○受刑者等専用求人
○就労支援強化矯正施設

○担当者制の職業相談・職業紹介の実施
○職場体験講習
○トライアル雇用助成金
（4万円×3ヶ月を事業主に支給）
○セミナー・事業所見学会

図 12 - 1　刑務所出所者等総合的就労支援対策

資料：法務省資料による。
出所：法務省「令和4年版　再犯防止推進白書」。

ク」という）と矯正施設が連携して，本人の希望や適性等に応じて職業相談，職業紹介，事業主との採用面接及び職業講話等を実施するなどして計画的に支援を行うとともに，保護観察対象者等に対しては，ハローワーク職員が保護観察官とチームを作り，本人に適した就労支援の方法を検討したうえで，職業相談・職業紹介を実施するものである。

　また，保護観察所とハローワークが連携して，実際の職場環境や業務を体験させる「職場体験講習」，保護観察対象者等を試行的に雇用した協力雇用主に対し，最長3か月間，月額4万円（最大）を支給する「トライアル雇用」，求職活動のノウハウ等を修得させ，就職の実現を図ることを目的とする「セミナー」，実際の職場や社員寮等を見学させることにより，事業所の理解の促進を図る「事業所見学会」等の支援メニューを提供している。

（3）更生保護就労支援事業

　保護観察対象者等の就労支援をさらに促進するため，保護観察所では，就労支援に関するノウハウや企業ネットワーク等を有する民間の事業者を「更生保護就労支援事業所」として刑務所出所者等の就労支援を委託する「更生保護就労支援事業」（図12-2）を実施しており，2022（令和4）年度においては，25の保護観察所で実施されている。

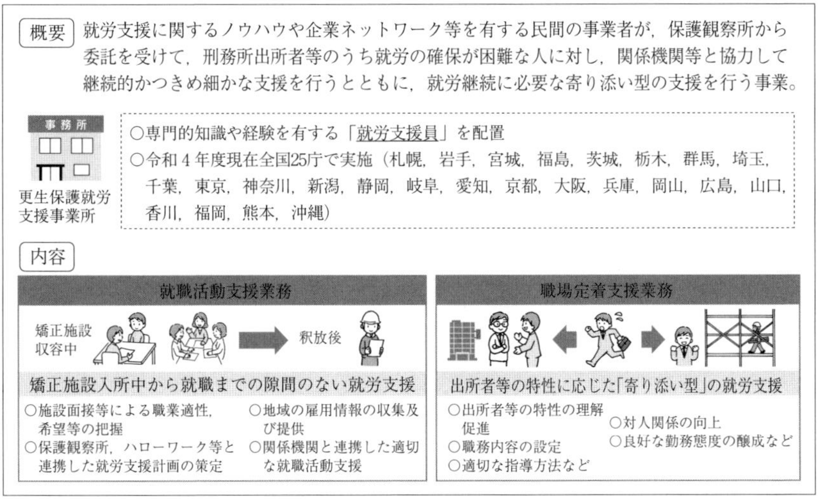

図12-2　更生保護就労支援事業

資料：法務省資料による。
出所：法務省「令和4年版　再犯防止推進白書」。

　具体的には，矯正施設在所中から就職まで切れ目のないきめ細かな就労支援を行う「就職活動支援」や就労継続に必要な寄り添い型の支援を協力雇用主及び保護観察対象者等の双方に行う「職場定着支援」等を行っている。

（4）ソーシャル・ファームとの連携

　法務省は，労働市場で不利な立場にある人々のための雇用機会の創出・提供に主眼を置いてビジネス展開を図る，いわゆる「ソーシャル・ファーム」との連携を進めており，2013（平成25）年度から，ソーシャル・ファームと保護観察所との間で「ソーシャル・ファーム雇用推進連絡協議会」を開催し，相互理解を深めるとともに，一般就労と福祉的支援との狭間にある者への就労支援について協議を行っている。協力雇用主への登録に理解を示すソーシャル・ファームについて，協力雇用主としての登録も促している。

　さらに，2019（令和元）年6月に決定された「農福連携等推進ビジョン」において，犯罪をした者等の立ち直りに向けた取組への広がりが示されたことから，法務省及び農林水産省が連携し，一般就労と福祉的支援との狭間にある刑務所出所者等の就農に向けた取組を推進している。

3　住居支援が必要な者への支援

　安定した生活の場としての住居を確保することは，犯罪や非行に陥らない生活を送るための基礎である。

　とりわけ，受刑者については，出所した後に安定した住居が確保されていることが円滑な社会復帰のための重要な条件であるといえる。2020（令和2）年に出所した仮釈放者の刑務所への2年以内再入率は10.0％だったが，保護観察がつかない満期釈放者には出所後のフォローが届きにくい面もあり，同再入率は22.6％であり，仮釈放者の2倍以上となっている。このことから，適当な帰住先がないまま満期釈放となる者の数を減らし，可能な限り出所後の住居等を確保することによって仮釈放に結びつけることは，再犯を減らすために有効な対策となることが推察される。

（1）緊急的住居確保・自立支援対策
　保護観察所においては，従来から，更生保護法人等が運営する「更生保護施設」に，身寄りがないなど帰る先のない刑務所出所者等に対する宿泊場所の提供等を委託し，保護してきたが，さらに，2011（平成23）年度から，「自立準備ホーム」において宿泊場所の提供を行っている。自立準備ホームは，更生保護施設以外のあらかじめ保護観察所に登録された民間法人・団体等に，保護観察所が，保護観察対象者等に対する宿泊場所や食事の提供，生活支援（自立準備支援）を委託するものである。現在，全国の保護観察所に登録されている自立準備ホームは，薬物依存症リハビリテーション施設の運営や路上生活等の支援を行う特定非営利活動法人（NPO法人），障害者・高齢者等の支援を行う社会福祉法人，宗教法人，会社法人など，多様な分野の民間法人等によって運営されている。

　近年では，2022（令和4）年に「日本自立準備ホーム協議会」が設立されるなどの動きが認められる。

（2）定住確保に関する近年の取組
　上記のとおり，更生保護施設や自立準備ホームにおいて住居を確保したとしても，これらの住居は，出所直後や保護観察開始直後（又は保護観察期間中）等

に緊急的・一時的に居住する場所であり，さらに，地域における安定した定住先を確保する必要がある。そこで，近年では，居住支援法人と連携した新たな支援の在り方を検討するため，厚生労働省，国土交通省，法務省が連携し，「住まい支援の連携強化のための連絡協議会」が開催されるなど，保護観察対象者等の定住先確保に向けた連携が進められている。

公共住宅に関しては，保護観察対象者等が入居を希望する場合に，保護観察所が身元保証制度の活用事例について情報提供等を行うことで，保護観察対象者等であることを承知して住居を提供する者に対する継続的支援を行うなどしているうえ，国土交通省が各地方公共団体に対して要請するなどし，保護観察対象者等の公営住宅への入居に対して，特別な配慮が行われるようになった。

また，保護観察所では，2017（平成29）年度から開始された「住宅セーフティネット制度」を活用し，保護観察対象者等のうち，住宅確保要配慮者に該当する者に対して，個別の事情に応じ，賃貸住宅に関する情報の提供及び相談を実施している。

4　修学支援が必要な者への支援

我が国の高等学校進学率は98.9％であり，ほとんどの者が高等学校に進学する状況である一方，保護統計年報によると，保護観察開始人員中，高等学校に進学していない者及び最終教育歴が高等学校中退である者が半数以上を占めている。こうしたことから，十分な学びの機会を得ることができないことが，犯罪や非行に至る背景になっている場合も少なくないものと考えられるところであり，必要に応じた修学支援を行うことは有用であると考えられる。

保護観察所では，従来から，学校に在籍している保護観察対象者について，必要に応じて，学校と連携のうえ，修学に関する助言等を行っている。また，保護司会は，犯罪予防活動の一環として行っている非行防止教室や薬物乱用防止教室，生活指導担当教員との座談会等の開催を促進するなどして，保護司と学校との連携強化に努めている。

また，高校中退者等，現に学校に在籍していない少年の保護観察対象者に対し，保護司やBBSによる「ともだち活動」の中で学習支援を行ったり，保護司が学習相談や進路に関する助言を行ったりしている。また，対象少年に対して地方公共団体における学習相談・学習支援の取組の利用を促すことで，地域

における居場所の確保に努め，対象少年の状況に応じた学びが継続されるように支援を行っている。

　さらに，昨年度からは，全国のいくつかの保護観察所において，「修学支援パッケージ」を試行的に行っており，修学の継続のために支援が必要と認められる保護観察対象者に対し，個々の対象者の抱える課題や実情等を適切にアセスメントしたうえで，BBS等や学校等と連携し，各対象者の実情や意向に応じた様々な修学支援を実施している。

5　保健・医療・福祉的支援が必要な者への支援

　保護観察では，保護観察対象者が自立した生活を営むことができるようにするため，その自助の責任を踏まえつつ，補導援護を実施している。また，保護観察対象者が健全な社会生活を営むために必要な手段が得られず，その改善更生が妨げられる場合には，応急の救護を実施し，その者が満期釈放者等であった場合には，更生緊急保護を実施する。

　応急の救護や更生緊急保護の措置は，地域にある社会福祉機関や保健・医療機関との連携を図りながら実施されるが，従来は，保護観察官が個別の対象者に応じて，個別に行っていたこの種の調整・連携が，近年，次のように体系化・組織化されて行われるようになった。

（1）高齢又は障害により自立困難な受刑者等に対する「特別調整」（出口支援）

　2006（平成18）年に法務省が実施した特別調査においては，刑務所に収容されている者のうち，親族等の受入先がない満期釈放者は約7200人に及び，このうち，高齢又は障害により，自立が困難な者は約1000人にものぼることなどが明らかとなった。

　こういった者に必要な支援を行うため，2009（平成21）年度から，厚生労働省が，地域生活定着支援事業（現在は「地域生活定着促進事業」）として，「地域生活定着支援センター」を各都道府県に設置し，同センターと矯正施設，地方更生保護委員会，保護観察所とが協働して，社会復帰を支援する「特別調整」の取組（図12-3）が開始されることとなった。

　地域生活定着促進事業の実施主体は都道府県であるが，社会福祉法人等の民間団体に事業委託をすることができるとされ，佐賀県や広島県など，社会福祉

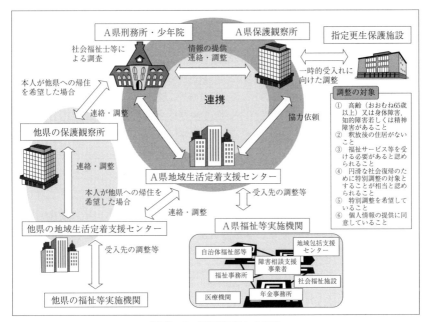

図12-3　「特別調整」の概要

資料：法務省資料による。
出所：法務省「令和3年版　再犯防止推進白書」。

士会が受託して地域生活定着支援センターを運営する地域もある。

　地域生活定着支援センターでは，社会福祉士や精神保健福祉士等の資格を有する職員が，保護観察所からの依頼に基づき，矯正施設出所後の福祉サービスに係るニーズの確認等を行い，出所後の受入施設等のあっせん又は福祉サービスに係る申請支援等を行う「コーディネート業務」を行っている。

　また，コーディネート業務によって矯正施設から出所した者や受け入れた施設等に対して必要な助言等を行う「フォローアップ業務」，地域で生活する矯正施設退所者等に対して福祉サービスの利用相談に応じる「相談支援業務」を行っている。

　この取組では，関係機関の連携が重要であることを踏まえ，矯正施設，保護観察所，地域生活定着支援センター等において，特別調整の対象者等に対する福祉的支援に係る事例研究会や，各関係機関等が有している制度や施策について相互に情報交換等を行う連絡協議会等を行っている。

（2）高齢又は障害のある被疑者等の支援（入口支援）

　前項では，矯正施設に入所した高齢・障害のある者への支援について説明したが，刑事司法手続のさらに早い，いわば入口段階で，これらの者に対し，必要とされる支援を行うことが犯罪等の常習化を防ぐために重要であることは従前から指摘されていた。

　そこで，2013（平成25）年度から，地方検察庁と保護観察所が連携して，起訴猶予等が見込まれる者を対象に，釈放後の福祉サービス等の利用に向けた調整等を実施する更生緊急保護の重点実施の取組等を順次進めてきたところであるが，2021（令和3）年度からは，地域生活定着支援センターにおいて，刑事司法手続の入口段階にある被疑者・被告人等で，高齢又は障害によって自立した生活を営むことが困難な者に対して，釈放後直ちに福祉サービス等を利用できるように支援を行う「被疑者等支援業務」を新たに行うこととなった。これまで主に検察庁と保護観察所との連携により行われてきた枠組について，同センターと連携した支援の手続を追加するなどの見直しを行ったものとなる。

　特別調整と同様に，被疑者・被告人が勾留されている段階から，釈放後を見据え，本人に必要な支援を関係機関と連携して行うこととなる。

（3）生活困窮の状態にある対象者に関する連携

　前項までの枠組に該当しない保護観察対象者や更生緊急保護対象者について福祉的な支援を必要とする時は，保護観察官が個別の対象者のニーズに応じて，関係機関につなげることとなる。

　生活困窮者に対する措置を検討する場合，まずは，生活保護制度の実施機関である福祉事務所と連携をとり，その受給等について調整を行うこととなる。

　福祉事務所とは，社会福祉法に基づき，都道府県及び市（特別区を含む）に設置が義務づけられた「福祉に関する事務所」であり，町村は任意で設置することができ，福祉六法（生活保護法，児童福祉法，母子及び父子並びに寡婦福祉法（昭和39年法律第129号），老人福祉法（昭和38年法律第133号），身体障害者福祉法（昭和24年法律第283号）及び知的障害者福祉法（昭和35年法律第37号））に定める援護，育成又は更生の措置に関する事務が行われている。

（4）児童に関する問題や児童虐待の問題を抱える対象者に関する連携

　保護観察所では，保護観察対象者やその家族等が18歳未満の児童である場合，

必要に応じて，児童相談所と連携して保護観察や生活環境の調整を行うこととなる。

　児童相談所は，児童福祉法に基づき，満18歳に満たない児童に関する家庭やその他からの相談に応じ，援助活動を行う児童福祉に関する専門機関であり，都道府県及び政令指定都市に設置が義務づけられている。また，中核市程度の人口規模（30万人以上）を有する市を念頭に，政令で指定する市にも設置することができるとされている。

　とりわけ，近年では，児童虐待事案が増加していることに伴い，2020（令和2）年度から法務省関係機関が児童相談所とより一層の連携を強化し，児童虐待防止対策に取り組む「法務省児童虐待防止対策強化プラン」が実施されることとなり，児童虐待防止対策を促進する観点からの児童相談所との連携・協力が求められることになった。保護観察所としては，保護観察対象者が児童虐待の加害者である場合においても，保護観察対象者が児童虐待の被害者である場合の双方のパターンが想定され，いずれの場合においても，児童相談所等と綿密な連携を行い，児童虐待防止に緊張感をもって取り組む必要がある。

（5）精神障害を有する対象者に関する連携

　精神障害を有する保護観察対象者等については，精神障害の症状を踏まえて，指導・助言を行う必要があることから，精神科医療機関や支援機関と連携して処遇に当たらなければならない。

　地域の精神科医療機関や精神障害を有する者の支援に関する相談窓口として，精神保健福祉センターや保健所がある。

　精神保健福祉センター（「こころの健康センター」等の名称で活動しているところがある）は，精神保健及び精神障害者福祉に関する法律（昭和25年法律第123号）に基づき都道府県及び政令指定都市に設置された精神保健及び精神障害者の福祉に関する総合技術センターであり，医師，保健師，精神保健福祉士等の専門職が，心の健康相談，精神科医療や社会復帰についての相談等，精神保健福祉全般に関する相談業務等を行っている。

　また，地域住民の健康を支える施設として，地域保健法（昭和22年法律第101号）に基づき都道府県，市区町村に設置された保健所においても，地域住民の精神的健康の保持増進を図るため，精神保健福祉に関する業務を行っている。

（6）発達障害を有する対象者に関する連携

　発達障害を有する者には，その障害特性を踏まえた指導・助言が必要となってくる。

　発達障害を有する保護観察対象者等での地域での相談・連携先としては，発達障害者支援センターがある。

　発達障害者支援センターは，2005（平成17）年に施行された発達障害者支援法（平成16年法律第167号）に基づき，都道府県・指定都市に設置された発達障害児（者）への支援を総合的に行うことを目的とした専門的機関である。都道府県・政令都市自ら，又は，都道府県知事等が指定した社会福祉法人，特定非営利活動法人（NPO法人）等が運営しており，発達障害者とその家族からの様々な相談に応じ，障害特性とライフステージに合わせた日常生活（行動やコミュニケーション等）についての相談支援や発達支援，就労支援などを行っている。

6　嗜癖や依存の問題を抱える者に関する連携

　保護観察対象者の中には，特定の行動を繰り返してしまう人がいる。その行動が犯罪行為である，あるいは，その行動が犯罪や非行の原因や背景となる問題を生じるにもかかわらず，その行動や衝動（欲求）を止められない状態は「嗜癖」や「依存」と呼ばれ，精神障害として「依存症」として診断されることがある。嗜癖や依存の中には，薬物やアルコールなどの物質使用を繰り返すものと，ギャンブル，窃盗，性犯罪等の行動を繰り返すものとがある。

　嗜癖や依存は止めたくても自分の力だけでは止めることが難しいため，犯罪を繰り返す要因となる。また，嗜癖や依存の原因又はその後遺症として精神障害等を併存している場合が少なくなく，必要な医療を受けさせることも必要な場合が多い。

（1）薬物依存

　薬物依存を有する者の再犯（再使用）防止については，刑事司法機関と，医療・福祉関係機関との連携を強化することが必要であることから，2015（平成27）年，法務省と厚生労働省により「薬物依存のある刑務所出所者等の支援に関する地域連携ガイドライン」が共同策定された（図12‐4）。これは，保護観

策定の背景

・薬物依存対策は政府の重要な政策課題の一つであり，薬物依存者等を対象とした刑の一部の執行猶予制度が平成28年6月から施行。
・薬物依存者の再犯（再使用）の防止は，刑事司法機関と，地域の医療・保健・福祉機関等との連携体制の構築が不可欠。
・そのため，法務省と厚生労働省が共同で平成27年11月に本ガイドラインを策定し，保護観察所や自治体等に周知の上，平成28年4月から実施。

ガイドラインの概要

総　論

基本方針

・精神疾患としての認識共有
・シームレスな支援
・民間支援団体との連携

関係機関

保護観察所，都道府県等，精神保健福祉センター，保健所，福祉事務所，市町村（特別区を含む）障害保健福祉主管課，刑事施設，地方更生保護委員会，依存症治療拠点機関及び薬物依存者に対する医療的支援を行うその他の医療機関

地域支援体制の構築

・定期的に連絡会議を開催する。
・薬物依存者の支援に関する人材の育成に努める。
・知見の共有等により，地域における薬物乱用に関する問題解決能力の向上を図る。
・相互の取組に関する理解及び支援の促進に努める。

情報の取扱い

・必要な情報は，他の機関又は団体における情報の取扱方針等に配慮しつつ，共有する。
・支援対象者に関する情報共有は，原則として本人の同意を得る。　　　　　　　　　　　　　等

各　論

薬物依存者本人に対する支援

（刑事施設入所中の支援）
・刑事施設，地方更生保護委員会及び保護観察所は，出所後に必要な支援等に関するアセスメントを行う。
・保護観察所は，アセスメントの結果を踏まえ，出所後の社会復帰上の課題と対応方針を検討する。　　　　等
（保護観察中の支援）
・保護観察所は，支援対象者に対する指導監督を行うとともに，必要な支援を受けることができるよう調整する。
・医療機関は，支援対象者の治療や，必要に応じて関係機関に対する情報提供等を行う。
・都道府県，精神保健福祉センター又は保健所は，支援対象者の希望に応じ，回復プログラム等を実施する。
・福祉事務所又は市町村障害保健福祉主管課は，支援対象者の希望に応じ，必要な福祉的支援を実施する。
・関係機関は，保護観察所等の求めに応じ，支援対象者に対する支援に関するケア会議等に出席する。　　　等
（保護観察終了後の支援）
・保護観察所は，支援対象者の希望に応じ，精神保健福祉センターその他の関係機関に支援を引き継ぐ。　　　等

家族に対する支援

・関係機関は，支援対象者に対する支援に当たっては，本人の意向とともに家族の意向を汲む。
・関係機関は，相互に協力して効果的な家族支援を行うとともに，希望に応じ，保護観察終了後も支援を行う。等

図12-4　「薬物依存のある刑務所出所者等の支援に関する地域連携ガイドライン」の概要

資料：法務省・厚生労働省資料による。

出所：法務省「令和4年版　再犯防止推進白書」。

察所，地方更生保護委員会，刑事施設，都道府県，医療機関等の関係機関及び民間支援団体等が緊密に連携し，効果的な地域支援を行えるよう，基本的な指針を定めたものであり，保護観察所では，このガイドラインに基づき，関係機関と定期的に連絡協議会を開催するなどして，地域における薬物依存の支援体制の構築を図っている。

　2016（平成28）年，刑の一部執行猶予制度が施行され，薬物依存が認められる保護観察対象者の処遇に当たって，薬物依存症の治療を行う医療機関や自助グループを含めた民間支援団体等と連携を確保して保護観察を実施することとされた。保護観察所では保護観察終了後もそれらの機関や団体等が実施するプログラム等につながっていくことができるよう工夫している。

　薬物依存からの回復では，同じような生きづらさや問題を抱えている仲間と出会い，自分自身の体験や気持ちを分かち合う機会をもつことも，薬物を使わない生活を持続していくうえで大切である。そこで，薬物依存を有する保護観

察対象者については，医療機関や相談機関において医師や精神保健福祉等の専門家が実施する治療プログラム等を自発的に受け続けるよう支援するだけでなく，薬物依存症のための回復訓練施設「ダルク（DARC：Drug Addiction Rehabilitation Center）」，薬物依存症者本人のための自助グループ「NA（Narcotic Anonymous）」などの自助活動への参加を促し，共に薬物依存からの回復を目指す仲間との出会いにつながるようにし，薬物依存からの回復支援，再犯（再使用）防止を図っている。

　薬物依存が認められる保護観察対象者の家族等には，精神保健福祉センター等が実施する「家族教室」のほか，薬物依存症問題をもつ家族や友人のためのグループ「Nar-Anon」，薬物依存症者を抱える家族を支える「薬物依存症者家族会」等を紹介し，必要な支援が受けられるようにしている。

（2）アルコール依存

　アルコール依存症は，飲酒のコントロール障害であり，アルコールの摂取によって心身に障害が出るだけでなく，生活面にも支障が及ぶ。成人の飲酒は犯罪ではないが，飲酒運転，飲酒による酩酊状態での対人暴力，飲酒目的での窃盗等，犯罪の背景にアルコールの依存問題を有する者がいる。

　アルコールへの依存が認められる保護観察対象者については，他の依存症と同様に，アルコール依存症の治療を行う医療機関や自助グループを含めた民間支援団体等と連携を確保して保護観察を実施することになる。

　アルコール依存症に関係する民間支援団体として，アルコール依存症者のためのリハビリテーション施設「マック（MAC：Maryknoll Alcohol Center）」，アルコール依存症の問題を抱える当事者の自助グループとして「断酒会」や「AA（Alcoholics Anonymous）」があり，アルコール依存をもつ家族や友人のための自助グループとして「Al-anon」がある。

（3）ギャンブル等依存

　ギャンブル等依存症は，ギャンブル等にのめり込むことにより日常生活や社会生活に支障が生じている状態をいう。ギャンブル等にのめり込んでコントロールできなくなった結果，多重債務といった経済的問題や家庭内不和等を引き起こし，それらが犯罪へとつながった者もいる。

　ギャンブル等への依存問題を抱える者については，「ギャンブル等依存症対

策基本法」（平成30年法律第74号）に基づき，社会復帰支援を図っていくことになる。現在，ギャンブル等依存症については，一部の精神医療機関や精神保健福祉センター等でギャンブル等依存症の治療や支援が実施されている。

　ギャンブル等依存症の当事者の自助グループとしては「GA（Gamblers Anonymous）」，ギャンブル等の問題の影響を受けた家族・友人のための自助グループ「GAM-ANON」がある。

（4）性犯罪

　性犯罪者の中には，たとえば痴漢行為，のぞき行為，露出行為，下着窃盗等を繰り返し起こす傾向があるなど，性的な問題行動が嗜癖化している者がいる。

　なお，性犯罪者の中には，性犯罪や性的な問題行動を反復するのではなく，特定の相手に対する攻撃性，支配欲，怒りの転嫁等が主要な犯罪の原因となっている場合など，嗜癖の問題が原因となっていないと考えられる者もある。

　性犯罪により保護観察となった者については，保護観察所で行っている性犯罪再犯防止プログラムを受講することによって，自身の問題傾向の改善に取り組むこととなるが，性的嗜癖の改善のプロセスは長期間を要するものであることから，保護観察期間終了後も継続できる，医療機関における治療やカウンセリングなどの支援を受けることが有効である。保護観察所では，2020（令和2）年度から，「性犯罪受刑者等に対する生活環境の調整の充実強化」を行っており，性犯罪等により受刑している者が受刑中の段階から，必要な治療や支援について協力が得られる医療機関の関与を開始する取組を開始している。

　また，薬物依存やアルコール依存ほどは活発ではないといわれているが，たとえばSA（Sexaholics Anonymous），エサノン（S-Anon：家族向け）などの自助グループも存在している。

7　その他の連携

（1）法的な課題を抱える者への支援

　保護観察対象者の中には，借金問題や離婚問題など，様々な法的トラブルを抱えている者も少なくなく，そういったトラブルが対象者の心身や生活の不安定をもたらし，改善更生の妨げになっていることも少なくない。そのような場合，総合法律支援法に基づいて設立された「日本司法支援センター」（以下「法

テラス」という）への相談を進めることがある。

　法テラスの業務には，法的トラブル解決のための法制度に関する情報等を紹介する「情報提供業務」，経済的余裕がない者に対して無料で法律相談を行い，弁護士・司法書士の費用の立替えを行う「民事法律扶助業務」，犯罪被害者支援の経験や理解のある弁護士や相談窓口の紹介を行う「犯罪被害者支援業務」等がある。

　また，保護観察対象者が自らの犯罪や非行によって生じた被害について，犯罪被害者等の意向に配慮しながら被害弁償等を実行することの重要性に鑑み，保護観察所では2013（平成25）年から，一定の条件に該当する保護観察対象者を法テラスに紹介し，被害弁償等を行うための法律相談や弁護士や司法書士による法的支援を行っている。

（2）地方公共団体との連携

　2016（平成28）年12月，再犯防止推進法が成立・施行されたことにより，これまで刑事司法関係機関を中心として政府が推進してきた再犯防止施策について，地方公共団体においても，その策定や実施の責務を有することが明示された。

　犯罪をした者等の再犯を防止し，その立ち直りを支えるためには，犯罪をした者等が抱える個別の課題に対応した地域社会における「息の長い」支援が必要であり，再犯防止推進法の施行以降，地方再犯防止推進計画の策定が進められているほか，地域再犯防止推進モデル事業（以下「モデル事業」という）をはじめとする国と地方公共団体が協働した効果的な再犯防止に関する取組も全国各地に広がりつつある。

　また，これらの取組に加え，再犯防止の推進に資する条例の制定や刑事司法関係機関との連携強化等，独自の方法で再犯防止施策を進めている地方公共団体も各地に存在する。再犯防止に取り組むいずれの地方公共団体においても，それぞれの地域の実情に応じて様々な資源を活用し，犯罪をした者等が抱える問題を受け止めながら，取り組んでいるところであり，たとえば，更生保護サポートセンターを地方公共団体の保有する建物に入居させるなど，保護司や協力雇用主に対する支援への協力のみならず，犯罪や非行をした者に対する医療・保健，福祉等の様々な分野においても，刑事司法機関と地方公共団体の関係部局等が連携して，更生を支援する地域のネットワークを構築し，必要な

サービスを提供しようとする多くの取組がみられる。

8　関係機関・団体との連携の実践

多機関連携とは，ある特定の目的を達成するために，複数の行政機関，団体，個人などが緊密な協力体制を構築し，その目的の実現を図ることである。この分野で先行し，実績も多い欧米では，「多機関連携アプローチ（multidisciplinary approach, multi-agency approach）」と呼ばれ，近年，日本でもその考え方は定着しつつある。

多機関連携のメリットは，1つの機関等では対応できない広範かつ長期間にわたって対応を要する課題に対して，多機関連携によって包括的・統合的・継続的に対応できることである。

日本の更生保護で多職種・多機関連携が制度として本格的に導入されたのは，2003（平成15）年に創設された医療観察制度であるといえるが，近年では，更生保護の多くの分野において，国の他の機関や地方公共団体，地域の関係機関・団体等と連携した多機関連携による再犯防止への取組が年々増加している。

保護観察対象者等が抱える多種多様な問題について，関係機関と連携しながら支援を進める場合，連携先となる機関の機能や役割，関連制度等を正確に把握するとともに，相手先にも保護観察所の機能や役割について理解を求めるといった「相互理解」を欠かすことができない。

関係機関と有効に連携し，これを効果的に運用するためには，まずは，キーパーソンとなる支援者（たとえば保護観察対象者に対しては保護観察官）が，上記に紹介したような社会資源となる関係機関に関する知識を有していることが前提であろう。

また，実際に連携先における支援を実施する場合には，やはり，担当者同士の人間関係や信頼関係，熱意のみでは限界があり，それぞれの機関が相応の法的根拠や連携の仕組（スキーム）があることが，有効な連携の裏づけになるのである。

すなわち，前提として，法的枠組やベースがあり，それを生かすような担当者同士の生きた連携があって，それぞれの特性を生かした役割分担がなされて，はじめて，具体的かつ有効な支援が可能となるといえよう。

また，関係機関との連携においては，適切かつ適法な情報共有が重要である。

保護観察対象者にかかる個人情報は，保護観察処遇に必要であるため把握しているものであり，関係機関等への個人情報の提供については，その目的に照らし，連携に必要かつ相当な限度で行うものとされ，共有する内容や範囲について，原則として対象者本人の了解を得ておく必要がある。

さらに，連携の相手方が法令上の守秘義務を課されている専門職に限らないことなども踏まえ，連携をとる機関と共有すべき情報について適切に判断をしなければならない。

これまで，本章では，対象者の様々なニーズに応じた関係機関との連携について紹介してきたが，実際の実務においては，個々の対象者の有する複雑多様なニーズに応じて，複数の機関と連携する必要がある。

以上のように刑事司法機関と地方公共団体等をはじめとする多くの機関・団体が連携することにより，犯罪者の検挙・処分といった刑事司法手続のいわば入口の段階から，矯正施設内の処遇，社会内処遇を経て，刑事司法手続終了後の地域社会への定着に至るまで，刑事司法手続の段階や期間にとらわれない，切れ目のない息の長い支援が可能になることが期待される。

注
(1)　法務省法務総合研究所編「平成28年版　犯罪白書」。
(2)　法務省法務総合研究所編「令和4年版　犯罪白書」。
(3)　居住支援法人（住宅確保要配慮者に対する賃貸住宅の供給の促進に関する法律（平成19年法律第112号）第40条に規定する法人）とは，住宅確保要配慮者の民間賃貸住宅への円滑な入居の促進を図るため，家賃債務の保証，円滑な入居の促進に関する情報の提供・相談，その他の援助などを実施する法人として都道府県が指定するもの。
(4)　我が国では，高齢者，障害者，子育て世帯等の住宅の確保に配慮が必要な者（住宅確保要配慮者）が今後も増加する見込みだが，公営住宅については大幅な増加が見込めない状況にある一方で，民間の空き家・空き室は増加している。住宅セーフティネット制度は，このことから，それらをセーフティネット登録住宅として活用したうえで，住宅確保要配慮者に対し，これら登録住宅への入居を支援するなどの仕組。

参考文献

日本更生保護学会編（2021）『更生保護学事典』成文堂。

『更生保護』2021年5月号（第72巻第5号）（「特集　居住支援」）。

『更生保護』2021年7月号（第72巻第7号）（「特集　地方公共団体と更生保護」）。

『更生保護』2021年11月号（第72巻第11号）（「特集　入口支援・特別調整」）。

法務省「令和3年版　再犯防止推進白書」。

法務省法務総合研究所編「令和4年版　犯罪白書」。

法務省ウェブサイト（https://www.moj.go.jp）。

学習課題

①　保護観察対象者等の社会復帰支援において関係機関・団体が連携して取り組むことの意義について考えてみよう。

②　再犯の防止等の推進に関する法律の施行により，どのような取組が開始・推進されているか確認してみよう。

コラム11　地域再犯防止推進モデル事業

　再犯の防止等の推進に関する法律第5条第1項（国と地方公共団体の連携）を踏まえ，法務省は，地方公共団体での再犯防止の取組をより効果的に展開するため，2018（平成30）年度から3年間，地方公共団体に委託して，再犯防止推進モデル事業を行った。

　モデル事業は，①地域の実態調査と支援策（事業計画）の策定，②当該計画に基づくモデル事業の実施，③モデル事業の効果検証を一連の取組として実施することにより，国と地方公共団体の協働下，それぞれの地域が効果的な再犯防止施策を検討することを目指したものであり，36の地方公共団体が独自の事業を実施した。

　具体的な事業内容の例は次のとおり。

長崎県：モデル事業の一つとして，社会福祉法人南高愛隣会において，薬物依存のある
　　　　犯罪をした者等の再犯防止に関する取組を行った。保健医療機関，保護観察所，更生
　　　　保護施設，ダルクなど多機関による連携モデル（支援スキーム）を構築し，連携強化
　　　　及び他機関の合同による面会等による伴走的な支援を行った。
秋田県：モデル事業としての取組の一つとして，「更生保護支援ボランティアふれあい
　　　　サークル」に委託して，孤立防止事業を実施し，矯正施設を出所したものの，身寄り
　　　　がいない高齢者又は障害のある者に対して，月1回程度の頻度で，戸別訪問をして対
　　　　象者の話を聴き，人とのふれあいの機会を確保するとともに必要な相談を受けるとい
　　　　う見守り支援を実施した。
島根県：罪を犯した者の更生支援に携わる人材を育成することを目的として，「更生支
　　　　援コーディネータ」を養成するための研修を実施し，罪を犯した者等の支援に必要な
　　　　基礎知識の習得，更生支援計画の立案や環境調整等の演習等を内容とする研修を複数
　　　　行った。研修を修了した者のうち，登録希望のあった者が派遣コーディネーターに登
　　　　録し，関係機関からの依頼に基づいて，支援対象者等との面談や支援内容の検討，支
　　　　援体制の構築のための調整等の支援を行った。

第13章

民間協力者と犯罪予防活動

　更生保護においては，従来から，多くの民間団体や個人が協力者として活動
し，それぞれの特性をいかしながら，更生を支援する担い手として機能してい
る。更生を支援する方法としては，保護観察等において犯罪や非行をした人の
立ち直りを直接支えるというものだけではなく，犯罪や非行そのものの未然防
止を図る取組も含まれる犯罪予防活動への参画も重要な柱である。このような
民間協力者が取り組む犯罪予防活動は，その目的，役割や手法が近年の社会の
有り様に伴い変容してきている。本章では更生保護における民間協力者の種類
やその活動内容のほか，犯罪予防活動の意義や今後の展望について論じる。

1　更生保護における民間協力者

（1）民間協力者とは

　更生保護を支える民間協力者として，更生保護女性会員，BBS 会員，協力
雇用主が存在している。これらは保護司と同様に，基本的にはボランティアと
して更生保護に協力している。日本の保護観察制度においては，保護観察官と
民間の保護司が協働して処遇を行うことに特徴があるが，保護司だけでなく，
更生保護女性会員，BBS 会員又は協力雇用主も，それぞれの特性をいかしな
がら，保護観察等の直接的に犯罪や非行をした人の立ち直り支援に関与する活
動のほか，後述する犯罪予防活動にも従事している。

　このようなボランティアとして活動している民間協力者は，再犯の防止等に
関する施策を推進するうえで欠くことのできない存在であるものの，減少傾向
にあることや地域社会の人間関係が希薄化するなど社会環境が変化したことに
より従前のような活動が難しくなっていることなどが課題となっている。その
ため，国や地方公共団体における民間協力者の活動の促進や，広報・啓発活動

の推進等のための取組の充実強化が期待されている。⁽¹⁾

（2）更生保護女性会

　更生保護女性会は，青少年の健全育成をはじめとする地域の犯罪予防活動や，犯罪や非行をした人の改善更生に向けた支援活動を行う女性のボランティア団体である。

　歴史的には，1925（大正14）年に設立され，少年相談所の開設や講演会，慈善音楽会等の開催，少年保護団体の訪問等の活動を行っていた少年保護婦人協会等が組織的な活動の源流とみることができ，同協会の設立に続き，全国各地に婦人団体が結成されていった。全国組織としては全国更生保護女性連盟が存在している。

　更生保護女性会の過去20年間の動向について，法務省の調査によると，会員数は，2003（平成15）年4月1日現在で20万4760人とピークであったが，その後減少傾向にあり，2022（令和4）年4月1日現在で13万3395人となっている。また，地区会数は，2004（平成16）年4月1日現在で1345とピークであったが，その後減少傾向にあり，2022（令和4）年4月1日現在で1275となっている。

　更生保護女性会の活動は，戦後多発した犯罪や非行を憂い，「ほうっておけない」との想いから，その更生を支援することから始まったとされており，次代を担う青少年の健全育成，過ちに陥った人たちの更生の支えとなる，関係団体と連携する，自己研鑽に励むなど，他の更生保護団体と共通する理念や指針も有しているが，更生保護女性会の特性を表すものとしては，「『心豊かに生きられる』明るい社会を目指す」「『あたたかな人間愛をもって』明るい社会づくりのために行動する」という部分が挙げられる。⁽²⁾

　2007（平成19）年に，更女活動を考える有識者の会が提言をとりまとめているが，その中では，更生保護女性会の活動の特徴として，「日常生活に根ざした女性の視点や力を持って，困難な課題に直面しても『でもね』といって粘り強くトライしようとするしなやかさを活かして行動する」ことが期待されるとしている。近年は「地域を編む」という表現を用いて，地域ネットワークをいかした更生保護女性会ならではの活動の方向性を示唆している。⁽⁴⁾

　更生保護女性会の活動内容としては，代表的なものとして，更生保護施設に赴いて行う料理教室等の協力活動や，子育て支援教室を含むミニ集会の開催，さらには保護観察処遇として行われる社会貢献活動等に対する協力活動が挙げ

られる。近年は，貧困や子育てに悩む家庭等の子どもたちの居場所づくりとしての「子ども食堂」の開催，カフェの設置や遊び場の提供，一人暮らしの高齢者が地域で孤立しないようにその居場所づくりとしての「高齢者サロン」の開催など，時勢に合った地域の課題に対応した取組を行っているほか，矯正施設や薬物依存症回復支援施設に赴いて行う協力活動も広がりつつある。

（3）BBS 会

BBS 会は，非行のある少年等に兄や姉のような立場で接しながらその立ち直りや成長を支援する活動や，非行防止活動を行う青年ボランティア団体である。このような活動は Big Brothers and Sisters Movement（BBS 運動）と呼ばれており，会の名称にもなっている。

歴史的には，1946（昭和21）年に，京都の学生が，当時頻発していた少年非行の現状を受けて，年齢的にも心情的にも少年に近いところにいる青年が温かい手を差し伸べることによって何かできるのではないかと京都府庁に手紙を出したことから端を発し，1947（昭和22）年に京都少年保護学生連盟が設立された。同連盟の結成後，全国各地にも同様の団体が結成されるようになり，名称も BBS 会を名乗るところとなった。全国組織としては日本 BBS 連盟が存在している。

BBS 会の過去20年間の動向について，法務省の調査によると，会員数は，1999（平成11）年4月1日現在で6225人とピークであったが，その後減少傾向にあり，2022（令和4）年1月1日現在で4400人となっている。なお，同日現在の会員数のうち，学生会員は2149人（48.8％）となっている。また，地区会数は，2001（平成13）年4月1日現在で591とピークであったが，その後減少傾向にあり，2022（令和4）年1月1日現在で451となっている。この中には，地域別で編成されている BBS 会が多いが，大学内でサークル等として編成されている BBS 会（いわゆる学域 BBS 会）も存在している。

BBS 会の活動は，青少年の健全な発達を支援する，関係機関等と協働するなど，他の更生保護団体と共通する理念や指針も有しているが，BBS 会の特性を表すものとしては，「少年と『同じ目の高さ』で『共に』考え学びあう」[5]という部分が挙げられる。たとえば，後述するともだち活動として，BBS 会員が非行少年に対して，数学や英語などを教えながら，少年からもその趣味としている内容について BBS 会員が教えてもらうなど，BBS 会員と対象となる

少年とは，クラスメートが友達として学校で互いに学び合うような関係性を特徴としている。

　BBS 会の活動は，「ともだち活動」「非行防止活動」「自己研鑽」に大別される。

　ともだち活動は，非行少年等と「ともだち」になることをとおして，その自立を支援する活動である。保護観察所や児童養護施設等からの依頼を受けて，保護観察を受けている少年や施設に入所している少年等に対して，学習支援を行ったり話し相手となるなど，一人の会員が一人の少年と関わる活動が中心であるが，集団技法としてグループワークを用いた活動も行われている。グループワークとしては後述する「非行防止活動」としても行われることが多い。

　非行防止活動は，非行少年が再度非行をすることがないようにする活動のほか，少年非行の未然防止や非行の誘因となる社会環境の改善を図るための活動も含まれる。BBS 会は，非行防止活動として，非行少年，不登校やひきこもりの少年，児童虐待，犯罪やいじめの被害に遭っている少年，さらには，これらに該当していない地域の青少年やその保護者等を対象とし，スポーツ大会や子ども会の開催，フリースクールその他の居場所づくりの活動など，地域の実情に応じて様々なグループワーク等を実施している。

　自己研鑽は，単に支援スキルを高めるというだけでなく，学生が含まれる青年ボランティアである BBS 会員にとっては，社会の一員としての信頼を高め，率先してその責任を果たせる存在・人材となっていくという趣旨で，特別な意味があるといえる。BBS 会として，ともだち活動等を通じて自己研鑽を高めることはもとより，自己研鑽のためのセミナーや勉強会等を行っている。

（4）協力雇用主

　協力雇用主は，犯罪や非行をした人の自立及び社会復帰に協力することを目的として，犯罪や非行をした人を雇用し，又は雇用しようとする事業主をいう。

　歴史的には，「戦後の労働需給関係で供給過多の時期に前歴秘匿のハンディキャップをもつ前歴者のために雇用熱意のある職業主の開拓」が行われたとされており，保護司や更生保護施設が，処遇の必要性から，自らの知人や縁故先の事業主等に対象者の雇用について協力を求めたことに始まった。協力雇用主は，保護観察所に登録をすることで認知される。

　協力雇用主の動向について，法務省の調査によると，数は増加傾向にあり，

協力雇用主としての登録数は2014（平成26）年4月1日現在で1万2603であったところ，2022（令和4）年10月1日現在では2万5202となっている。実際に犯罪や非行をした人を雇用している協力雇用主数は2014（平成26）年4月1日現在で472人であったところ，2022（令和4）年10月1日現在で1024人となっている。

　近年，犯罪や非行をした人の再犯防止を推進するに当たり，住居確保とともに就労確保が重要な課題となっており，協力雇用主の必要性がますます高まっているほか，協力雇用主を支える存在としての様々な組織や施策が広がりをみせている。協力雇用主の確保や活動について地域の経済界の協力と支援を得るための仕組としては，就労支援事業者機構が全国組織及び都道府県組織として設立されており，各都道府県の事業者機構の会員には，機構の事業推進に協力する地域の経済団体等の事業者団体（一種会員），会費を支払う事業者（二種会員），雇用協力事業者（三種会員）等が存在し，協力雇用主の一部が雇用協力事業者として加入している。

　協力雇用主の支えになる施策としては，厚生労働省が実施しているものとして，試行的に雇用し適性を見極めるための「トライアル雇用制度」や，法務省が実施しているものとして，雇用主に業務上の損害を与えた場合に見舞金を支払う「身元保証制度」，刑務所出所者等の採用及び雇用継続に向けた指導等を促進するために一定期間雇用主に奨励金を支給する「刑務所出所者等就労奨励金制度」，就労支援についてノウハウをもつ民間事業所に委託してきめ細かな寄り添い型の支援を行う「更生保護就労支援事業」がある。

　協力雇用主は古くから存在しているものではあるが，近年は単に前歴等を承知のうえで雇用するだけではなく，犯罪や非行をした人の自立及び社会復帰に向けて，安易に離職しないよう粘り強く指導等を行うことが求められてきており，保護観察所，公共職業安定所，就労支援事業所等の関係機関・団体が連携して様々な取組を行うことで，このような協力雇用主の活動をサポートしている。

2　犯罪予防活動

（1）犯罪予防活動とは

　犯罪予防とは，犯罪発生の原因を除去し，又は犯罪の抑止力となる諸条件を

強化助長することによって，犯罪の発生を未然に阻止することである。更生保護法第29条には，保護観察所の所掌事務として，「犯罪の予防を図るため，世論を啓発し，社会環境の改善に努め，及び地域住民の活動を促進すること」と規定しており，当該活動を「犯罪予防活動」と呼んで，更生保護の活動の一つとして位置づけている。この活動は，必ずしも犯罪や非行をした人の立ち直りという観点だけでなく，犯罪や非行そのものの未然防止を広く含むものである。また，その活動の主体は「地域住民」である。実際には，保護司，更生保護女性会員，BBS 会員等の民間協力者が犯罪予防活動に参画し，その他の地域住民を対象にして，保護観察所と協働しながら，世論を啓発したり，社会環境の改善のための取組をしたりしている。

　更生保護に携わる機関・団体のほかにも，犯罪予防に関連する活動を行っている機関・団体は多く存在するが，更生保護の民間協力者が行う犯罪予防活動の特色としては，保護観察等の専門的な処遇を実施している立場から，その知見をいかしつつ，犯罪や非行をした人の改善更生に対する地域社会の理解を深め，これらの人を排除することなく地域社会の一員として受け入れることや更生を支援することを促進する活動であることが挙げられる。その内容も，犯罪発生の原因に直接働きかけるというよりも，むしろ犯罪抑止力となる社会的諸条件の強化に焦点を置いた活動が中心である。

（2）"社会を明るくする運動"

　"社会を明るくする運動"は，すべての国民が，犯罪や非行の防止と犯罪や非行をした人たちの更生について理解を深め，それぞれの立場において力を合わせ，犯罪や非行のない明るい地域社会を築くための全国的な運動である。この運動は誰もが主体となって関わることができるものであるが，法務省が主唱し，賛同する機関・団体が中央（全国），都道府県及び市町村等の単位でそれぞれ推進委員会を構成し，毎年，各地で具体的な活動が行われている。7月を強調月間とし，多くの更生保護の民間協力者が関係機関・団体を巻き込んで様々な啓発活動や行事等を行っており，更生保護における犯罪予防活動の典型的な取組である。

　歴史的には，1949（昭和24）年7月1日に更生保護法の前身である犯罪者予防更生法が施行されたことを契機に，7月13日から1週間にわたって東京の銀座商店街の有志がフェアーを開催したことが原点であり，1951（昭和26）年に

"社会を明るくする運動"と名づけられた。第60回（2010年）からは新たに名称を「"社会を明るくする運動"〜犯罪や非行を防止し，立ち直りを支える地域のチカラ〜」とされ，当該活動が更生保護の基盤である地域に働きかける活動であることがより明確化された。この回以降，「おかえり」というキャッチコピーを広報用ポスターで度々用いるなどして，社会全体に対しても立ち直ろうとする思いを受け止めてほしいことを強調しているほか，第68回（2018年）からは「誰一人取り残さない」社会の実現に向けた重点事項を実施要綱に掲げている。

（3）犯罪予防活動の展望

"社会を明るくする運動"を中心として，犯罪予防活動は，社会情勢を踏まえ時代とともに変容している。第70回（2020年）の同運動からは，この運動において力を入れて取り組むこととして，「犯罪や非行をした人の立ち直りを支えることの大切さや更生保護の活動について広く知ってもらい，理解を深めてもらうための取組」「保護司，更生保護女性会員，BBS会員，協力雇用主等のなり手を増やすための取組」「犯罪や非行をした人の立ち直りには様々な協力方法があることを示し，多くの人に支え手として加わってもらうための取組」「犯罪や非行をした人が仕事や教育，住居，医療福祉的な支援を受けやすくするためのネットワークをつくる取組」等を実施要綱で明確にした。保護司等の民間協力者のなり手が不足している中，SNS等を活用した広報に期待できる。また，直接更生保護ボランティアになることまではできない場合であっても，近年はクラウドファンディングや基金への寄付を行う方法で更生保護活動を行う団体等に協力することも広がりつつある。あるいは医療や福祉その他の事業に従事している人が，自らの普段の業務の中で犯罪や非行をした人への支援という観点で何かできることはないかと考えるきっかけとなれば有意義である。

第71回（2021年）の運動では，誰でも抱えることがあり得る望まない孤独や社会的孤立などの「生きづらさ」という課題に，我が事として関わるコミュニティの実現に向けて取り組むことが明確化された。第72回（2022年）では，その趣旨を踏襲しつつ，「生きづらさ」を抱えながらも前を向いて生きていくためには何が必要であるのかということを，犯罪や非行をした前歴がある人も含めた「すべての国民」が，考えて，地域社会に向けて発信し，訴え続けるような運動であることがより鮮明となっている。

　「#生きづらさを生きていく。」という昨今の"社会を明るくする運動"のコンセプトは，「生きづらさ」が社会を分断したり，誰かを排除したり，誰かを孤立させるようなコミュニティであってはならず，同運動が，いわば「包括的なコミュニティ」を目指して，すべての国民において主体的に取り組まれていくようなものへと発展を遂げようとしている表れであるといえよう。

注

(1)　再犯の防止等の推進に関する法律に基づき国が2017（平成29）年12月15日に閣議決定した「再犯防止推進計画」のⅡ「今後取り組んでいく施策」の第6を参照されたい。

(2)　「更生保護女性会綱領」（1997年5月27日制定）。

(3)　更女活動を考える有識者の会「更生保護女性会の活動について考える（提言）」（2007年3月9日）。

(4)　「令和の更生保護に向けて――更生保護関係団体の長及び法務省保護局長による座談会」『更生保護』2019年10月号（第70巻第10号）38頁及び39頁の千葉景子氏発言部分を参照されたい。

(5)　BBS運動基本原則（1967年7月28日策定，2004年5月22日改定）。

(6)　更生保護70年史編集委員会編（2020）『更生保護70年史――広がり，つながる更生保護』58頁の更生保護制度施行70周年記念全国大会研究協議（パネルディスカッション）における榊原葵氏発言部分を参照されたい。

(7)　法務省が把握している統計等においては，一人の会員が一人の少年と関わる活動のみを指して狭義の「ともだち活動」と定義し，非行防止活動としても行われるグループワークと区分する場合もある。

(8)　再犯の防止等の推進に関する法律第14条において協力雇用主の定義が置かれており，同法によりはじめて法律で協力雇用主が規定された。

(9)　古賀博秀（1974）「協力組織論序説」日本更生保護協会編『更生保護と犯罪予防第』第31号，7頁。

(10)　日本更生保護協会（法務省保護局編集協力）（2019）「更生保護便覧――わかりやすい更生保護　2019」33頁。

(11)　幸島聡（2020）「更生保護制度の概要」蛯原正敏・清水義悳・羽間京子編著『刑事司法と福祉』ミネルヴァ書房，109頁。

(12)　法務省保護局更生保護振興課「『#生きづらさを生きていく。』をさらに一歩先へ。――第72回"社会を明るくする運動"」『更生保護』2022年3月号（第73巻第3号），16〜21頁。

参考文献

更生保護50年史編集委員会編（2000）『更生保護50年史（第1編）――地域社会と共に歩む更生保護』全国保護司連盟・全国更生保護法人連盟・日本更生保護協会。

日本更生保護女性連盟50周年記念事業準備委員会編（2015）『支えあい，共に輝きその先へ――日更女結成50周年記念誌』日本更生保護女性連盟。

学習課題

①　ご自身が住んでいる地域等で行われている"社会を明るくする運動"について，具体的にどのような行事や取組がなされているのか調べてみよう。

②　ご自身や身近な人を含め，様々な人がそれぞれの立場でできる犯罪予防活動として，どのようなことが挙げられるのか考えてみよう。

コラム12　更生保護の担い手の変化

　社会の変容に伴い，更生保護の担い手も変化してきている。その中でも，近年は，犯罪や非行をした前歴がある人による当事者としての更生保護活動への参画が注目される。

　たとえば，昨今の薬物問題の深刻化を受けて，保護観察所においても，薬物依存症に対応した保護観察処遇を充実強化しており，連携先として，薬物依存からの回復者により運営されているダルクや自助グループ等の回復支援施設・団体が重要となっている。これらの施設等を自立準備ホームとして登録し，更生保護の担い手として活動していただいているところが多く存在している。

　また，非行歴のある人が，同様の経験をもつ賛同者等を集めて，非行少年の立ち直りを支援する団体を設立し，相談支援や居場所づくりに取り組み，自立準備ホームとしても登録するなどして活動している例も存在している。

　さらに，少年時代に実際に保護観察を受けた経験がある人が，成人になってから，保護司に委嘱されて，保護観察や犯罪予防活動に従事している例もある。

　なお，少年時代に非行歴がある人の中には，保護司等の更生保護ボランティアにはなっていないものの，少年院出院者を題材にしたドキュメンタリー映画を製作するなどして，非行からの立ち直りについて広く国民に訴えかけるための広報に尽力している人も存在している。

　犯罪や非行の前歴のある人が，それらの経験者でしかわからないような対象者の置かれる心情等を理解しながら，実際に立ち直り支援や犯罪予防活動に参画することは，改善更生や再犯防止のために効果的であると考えられる。何より支援を受ける立場から支援者側になり得る社会は，"社会を明るくする運動"が目指すところの「包括的コミュニティ」そのものだと思われる。

第Ⅴ部

精神障害者の社会復帰と医療観察制度

第14章

医療観察制度の概要と処遇の流れ

本章では，医療観察制度の成立における背景を知り，制度の目的と意義について学び，審判の手続，処遇の特徴について理解する。

1　医療観察制度の概要

（1）目　的

「心神喪失等の状態で重大な他害行為を行った者の医療及び観察等に関する法律」（以下第15章まで「医療観察法」という）は，2003（平成15）年7月16日に公布され，2005（平成17）年7月15日に施行された。

この法律は，精神の障害のために重大な他害行為を行ってしまった人が，適切な医療を継続して受けることで，病状の改善を図り，同様の他害行為を繰り返すことなく社会復帰を促進させることを目的としている。

（2）制度導入の背景

医療観察法が施行される前は，心神喪失等の状態で殺人や放火等の重大な他害行為を行った者については，精神保健及び精神障害者福祉に関する法律（以下「精神保健福祉法」という）により，都道府県知事等がその精神障害のために自身を傷つけ又は他人に害を及ぼすおそれがあると認められる者を強制的に入院させる，いわゆる「措置入院」等により対応がなされてきた。

しかし，措置入院等による対応は，様々な程度の精神症状をもつ一般の精神障害者と同様の施設・スタッフのもとで処遇することとなるため，専門的な治療が困難であること，退院後の継続的な医療を確保するための実効性のある仕組がないこと，都道府県を越えた連携を確保することができないこと等の問題があると指摘されてきた。

　また，国会においても，1999（平成11）年の「精神保健及び精神障害者福祉に関する法律等の一部を改正する法律案」（平成11年閣法第81号）の審議に際し，「重大な犯罪をした精神障害者の処遇の在り方については，幅広い観点から検討を早急に進めること」との附帯決議が行われていた。

　こうした事態を踏まえ，法務省と厚生労働省は，2001（平成13）年1月から合同検討会を開催し，重大な犯罪に当たる行為をした精神障害者の処遇の在り方に係る検討を進めていた。

　そのような中で，同年6月8日に発生した大阪池田小学校児童等無差別殺傷事件をきっかけとして，この問題に対する社会的な関心が一層高まり，与野党にプロジェクト・チームが設けられるなどして早急に検討がなされた。

　同年11月12日には，この問題に対する与党プロジェクト・チームによる検討結果が報告書としてまとめられ，①新たな処遇決定手続を創設すること，②対象者の処遇施設を整備すること，③退院後の体制を確立すること，④司法精神医学の研究・研修体制を充実強化することの4つを柱とする改革案と，これらと併せて一般の精神障害者に対する医療及び福祉を充実強化することが必要であるとの見解が示された。

　そこで，それら新たな処遇制度に関する見解も踏まえて法案作成作業が進められ，2002（平成14）年3月15日，「心神喪失等の状態で重大な他害行為を行った者の医療及び観察等に関する法律案」（平成14年閣法第79号）が閣議決定され，同月18日，第154回国会に提出された。

　その後，3会期にわたる審議を経て，当初案に一部修正が加えられたうえ，2003（平成15）年7月10日に可決・成立に至ったものである。

（3）対象者

　医療観察法の対象者は，「対象行為（殺人，放火，強盗，強制性交等，強制わいせつ及び傷害に当たる行為）」（傷害は重いものに限り，傷害以外は未遂を含む）を行い，①心神喪失者又は心神耗弱者と認められ，不起訴処分となった者，又は②心神喪失を理由とする無罪の裁判又は心神耗弱を理由として刑を減軽する旨の裁判（実際に刑に服させることとなるものを除く）が確定した者とされている。いずれも個人の生命，身体，財産等に重大な被害を及ぼす行為であり，心神喪失者等により行われることが比較的多いものであることに鑑み，これを対象行為としたものである。

2　審判・処遇の流れと内容

　医療観察制度は，図14-1のように3つのステージに分かれている。1つ目は，処遇決定のための「審判」である。2つ目は，指定入院医療機関による専門的な「入院処遇」，そして3つ目は，「地域社会における処遇（通院処遇）」である。

（1）処遇決定のための「審判」

　検察官は，前述の対象者について，本法による処遇の要否及び内容を決定するために地方裁判所に申立てを行うこととされている。この申立ては，入院の決定を求めてなされるものではなく，あくまで対象者にとって適切な処遇の決定を求めてなされるものである。

　地方裁判所においては，この申立てを受けて，一人の裁判官と一人の精神保健審判員(4)からなる合議体を形成する。本法による処遇の要否等の決定に当たっては，医学的知見に基づく判断が極めて重要であることは当然として，これに併せて，医療の強制という人身の自由に対する制約・干渉が許されるか否かという法的判断も求められるところであることから，そのいずれの判断にも偏ることなく適切な処遇の決定がなされるよう，裁判官と精神保健審判員の両者が，それぞれの専門性をいかしつつ，相互に十分に協議することが求められている。また，審判の過程では，原則として，処遇の要否及びその内容につき，精神保健参与員(5)の意見を聴くこととされている。

　申立てを受けた地方裁判所の裁判官は，原則として，対象者に告知聴聞の機会を与えたうえで，鑑定その他医療的観察のため，入院を命じなければならない（鑑定入院命令）。

　鑑定に当たり，鑑定医は，①精神障害の類型，②過去の病歴，③現在及び対象行為時の病状・治療状況，④病状・治療状況から予測される将来の症状，⑤対象行為の内容，⑥過去の他害行為の有無・内容，⑦対象者の性格を考慮するものとされ，また，その鑑定結果には，当該対象者の病状に基づき，本法による入院医療の必要性に関する意見を付すこととされている。審判においては，弁護士である付添人を付さなければならず，地方裁判所は，対象者に付添人がいない場合には，必ず国選の付添人を選任しなければならない。

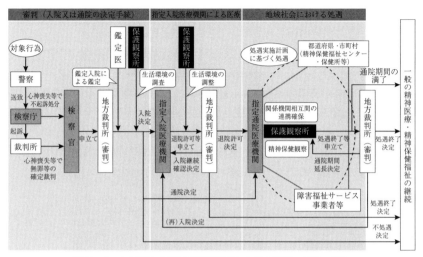

図 14-1　心神喪失者等医療観察制度における審判・処遇の流れ
出所：法務省医療観察制度概要図。

　地方裁判所は，検察官，付添人，社会復帰調整官等の関係者を集め，審判の
進行について打合せを行うことができる。この打合せは，実務上，「カンファ
レンス」又は「事前協議」と呼ばれ，関係者が，処遇についての意見交換等を
通じて論点を整理し，対象者についての理解を深めるために有効であるとされ
ている。

　また，地方裁判所は，審判期日を開催することとされており，審判期日は原
則として非公開で行うが，対象行為の被害者等から申出がある時は，その傍聴
を許すことができるとされている。

　これは，重大な他害行為の被害者等にとって，具体的にどのような行為が行
われ，加害者がどのような手続によって処遇を受けることとなるのかについて
強い関心を有することも理由があると考えられることから，特に当初審判につ
いてのみ，傍聴を許すことができるとしたものである。

　地方裁判所は，前述の鑑定を基礎とし，かつ対象者の生活環境を考慮して，
「対象行為を行った際の精神障害を改善し，これに伴って同様の行為を行うこ
となく，社会に復帰することを促進するため，この法律による医療を受けさせ
る必要があると認める」か否かを基準として，①医療を受けさせるために入院
をさせる旨の決定（以下第15章まで「入院決定」という），②入院によらない医療

207

を受けさせる旨の決定（以下第15章まで「通院決定」という），③本法による医療を行わない旨の決定のいずれかの決定をすることとされている。

　なお，裁判所が入院決定又は通院決定をするためには，①対象者が対象行為を行った際の心神喪失又は心神耗弱の状態の原因となった精神障害と同様の精神障害を有していること（疾病性），②そのような精神障害を改善（病状の増悪の抑制を含む）するために，医療観察法による医療を行うことが必要であること，すなわち，その精神障害が治療可能性のあるものであること（治療反応性），③医療観察法による医療を受けさせなければ，その精神障害のために社会復帰の妨げとなる同様の行為を行う具体的・現実的な可能性があること（社会復帰要因）のいずれもが認められることが必要である。

　また，被害者等からの申出がある時は，その決定の年月日，主文及び理由の要旨等を通知することとされている。

（2）指定入院医療機関による専門的な「入院処遇」

　入院決定を受けた対象者は，指定入院医療機関に入院し，国費による手厚い専門的な医療を受けることとなる。

　指定入院医療機関とは，国，都道府県又は特定独立行政法人等が開設する病院の中から厚生労働大臣が指定するもので，一般の精神科病院に比して，医師，看護師等を手厚く配置し，専門的な精神療法を行うとともに，作業療法などを通じた社会復帰に向けた訓練を綿密に行うなど，高度な医療が提供されている。

　また，指定入院医療機関は，復帰すべき生活環境に漸次慣れさせることにより段階的な社会生活への移行を果たす等の観点から，その者の症状に照らし適当と認める場合等に，入院中の対象者を，医学的管理の下に外出又は外泊させることができるとされている。

（3）地域社会における処遇「通院処遇」

　入院による医療と同様，厚生労働大臣は，通院決定又は退院許可決定を受けた対象者に対し，必要な医療を行わなければならず，これを指定通院医療機関に委託して行っている。

　指定通院医療機関とは，一定の基準に適合する病院等の中から，同意を得て，厚生労働大臣が指定するもので，対象者が社会復帰を図るにふさわしい居住地で医療が確保されるよう，民間の診療所等も含め幅広く確保されている。

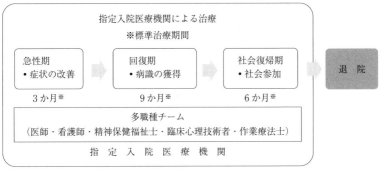

図14-2 指定入院医療機関による治療

出所：筆者作成。

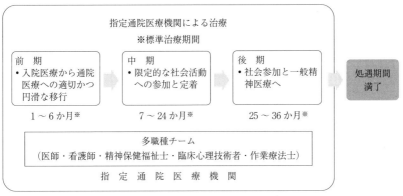

図14-3 指定通院医療機関による治療

出所：筆者作成。

　また，指定通院医療機関は，正当な事由がなければ，対象者への医療の提供を拒んではならないとする一方，対象者は，定められた指定通院医療機関において，入院によらない医療を受けなければならないとしている。

　なお，入院によらない医療を行う期間（以下第15章まで「通院期間」という）は，処遇終了等の決定がなされない限り，通院決定等のあった日から3年間とされており，地方裁判所の決定により，さらに2年を超えない範囲内で延長することができる。

注

(1)　心神喪失とは，精神の障害により，物事の是非善悪を弁別する能力又はその弁別
　　に従って行動する能力が失われた状態のこと。心神喪失の者の行為は，罰しない
　　（刑法第39条第1項）。

(2)　心神耗弱とは，精神の障害により，物事の是非善悪を弁別する能力又はその弁別
　　に従って行動する能力が著しく劣っている状態のこと。心神耗弱者の行為は，その
　　刑を減軽する（刑法第39条第2項）。

(3)　不起訴処分とは，検察官が地方裁判所に対し起訴せず，刑事手続を終結させるこ
　　と。①訴訟条件を欠く場合，②被疑事件が罪とならない場合，③犯罪の嫌疑がない
　　場合，④犯罪の嫌疑が不十分の場合，⑤起訴猶予の場合などがある。

(4)　精神保健審判員とは，必要な学識経験を有する医師であるとして厚生労働大臣か
　　ら最高裁判所に送付された名簿に登載された者（精神保健判定医）のうち，地方裁
　　判所が毎年あらかじめ選任したものの中から，処遇事件ごとに任命されるものであ
　　る。

(5)　精神保健参与員とは，精神障害者の保健及び福祉に関する専門的知識及び技術を
　　有する者として厚生労働大臣から各地方裁判所に送付された名簿に登載された者の
　　うち，地方裁判所が毎年あらかじめ選任したものの中から，処遇事件ごとに指定さ
　　れるものである。

参考文献

今福章二（2012）「医療観察制度の現状と課題——保護観察所の立場から」『犯罪と非
　　行』第174号，104〜127頁。

江見健一（2006）「心神喪失者等医療観察法の施行の状況について」『法律のひろば』
　　第59巻第12号，4〜10頁。

白木功（2004）「立法の経緯」町野朔編『精神医療と心神喪失者等医療観察法（ジュ
　　リスト増刊）』有斐閣，8〜11頁。

白木功（2004）「審判手続を中心に」町野朔編『精神医療と心神喪失者等医療観察法
　　（ジュリスト増刊）』有斐閣，12〜31頁。

白木功・今福章二・三好圭（2005）「『心神喪失等の状態で重大な他害行為を行った者
　　の医療及び観察等に関する法律（平成15年法律第110号）』について(5)」『法曹時報』
　　第57巻第11号，111〜223頁。

白木功・今福章二・三好圭・稗田雅洋・松本圭史（2013）『「心神喪失等の状態で重大
　　な他害行為を行った者の医療及び観察等に関する法律」及び「心神喪失等の状態で
　　重大な他害行為を行った者の医療及び観察等に関する法律による審判の手続等に関
　　する規則」の解説』法曹会。

三好圭（2004）「医療を中心に」町野朔編『精神医療と心神喪失者等医療観察法

（ジュリスト増刊）』有斐閣，33〜44頁。

学習課題

医療観察法が施行される前までの対応の問題点について調べてみよう。

第15章

保護観察所と社会復帰調整官の役割

　本章では，医療観察処遇における保護観察所と社会復帰調整官の役割及び関係機関との連携の仕組などについて理解する。

1　保護観察所

　保護観察所は，保護観察等を通じて，犯罪者や非行少年の地域社会での立ち直りを幅広く関係者の理解と協力を得ながら支援してきた法務省の出先機関であり，全国50か所に置かれている。医療観察制度においても，同様の役割を期待され，保護観察所に社会復帰調整官が配置されることとなった。

　本制度において保護観察所は，①審判における生活環境の調査，②入院処遇中の対象者の生活環境の調整，③地域社会における処遇（以下「地域処遇」という）中の精神保健観察の実施のほか，地域処遇に携わる関係機関の間のコーディネーター役も担っている。

2　生活環境調査

（1）生活環境調査の意義

　地方裁判所が処遇の要否及び内容を判断するに当たっては，医学的知見が極めて重要であることは当然であるが，対象者を取り巻く生活環境に照らし医療の継続が確保されるか否か，同様の行為を行うことなく社会に復帰できる状況にあるか否かといった，医学的事項以外の事柄も考慮する必要がある。

　そのため，処遇の決定においては，必ず「対象者の生活環境を考慮」しなければならず，保護観察所による生活環境の調査の結果は，審判の際の重要な資料となる。

（2）生活環境調査の方法・報告

　生活環境の調査は，個別具体的な事情に即して行うものであるが，通常，社会復帰調整官による対象者やその家族との面接のほか，住居地への訪問，関係機関等への照会等により行う。

　なお，必要に応じて，指定通院医療機関となることが想定される医療機関，精神保健福祉センター，保健所，市町村の担当者等との協議も行う。

　社会復帰調整官は，地方裁判所に対し，居住予定地において継続的な医療が確保できるかどうか等に関する保護観察所長意見を付して，調査の結果を生活環境調査結果報告書により報告する。

　生活環境調査結果報告書の主な記載事項は，下記のとおりである。

---

① 住居の状況（居住形態，住居の状況，今後の居住の可否等）

② 生計の状況（生計の状況，健康保険・年金等の状況等）

③ 家族の状況（家族構成，家族に対する本人の感情，本件に対する家族の受け止め方，家族の本人に対する感情及び引受又は同居についての意思等）

④ 近隣の状況（地域の環境，近隣住民の感情，被害者（遺族）の状況等）

⑤ 過去の生活及び治療の状況（本件の概要，本件に至る経緯及び本件に対する本人の受け止め方，生活歴，病歴及び治療状況等）

⑥ 住居周辺の地域における指定通院医療機関の状況（想定される指定通院医療機関の名称及び所在地，居住地からの距離及び交通手段等）

⑦ 利用可能な精神障害者の保健又は福祉に関する援助等の内容（利用中のサービス，過去の利用状況，利用可能なサービス等）

⑧ その他生活環境に関する事項（交友関係，余暇・趣味，家族以外の協力者等）

3　生活環境の調整

（1）生活環境の調整の方法・計画

　社会復帰調整官は，対象者の社会復帰の促進及び地域処遇への円滑な移行を図るため，入院処遇決定後速やかに，退院後の生活環境の調整に着手する。生活環境の調整は，対象者及びその家族等の相談に応じ，対象者が，指定入院医療機関の管理者並びに都道府県及び市町村（特別区を含む。以下「地方自治体」と

いう）による援助を受けることができるようあっせんする等の方法により行う。

　また，社会復帰調整官は，援助が円滑かつ効果的に行われるよう，指定入院医療機関の管理者及び対象者の居住地を管轄する地方自治体に対し，必要な協力を求めることができるとされている。

　社会復帰調整官は，生活環境の調整を行うに当たっては，対象者から退院後の生活に関する希望を聴いたうえで，次の事項に関する調整の方針を記載した生活環境調整計画書を作成する。この調整計画書は，生活環境の調整の状況に応じ，必要な見直しを行う。

---

① 　退院後の住居

② 　退院後の生計の確保

③ 　保護者その他家族との関係

④ 　退院後に必要となる医療の内容

⑤ 　退院後に必要となる援助の内容，その他調整すべき事項

（2）外出・外泊への協力

　保護観察所は，指定入院医療機関が行う外出・外泊に協力し，対象者を交えてケア会議を開催するなどして，対象者と退院後の地域処遇に携わる関係機関スタッフが面談する機会を設けるなどして，その関係構築に配慮する。

（3）処遇の実施計画の案の作成等

　社会復帰調整官は，生活環境の調整の状況に応じ，対象者について退院許可決定があった場合における処遇の実施計画の案を作成する。

　処遇の実施計画の案を作成するに当たっては，指定通院医療機関及び居住地を管轄する地方自治体の対象者の処遇を担当する関係機関の出席を求めて会議（ケア会議）を開催し，処遇の内容等について協議して作成する。

（4）退院許可・入院継続確認等の申立てに係る審判

　指定入院医療機関の管理者は，対象者について，6か月ごとに，入院を継続させて医療観察法による医療を行う必要があるかどうかの確認の申立てをしなければならず，その際には保護観察所の長の意見を付すこととされている。

　また，入院を継続させて医療観察法による医療を行う必要があると認めるこ

とができなくなった場合は，地方裁判所に対し，退院の許可の申立てを行う。

4　精神保健観察

（1）精神保健観察の実施

　当初審判において通院決定を受けた者又は退院許可決定を受けた者（以下「対象者」という）は，入院によらない医療を行う期間中，精神保健観察に付される。

　社会復帰調整官が実施する精神保健観察は，指定通院医療機関による医療，地方自治体による援助とともに，対象者に対する地域処遇の柱となるものである。

　社会復帰調整官は，対象者の自宅への訪問等を通じて適当な接触を保ち，指定通院医療機関及び地方自治体から報告を求めるなどして，医療の状況や生活の実態の把握に努め，継続的な医療の確保に必要な指導や助言を行っている。

　なお，通院の対象となった者は，速やかに，その居住地を管轄する保護観察所に届け出るほか，次の事項を守らなければならない。

---

①　一定の住居に居住すること。
②　住居を移転し，又は長期の旅行をする時は，あらかじめ，保護観察所の長に届け出ること。なお，「長期の旅行」とは，その期間が旅行の初日から起算して2週間以上のものをいう。
③　社会復帰調整官から出頭又は面接を求められた時は，これに応じること。

（2）処遇の実施計画の作成

　社会復帰調整官は，通院決定又は退院許可決定があった時は，指定通院医療機関及び地方自治体等と協議のうえ，その処遇に関する実施計画を定める。処遇の実施計画を定めた時は，地域処遇（指定通院医療機関による医療，社会復帰調整官による精神保健観察，指定通院医療機関による援助，地方自治体等による援助をいう）について，概ね次のような内容及び方法を記載した処遇実施計画書を作成する。

---

① 地域処遇の実施により達成しようとする目標

② 指定通院医療機関の管理者による医療に関する事項（指定通院医療機関の名称及び所在地，医療を担当する医師，看護師，作業療法士，精神保健福祉士その他の担当者の氏名，医療の内容及び方法等）

③ 社会復帰調整官が実施する精神保健観察に関する事項（精神保健観察を実施する社会復帰調整官の氏名，精神保健観察の内容及び方法等）

④ 指定通院医療機関の管理者による援助，地方自治体による援助その他対象者に対してなされる援助に関する事項（援助を実施する機関の名称及び所在地，援助を担当する者の氏名，援助の内容及び方法等）

⑤ 地域処遇に関する対象者の希望

⑥ 地域処遇の実施に関する関係機関相互間の緊密な連携を確保するために必要な事項

⑦ その他地域処遇の内容及び方法（医療のため緊急を要する場合における対応方法，処遇終了後における医療及び援助の確保に関し必要な事項等）

　なお，社会復帰調整官は，処遇の実施計画について対象者に対し，懇切丁寧に説明し，説明を受けたことを確認するために本人の署名を得る。地域処遇は，処遇の実施計画に基づいて行われなければならず，社会復帰調整官は，指定通院医療機関や地方自治体等に対し，処遇の実施計画に基づく適正かつ円滑な処遇を確保するために必要な協力を求め，処遇の実施状況を常に把握し，処遇の実施計画に関わる関係機関相互間の緊密な連携の確保に努めている。

（3）ケア会議

　社会復帰調整官は，指定通院医療機関や地方自治体等，対象者に対して援助を行う者の出席を得てケア会議を開催する。ケア会議は，原則として本人及び保護者等の出席を求めている。

　ケア会議では，関係機関間で処遇の実施状況や対象者の生活状況に関する必要な情報を共有するほか，処遇の実施計画に基づいて処遇が行われているかどうか，処遇の実施計画の内容が本人のニーズや生活・病状の変化に対応したものになっているかどうかなどを評価し，必要に応じて計画の見直しについて検討する。

ケア会議は，地域処遇開始当初は１～２か月に１回程度の間隔で開催されるが，その後，対象者の病状やその生活環境に大きな変化がなければ，開催の間隔を空けて，生活の変化の様子等を見守ることもある。

また，保護観察所の長が，地方裁判所に対して，処遇終了の申立てや（再）入院の申立てを行う場合は，あらかじめケア会議において申立ての必要性，時期等を検討したうえで行う。

（4）処遇終了又は通院期間延長の申立て

保護観察所は，対象者について，主体的に医療及び支援を受けて生活することができている場合など，医療観察法による医療を受けさせる必要があると認めることができなくなった場合は，指定通院医療機関の管理者と協議のうえ，その意見を付して，直ちに，地方裁判所に対し，医療観察法による処遇の終了の申立てをしなければならない。

その一方，保護観察所は，対象者について，入院によらない医療を行う期間を延長して医療観察法による医療を受けさせる必要があると認める場合は，指定通院医療機関の管理者と協議のうえ，その意見を付して，期間が満了する日までに，地方裁判所に対し，期間延長の申立てを行う。

指定通院医療機関及び保護観察所は，処遇の終了又は通院期間延長の申立てがあった場合は，通院期間が満了した後も，申立てに対する決定があるまでの間，対象者に対して医療及び精神保健観察を行うことができる。

なお，対象者，その保護者又は付添人も，地方裁判所に対し，医療観察法による処遇の終了を申し立てることができる。

（5）（再）入院の申立て

保護観察所は，対象者について，対象行為を行った際の精神障害を改善し，同様の行為を行うことなく，社会復帰することを促進するために，入院をさせて医療観察法による医療を受けさせる必要があると認めるに至った場合は，指定通院医療機関の管理者と協議のうえ，その意見を付して，地方裁判所に対し，（再）入院を申し立てる。

また，対象者が，入院によらない医療を受ける義務に違反し又は守るべき事項を守らず，そのため継続的な医療を行うことが確保できないと認める場合も，指定通院医療機関の管理者と協議のうえ，その意見を付して，地方裁判所に対

し，（再）入院の申立てを行う。

5　関係機関相互間の連携の確保

　保護観察所は，地域処遇が処遇の実施計画に基づいて適正かつ円滑に実施されるよう，あらかじめ指定通院医療機関及び地方自治体との間において必要な情報交換を行うなどして協力体制を整備するとともに，処遇の実施状況を常に把握し，実施計画に関する関係機関相互間の緊密な連携の確保に努めることとされている。

6　民間団体等との連携協力及び地域住民等への配慮

　保護観察所は，個人又は民間の団体が対象者の処遇の円滑な実施のため自発的に行う活動を促進するとともに，これらの団体との連携協力のもと，対象者の円滑な社会復帰に対する地域住民等の理解と協力を得るよう努めることとされている。

7　事例でみる医療観察

（1）事例の概要
　医療観察の実際について，ここでは事例を用いて確認する。

事　例
- ■　対象者　Aさん（男性，30代）
- ■　診断名　統合失調症
- ■　家　族　両親
- ■　事　件　○月○日，自宅において，実父に対して，腹部や顔面に暴行を加え，転倒させたうえ，胸部の数か所を包丁で刺し，大量出血により死亡させた。実母の110番通報により，駆けつけた警察官に現行犯逮捕された。警察の取調べや簡易鑑定の結果を踏まえ，事件発生時にAさんは心神喪失の状態であったとして，検察官は不起訴処分とし，地方裁判所に医療観察法の申立てを行った。
- ■　生活歴・病歴　Aさんは，高校2年生頃から学校を休みがちになり，自室にひ

きこもるようになった。また，独り言や奇声を上げるなど意味不明な行動が目立つようになったことから，両親は，Ａさんを心配して精神科病院に受診させた。診察の結果，統合失調症と診断され，２か月間通院したが，通院をやめてしまった。その後，しばらくしてＡさんから「テロ組織がさらいにきて殺される」等という言葉があり，精神科病院に入院を検討してもらっていた矢先に，本件を惹起した。

（2）生活環境の調査

　検察官の申立てを受けた地方裁判所は，Ａさんの精神鑑定のための鑑定入院命令を発し，その後，地方裁判所は，裁判官と精神科医である精神保健審判員による合議体を形成した。そしてＡさんが精神障害者であるか否か，この法律による医療を受けさせる必要があるか否かについて鑑定医に鑑定を命じ，保護観察所に対し，対象者の生活環境の調査の嘱託を行い，その結果を報告することを求めた。社会復帰調整官は，地方裁判所から提供された資料をもとに，事件の内容や事件に至るまでの状況，被害者の状況などを把握し，調査を開始した。

　鑑定入院先におけるＡさんとの初回面接では，信頼関係の構築を第一目標とし，医療観察制度の趣旨や調査の目的，社会復帰調整官の役割等について懇切丁寧に説明を行った。そのほか，家族との面接や関係機関等への照会等によりＡさんの社会復帰に必要な課題や検討すべき諸制度（社会資源）などについて調査を行った。

　社会復帰調整官は，地方裁判所に対し，居住予定地において継続的な医療が確保できるかどうか等に関する保護観察所長意見を付した生活環境調査結果報告書を提出し，その後，地方裁判所で審判期日が開かれ，裁判官，精神保健審判員は，精神保健参与員の意見を踏まえ，Ａさんに対して，「医療観察法による医療を受けさせるために入院させる旨の決定」をした。

（3）生活環境の調整

　当初審判において入院決定となったＡさんは，指定入院医療機関に入院した。生活環境の調整を行うに当たって社会復帰調整官は，指定入院医療機関を訪問し，Ａさんと面接して退院後の生活に関する希望を聴き，CPA（対象者参加型

のケアプログラム）会議に参加して治療状況を把握し，生活環境調整計画を作成した。

　当初，Ａさんは，実母との同居を希望していたが，実母はＡさんへの恐怖心をぬぐい去ることができず，同居は困難との意思を表明し，Ａさん本人に対して直接「一緒に住むことはできない。今後は自立をしてほしい」と告げた。そのことをきっかけとして，Ａさんが自立の必要性を認識し始めたことから，グループホームを確保する方針とした。Ａさんのグループホームの確保には，自治体の障害福祉課及び相談支援事業所と連携して，障害者総合支援法に基づく地域移行支援を活用した。指定入院医療機関の外出・外泊のプログラム時に見学を行い，退院後の居住地としてグループホームを確保することができた。また，退院後には，相談支援事業所による地域定着支援を活用する予定となった。

　指定入院医療機関退院後の生活における経済的な支えとして障害基礎年金２級（月額６万5075円）や精神障害者保健福祉手帳を取得した。また，退院後に生活保護の申請をすることとした。その後，地方厚生局と連携しながら指定通院医療機関を内定した。社会復帰調整官は，Ａさんの居住地の関係機関を集めたケア会議を開催して，Ａさんの意向を踏まえた退院後の医療や支援体制について検討し，「処遇実施計画書（案）」を作成した。この生活環境調整状況を受けて指定入院医療機関の管理者は，保護観察所長の意見を付して地方裁判所に退院許可の申立てを行った。そして合議体による審判の結果，退院を許可するとともに入院によらない医療を受けさせる旨の決定がなされた。社会復帰調整官は，Ａさんに対して同決定書謄本を交付し，退院許可決定の告知を行うとともに，Ａさんから居住地の届出を受け，処遇の実施計画の内容を丁寧に説明し，説明を受けたことを確認するため，Ａさんに署名をもらった。

（4）精神保健観察

　Ａさんの「処遇実施計画書」は，医療として週１回の外来受診，週１回の訪問看護，週２回のデイケア，精神保健観察として２週に１回の社会復帰調整官の訪問，援助として週１回の受診後の指定通院医療機関精神保健福祉士による医療及び日常生活相談，週１回の保健所保健師の訪問，週１回のグループホーム精神保健福祉士の訪問，病状の変化等により緊急に医療が必要となった場合の対応方法，ケア会議の開催方法などが盛り込まれた。

　Ａさんの地域処遇は順調に経過し，Ａさんから将来的には就労したいという

希望がケア会議の議題として出されるようになった。日中活動を指定通院医療機関のデイケアから就労支援事業所に変更することの提案があり，相談支援事業所の相談支援専門員が中心となって体験利用を調整する方針となった。体験利用の結果，作業自体は流れ作業であるものの，自分のペースで作業ができるものであったことから処遇実施計画書の日中活動を指定通院医療機関のデイケアから就労支援事業所に変更した。

　その後もAさんの処遇は，順調に経過していったことから，ケア会議を開催してAさんの処遇終了後の支援体制について話し合い，通院期間の3年を経過せずに，保護観察所の長は指定通院医療機関の管理者の意見を付して，地方裁判所に対して「医療観察法による医療終了の申立て」を行った。その結果，地方裁判所は，医療観察法による処遇を終了する旨の決定を行った。

参考文献

今福章二（2012）「医療観察制度の現状と課題――保護観察所の立場から」『犯罪と非行』第174号，104～127頁。

江見健一（2006）「心神喪失者等医療観察法の施行の状況について」『法律のひろば』第59巻第12号，4～10頁。

白木功（2004）「立法の経緯」町野朔編『精神医療と心神喪失者等医療観察法（ジュリスト増刊）』有斐閣，8～11頁。

白木功（2004）「審判手続を中心に」町野朔編『精神医療と心神喪失者等医療観察法（ジュリスト増刊）』有斐閣，12～31頁。

白木功・今福章二・三好圭（2005）「『心神喪失等の状態で重大な他害行為を行った者の医療及び観察等に関する法律（平成15年法律第110号）』について(5)」『法曹時報』第57巻第11号，111～223頁。

白木功・今福章二・三好圭・稗田雅洋・松本圭史（2013）『「心神喪失等の状態で重大な他害行為を行った者の医療及び観察等に関する法律」及び「心神喪失等の状態で重大な他害行為を行った者の医療及び観察等に関する法律による審判の手続等に関する規則」の解説』法曹会。

三好圭（2004）「医療を中心に」町野朔編『精神医療と心神喪失者等医療観察法（ジュリスト増刊）』有斐閣，33～44頁。

学習課題

社会復帰調整官の資格要件について調べてみよう。

～～～～～～～～～～～～～　コラム13　社会復帰調整官の新設　～～～～～～～～～～～～～

　国は，医療観察制度のために，保護観察所に専門性を有するスタッフ，すなわち社会復帰調整官を新設し，関係機関相互の連携の確保をはじめとする事務の遂行に当たらせることとした。専門スタッフを置くこととしたのは，対象者への適切な助言や指導を行い，関係機関との有効な連携を図るうえで専門性を有する者がこれに当たることが大切であり，何より対象者本人との信頼関係を構築するうえでもこのような専門スタッフが不可欠であると考えたためである。社会復帰調整官の名称は，政府案では「精神保健観察官」であったところ，衆議院において，本制度が社会復帰のための制度であることを明確化するとの趣旨により，改められたものである。名称に加えて，その資格要件も修正され，「精神保健福祉士その他の精神障害者の保健及び福祉に関する専門的知識を有する者として政令で定めるものでなければならない」とされている。

　社会復帰調整官について，2002（平成14）年12月3日第155回国会・衆議院法務委員会において，修正案提出者の一人である塩崎恭久議員は，次のとおり答弁している。

　「保護観察所は，今までと少し趣は違いますが，地域社会における今回の処遇のいわばコーディネーターとして，精神保健観察のみならず，たとえば生活環境の調整であるとか，それから処遇の実施計画をつくらないといけない，それから指定医療機関あるいは保健所，こういったところの協力体制を整備する，あるいはそれぞれの関係機関の連携を確保するためにこのコーディネーター役をするわけでございます。そういう時に，ここで携わる者が，これまでの名前でいきますと精神保健観察官，観察官という言葉が，いかにも監視をしている，こういう旧来型のイメージが強かったものですから，ここはやはり社会復帰調整官とたかが言葉かもわかりませんが，しかしされど言葉でありまして，これについては，事務の内容に鑑みまして，精神保健福祉士の有資格者をはじめとする，この制度による処遇の実施に当たって必要な精神保健あるいは精神障害者福祉などに専門的な知識をもっている方々がやはり必要不可欠であろうと（以下省略）」。

第Ⅵ部

犯罪被害者に対する
刑事司法における支援

第16章

犯罪被害者の法的地位と犯罪被害者支援制度

　犯罪被害者の法的地位は，長らく刑事司法手続上の「証拠」に過ぎず，犯罪による直接の被害のみならず，長く苦しめられており，本来支援を受ける立場であるにもかかわらず，支援の対象となっていなかった。しかし，当事者の声や大きな事件により犯罪被害者の法的地位の向上が求められ，刑事司法手続における権利や支援を担保する様々な法整備がなされ，犯罪被害者等基本法・基本計画の策定に至った。

　本章では，我が国における犯罪被害者の法的地位と犯罪被害者支援制度について，歴史的経緯を踏まえて解説するとともに，その現状と課題についても言及する。

1　犯罪被害者の法的地位

（1）犯罪被害に遭うこと

　犯罪被害に遭った人及びその家族又は遺族（以下「犯罪被害者等」という）は，ある日突然犯罪被害に遭うことにより，様々な被害や影響を受けることとなる[1]。犯罪被害者等は，犯罪行為そのものによる直接的な被害のみならず，慣れない刑事司法手続への関与による負担や，事件後も心身に不調を来したり，事件により退職を余儀なくされて経済的に困窮したり，対人関係に支障を来して孤立するなど，時間の経過による副次的な被害にも見舞われる。さらに，刑事司法機関等の対応や，知人・友人を含めた周囲の無理解や心ない言動，マスメディアにおける過剰な報道等による二次被害[2]も深刻な影響を及ぼすこととなる。このように，犯罪被害者等は，犯罪被害に遭うことによって，直接的・継続的・精神的・物理的・社会的に様々なダメージを受けることから，その対応や支援には，相応の留意が必要である[3]。

（2）犯罪被害者の法的地位の変遷

　第二次世界大戦後の我が国の犯罪被害者等は，当該犯罪の当事者であるにもかかわらず，刑事司法手続の中では，告訴人や告発人として，又は，目撃者や証人としての役割しか与えられていなかった[4]。

　この現状について，多くの犯罪被害者等は，その状況に忍従してきたが，1960年代に，子息を殺害された遺族によって，「殺人犯罪の撲滅を推進する遺族会」が結成され，当事者の声が高まった。

　その後，1974（昭和49）年に発生した三菱重工ビル爆破事件を契機として，被害に対する補償への関心が高まり，1980（昭和55）年に「犯罪被害者等給付金支給法」（昭和55年法律第36号）（2008年に「犯罪被害者等給付金の支給等による犯罪被害者等の支援に関する法律」に改称）が制定され，犯罪被害給付制度が開始されたものの，刑事司法手続において，犯罪被害者等は，依然として蚊帳の外にあった[5]。

　しかし，1995（平成7）年の地下鉄サリン事件により，犯罪被害者等の精神的被害の深刻さが広く認識されたこともあり，1996（平成8）年に警察庁が「犯罪被害者対策要綱」を制定したのをはじめ，2000（平成12）年には，「刑事訴訟法及び検察審査会法の一部を改正する法律」（平成12年法律第74号）（2007年に現在の名称「犯罪被害者等の権利利益の保護を図るための刑事手続に付随する措置に関する法律」に改称）及び「犯罪被害者等の保護を図るための刑事手続に付随する措置に関する法律」（平成12年法律第75号）の，いわゆる「犯罪被害者保護のための二法」（以下「犯罪被害者保護二法」という）が，同年には，「ストーカー行為等の規制等に関する法律」（平成12年法律第81号）が，また，2001（平成13）年には，「配偶者からの暴力の防止及び被害者の保護に関する法律」（平成13年法律第31号）（2013年に現在の名称「配偶者からの暴力の防止及び被害者の保護等に関する法律」に改称）がそれぞれ公布・施行され，犯罪被害者等に対する一定の配慮が進んでいった。

　民間の動きとしては，犯罪被害者等給付制度発足10周年を記念したシンポジウムにおける犯罪被害者遺族の声を受け，1992（平成4）年，東京医科歯科大学に初の「犯罪被害者相談室」が設置され，その後，各都道府県に民間の犯罪被害者支援組織が発足し，1998（平成10）年に全国被害者支援ネットワークが設立された。1999（平成11）年に同ネットワークが公表した「犯罪被害者の権利宣言[6]」は，犯罪被害者等の権利をはじめて主張したものである。

　また，被害当事者の活動としては，1997（平成9）年に結成された「少年犯罪被害当事者の会」は，後の少年法改正に大きな影響を及ぼした。また，2000（平成12）年に結成された「全国犯罪被害者の会（あすの会）」が犯罪被害者の権利と被害回復制度の確立を求めたことなどにより，犯罪被害者等の置かれた現状や支援の必要性が認知され，2004（平成16）年，議員立法により「犯罪被害者等基本法」（以下第17章まで「基本法」という）が成立した。

　基本法は，第2条第2項に「犯罪被害者等」を「犯罪等により害を被った者及びその家族又は遺族」と定義し，第3条第1項に「すべて犯罪被害者等は，個人の尊厳が重んぜられ，その尊厳にふさわしい処遇を保障される権利を有する」と規定しており，同法により，犯罪被害者等は一定の法的地位をみたのである。

　なお，基本法第18条を受け，2008（平成20）年には，「被害者参加制度」が導入されたことにより，刑事手続上の当事者ではないものの，犯罪被害者等が「被害者参加人」として訴訟行為に参加できるようになったことに加えて，都道府県や基礎自治体等の各地方公共団体において，犯罪被害者支援条例の制定が進んでいる[7]ことも，犯罪被害者等の法的地位の大きな変遷の一つとして触れておきたい。

2　犯罪被害者支援に関する制度

（1）犯罪被害者等基本法・基本計画

　2008（平成20）年に成立した基本法は，犯罪被害者等のための施策に関する基本理念を定めたもので，国・地方公共団体・国民の責務，施策の基本事項を規定し，犯罪被害者等のための施策を総合的かつ計画的に推進することを目的とするものである。

　また，基本法にのっとり，総合的かつ長期的に講ずべき犯罪被害者等のための施策の大綱等を盛り込んだ犯罪被害者等基本計画（以下第17章まで「基本計画」という）について，2009（平成21）年に閣議決定された。基本計画は，4つの基本方針と5つの重点課題を掲げており，5年ごとに見直しを重ねつつ，犯罪被害者等の各施策を推進している。4つの基本方針は，①尊厳にふさわしい処遇を権利として保障すること，②個々の事情に応じて適切に行われること，③途切れることなく行われること，④国民の総意を形成しながら展開されること，

表 16 - 1　刑事手続における主な支援制度

制度等の名称	制度等の内容	根拠法令等
被害者連絡制度	犯罪被害者等に対し，捜査状況，被疑者の検挙，処分状況を知らせる制度	被害者連絡実施要領
犯罪被害者保護のための二法に基づく支援	証人尋問における遮へい措置やビデオリンク方式の導入による負担の軽減，公判における意見等陳述制度，優先傍聴，公判記録の閲覧・謄写等	刑事訴訟法及び検察審査会法の一部を改正する法律（平成12年法律第74号）犯罪被害者等の権利利益の保護を図るための刑事手続に付随する措置に関する法律（平成12年法律第75号）
被害者参加制度	犯罪被害者等に対し，捜査状況，被疑者の検挙，処分状況を知らせる制度	犯罪被害者等の権利利益の保護を図るための刑事訴訟法等の一部を改正する法律（平成19年法律第95号）
少年法に基づく支援	事件記録の閲覧・謄写，意見聴取・少年審判における意見陳述，少年審判の結果等の通知等	少年法（昭和23年法律第168号）
被害者等通知制度	加害者の処分結果，矯正施設や保護観察における処遇状況，釈放や保護観察の終了等に関する通知を受けることができる制度	被害者等通知制度実施要領等
更生保護における犯罪被害者等施策	意見等聴取制度，心情等伝達制度，前述の被害者等通知制度，相談・支援	更生保護法（平成19年法律第88号）等

出所：筆者作成。

　5つの重点事項は，①損害回復・経済的支援等への取組，②精神的・身体的被害の回復・防止への取組，③刑事手続への関与拡充への取組，④支援等のための体制整備への取組，⑤国民の理解の増進と配慮・協力の確保への取組となっている。

　なお，第4次基本計画（計画期間：2021年4月から5年間）においては，第3次計画までの成果及び課題を踏まえ，①地方公共団体における犯罪被害者等支援，②被害が潜在化しやすい犯罪被害者等への支援，③加害者処遇における犯罪被害者等への配慮の充実，④様々な犯罪被害者等に配慮した多様な支援の4点をポイントとして取り組むこととしている。

（2）犯罪被害者支援に係る制度の概要

　第4次基本計画では，279の具体的施策が掲げられているが，本章では，そ

表 16 - 2　損害回復・経済的な支援等

制度等の名称	制度等の内容	根拠法令等
損害賠償命令制度	刑事裁判所が有罪の言渡後も引き続き損害賠償請求の審理も行い，加害者に損害の賠償を命じることができる制度	犯罪被害者等の権利利益の保護を図るための刑事手続に付随する措置に関する法律（平成12年法律第75号）
刑事和解	加害者と合意が成立した場合，刑事裁判所に対し，共同して当該合意の公判調書への記載を求める申立てができ，その合意が公判調書に記載された時は，その記載が，裁判上の和解と同一の効力を有する制度	同上
犯罪被害給付制度	過失犯を除く生命・身体犯事件の被害者に対して給付金を支給する制度。心神喪失・少年等加害者の属性を問わず支給可能。遺族給付金・重傷病給付金・障害給付金がある	同上
被害者参加人のための国選弁護制度	経済的に余裕がない被害者参加人に対し，裁判所が被害者参加弁護士を選定し，国がその費用を負担する制度	同上
被害回復給付金支給制度	財産犯等において加害者から没収・追徴された犯罪被害財産を被害者等に被害回復給付金として支給することができる制度	犯罪被害財産等による被害回復給付金の支給に関する法律（平成18年法律第87号）
性犯罪被害者に対する公費負担制度	性犯罪被害者に対し，緊急避妊，性感染症等の検査，人工妊娠中絶等の経費を公費により負担する制度	性暴力・配偶者暴力被害者等支援交付金（性犯罪・性暴力被害者支援事業）交付要綱
カウンセリング費用の公費負担制度	犯罪被害者等が精神科医，臨床心理士等を受診した際の診察料及びカウンセリング料を公費により負担する制度	同上
身体犯被害者に対する公費負担制度	身体犯（殺人，傷害等）の被害者等に対して，初診料，診断書料及び死体検案書料等を公費により負担する制度	都道府県警察において規定
その他の公費負担制度	緊急避難場所の確保やハウスクリーニングに要する経費，司法解剖後の遺体搬送等に要する費用等を公費により負担する制度	同上
住居・就労に関する支援	①DV被害者等をはじめとした犯罪被害者等の公営住宅への優先入居 ②父子・母子家庭の父母等を雇用した場合のトライアル雇用助成金支給制度等	①配偶者からの暴力被害者の公営住宅への入居について ②母子家庭の母及び父子家庭の父の就業の支援に関する特別措置法（平成24年法律第92号）

出所：筆者作成。

表16-3　精神的・身体的被害の回復・防止等

制度等の名称	制度等の内容	根拠法令等
再被害防止要綱に基づく措置	警察において，継続的な再被害防止措置を講ずる必要がある犯罪被害者等を「再被害防止対象者」に指定し，警戒措置，情報収集，自主警戒指導等を行い，法務関係機関との連携強化等を行う措置や，13歳未満の子どもを被害者とした強制わいせつ等の暴力的性犯罪で服役して出所した者について，法務省から情報提供を受けて所在確認等を実施	再被害防止要綱

出所：筆者作成。

のうちの主なものについて紹介する。[8]①刑事手続における支援制度，②損害回復・経済的な支援等，③精神的・身体的被害の回復・防止等の主なものについては，それぞれ表16-1から表16-3のとおりである。④相談や情報提供等については，次節において詳述する。⑤その他として，省庁における調査研究，民間の団体に対する援助，「犯罪被害者週間」等における啓発事業等がある。

3　団体・専門職等の役割と連携

（1）団体・専門職等の役割

①　警察

刑事司法機関の中で，最も早く犯罪被害者等に接するのは，捜査に当たる警察官であるから，表16-1で触れた被害者連絡制度においては，原則として，身体犯や重大な交通事故事件の犯罪被害者等に対し，捜査状況や処分状況等について，事件を担当する捜査員が連絡を行うこととしている。[9]

また，精神的被害の回復の支援として，カウンセリングに関する専門的知識や技術を有する職員の配置や，精神科医や民間カウンセラーとの連携を行っている。

なお，警察では，住民からの各種要望及び相談に応じる総合窓口を警察本部に設置し，全国統一番号の相談専用電話「＃9110」を設置し対応している。

さらに，犯罪被害者等のニーズに応じて，性犯罪相談，少年相談，消費者被害相談等個別の相談窓口を置いているが，[10]とりわけ，性犯罪被害者への配慮として，犯罪被害者等が希望する性別の捜査員が対応したり，各都道府県警察の

性犯罪被害相談電話窓口につながる全国共通の短縮ダイヤル番号「＃8103（はーとさん）」を導入している[11]。

② 検察庁

検察庁では，全国の検察庁に被害者支援員を配置し，犯罪被害者等からの各種相談への対応，法廷への案内・付添い，事件記録閲覧や証拠品の返還等の各種手続の援助をするほか，犯罪被害者等の状況に応じ，精神面，生活面，経済面等の支援を行っている関係機関・団体等を紹介するなどの支援活動を行っている。また，全国の検察庁に専用電話「被害者ホットライン」を設置している[12]。

③ 更生保護官署

更生保護官署（地方更生保護委員会・保護観察所）においては，全国の保護観察所に犯罪被害者等を専門に担当する保護観察官（被害者担当官）及び保護司（被害者担当保護司）を配置し，更生保護における各種施策の実施に当たっており，同施策のうち「相談・支援」として，各種制度の説明や関係機関の紹介等を行っている。なお，被害者担当官及び被害者担当保護司は，その指名を受けている間は，加害者の保護観察等を担当しない。

また，地方更生保護委員会では，意見等聴取制度及び被害者等通知制度（第17章参照）を利用する犯罪被害者等について，同委員会の職員が対応している。

④ 日本司法支援センター

日本司法支援センター（法テラス）では，犯罪被害者支援ダイヤルを設置し，犯罪被害者等からの各種相談に応じているほか，スタッフ弁護士による法律相談や，犯罪支援に精通する弁護士の紹介等を行っている。

⑤ 地方公共団体

犯罪被害者等に関する総合的対応窓口については，すべての地方公共団体において設置している。また，地方公共団体が犯罪被害者等の生活支援を効果的に行うためには，社会福祉士，精神保健福祉士，臨床心理士，公認心理師等の専門職の活用が重要であるが，2021（令和3）年4月現在，17都道府県・政令指定都市，89市区町村において，総合的対応窓口に専門職を配置している[13]。

⑥ 民間被害者支援団体

民間被害者支援団体（被害者支援センター）は，全都道府県に設置されており，各団体において，各都道府県公安委員会から犯罪被害者等早期援助団体として指定を受けており，警察や関係機関と連携を図りながら，被害者支援に関する広報・啓発活動，電話・面接相談，病院や裁判所などへの付添い，犯罪被害

者・遺族の自助グループ支援，ボランティア相談員の養成・研修等の活動を行い，犯罪被害者等の精神的被害の回復など被害の早期軽減に大きな役割を果たしている。

⑦　性暴力被害に関するワンストップセンター

性犯罪・性暴力被害者に対し，被害直後から，医師による心身の治療，相談・カウンセリング等の心理的支援，捜査関連の支援，法的支援などの総合的な支援を可能な限り一か所で提供する（当該支援を行っている関係機関・団体につなぐことを含む）ことにより，被害者の心身の負担を軽減し，その健康の回復を図るとともに，被害の潜在化を防止すること等を目的として設置されたものである。

（2）犯罪被害者支援における連携

①　被害者支援連絡協議会及び被害者支援地域ネットワークにおける連携

警察において，生活支援，医療，公判等多岐にわたる犯罪被害者等のニーズに応え，総合的な支援を行うため，警察，地方公共団体の担当部局及び相談機関，検察，法テラス，医師会，公認心理師関連団体，臨床心理士会，弁護士会並びに犯罪被害者等の援助を行う民間の団体等からなる被害者支援連絡協議会をすべての都道府県に設置し，相互に連携を図っている。

②　性暴力・性暴力対策における連携

被害の特性に応じ，性暴力被害ワンストップサービスセンターが中心となり，都道府県，病院（医師，看護師等），警察，弁護士，婦人相談所，児童相談所等地域の関係機関との連携強化が図られている。

③　犯罪被害者支援における連携における現状と課題について

筆者は，保護観察所の被害者担当官を約2年間務めていたが，犯罪被害が生じた初期においては警察や被害者支援センター等の民間団体や検察庁が対応しているが，加害者の捜査や裁判が終了すれば，これらの支援も終了し，加害者の処分の執行段階（矯正施設への収容や保護観察）になって，警察や被害者支援センター等が実施した支援は一切引き継がれないまま，保護観察所の担当者が対応することとなり，対応する側にとっても，被害者側にとっても負担が生じてしまうことがみられた。

また，地方公共団体が生活支援等を行う場合でも，刑事司法機関等から犯罪被害者等に関する情報がもたらされないまま対応を余儀なくされており，個々

の犯罪被害者等の具体的支援を実施するに当たって，関係機関・団体との情報連携等が課題となっている。

注

(1) 犯罪被害に遭うことによる様々な影響については，「犯罪被害者白書」や警察庁のウェブサイト，全国犯罪被害者支援ネットワークや全国の被害者支援センターのウェブサイトに解説されているほか，被害者当事者の手記等も参照されたい。

(2) 「犯罪被害者白書」においては，同義として「二次的被害」が使用されているが，全国の地方公共団体が制定する犯罪被害者支援条例でも「二次被害」と「二次的被害」の両方の用語が使用されていることから，本章及び第17章では，一般用語として「二次被害」と表記する。

(3) 犯罪被害者等暮らし・支援検討会（くらしえん）(2016)「犯罪被害者等相談支援マニュアル　はじめて担当になったあなたへ〈行政職員編（第１版）〉」14～18頁。

(4) 最高裁判例集（最高裁判決平成２年２月20日）「犯罪の捜査及び検察官による公訴権の行使は，国家及び社会の秩序維持という公益を図るために行われるものであって，犯罪の被害者の被侵害利益ないし損害の回復を目的とするものではなく，また，告訴は，捜査機関に犯罪捜査の端緒を与え，検察官の職権発動を促すものにすぎないから，被害者又は告訴人が捜査又は公訴提起によって受ける利益は，公益上の見地に立って行われる捜査又は公訴の提起によって反射的にもたらされる事実上の利益にすぎず，法律上保護された利益ではない」。

(5) 犯罪被害者等給付金は，犯罪被害に対する補償ではなく，あくまで見舞金の位置づけであった。

(6) 宣言には，「公正な処遇を受ける権利」「情報を提供される権利」「被害回復の権利」「意見を述べる権利」「支援を受ける権利」「再被害からまもられる権利」「平穏かつ安全に生活する権利」の７つの権利が掲げられている。

(7) 警察庁「条例の小窓　都道府県・政令指定都市における犯罪被害者等支援を目的とした条例（特化条例）集」２頁によれば，2021（令和３）年４月１日現在，32都道府県，８政令指定都市，384市町村において，犯罪被害者等支援を目的とした条例（特化条例）が制定されている。

(8) 本章掲載の各施策のほか，犯罪被害者等施策については，警察庁「令和３年版犯罪被害者白書」のほか，警察庁，法務省ウェブサイト等を参照されたい。

(9) 警察庁犯罪被害者支援室「令和３年版　警察による犯罪被害者支援」７頁。

(10) (9)と同じ，10頁。

(11) (9)と同じ，19～20頁。

⑿　検察庁「犯罪被害者の方々へ　被害者保護と支援のための制度について」10頁。

⒀　国家公安委員会・警察庁編「令和 3 年版　犯罪被害者白書」76頁。

参考文献

伊藤冨士江編著（2021）『司法福祉・実践と展望——少年司法，刑事司法，医療観察，被害者支援』ぎょうせい。

少年犯罪被害当事者の会（2002）『話を，聞いてください——少年犯罪被害当事者手記集』。

学習課題

①　犯罪被害者等の手記等を読んで，犯罪被害者等が置かれた状況や課題について考えてみよう。

②　関係機関・団体がそれぞれ行っている施策や支援について，どのようにすれば連携できるか考えてみよう。

第17章

更生保護における犯罪被害者支援

　前章で触れた犯罪被害者等基本法・基本計画に基づき，更生保護段階においても，犯罪被害者等に資する施策の実施が強く望まれ，2007（平成19）年，①意見等聴取制度，②心情等伝達制度，③被害者等通知制度，④相談・支援の4つの施策が導入された。

　本章では，上記の4つの制度の内容について解説を行うとともに，法制審議会の答申に基づき，更生保護においても，犯罪被害者の思いに応え得る施策の実施に向けた準備が進んでいることについても触れたい。

1　更生保護における犯罪被害者等施策の意義

　更生保護における犯罪被害者等施策の開始以前の更生保護は，対象者の生活基盤の確保等に目を奪われ，犯罪被害者等の置かれた状況については，どこか遠いものとして捉えていた。

　しかし，更生保護は，刑事司法の一環として，対象者の再犯を防止し，改善更生を助けることにより，社会を保護し，個人及び公共の福祉の増進を目的とする制度であるから，更生保護が犯罪被害者等の回復に寄与することは当然であり，対象者が自ら犯した犯罪等による被害の実情を直視させ，反省や悔悟の状を深めさせることは，被害者のためだけでなく，対象者の改善更生及び社会復帰という処遇の本質に関わる重要なものである。

　上記認識の下，基本法第18条において，刑事に関する手続の進捗状況等に関する情報の提供，手続への参加の機会を拡充するための制度の整備等必要な施策を講ずるものとされ，これを受けた第一次基本計画により，更生保護においても，刑事裁判終了後の加害者に関する情報の提供，犯罪被害者等の心情等を加害者に伝達する制度，犯罪被害者の仮釈放等審理に対する意見陳述，犯罪被

害者等に対し，その被害に係る刑事裁判が終了した後の支援を行うことについて検討することとなり，所要の法整備等を経て，2007（平成19）年12月に次節で示す4制度が開始された。

2　更生保護における犯罪被害者等施策の内容

　更生保護における犯罪被害者等施策は，次の4つの施策を実施している。

（1）意見等聴取制度

　意見等聴取制度は，仮釈放又は仮退院（以下「仮釈放等」という）を許すか否かに関する審理を行うに当たり，被害者等から，審理対象者の仮釈放等に関する意見及び被害に関する心情を述べたい旨の申出があった時は，仮釈放等を審理する地方更生保護委員会が当該意見や心情を聴取するものであり，更生保護法第38条に規定されている。

　意見等の聴取の方法は，①地方更生保護委員会の委員が直接聴取する，②意見を記載した書面の提出を受ける，③地方更生保護委員会の保護観察官が意見を録取する方法の3通りがある。

　意見等聴取を円滑に実施するため，被害者等の居住地を管轄する保護観察所において，意見等聴取の申出を受理したり，②の書面等の代筆や聴取場所への付添い・同席を行うなどの便宜を図ることができる。

　被害者等の意見としては，仮釈放等に反対するものや，謝罪や被害弁償を求めるもの，釈放後の再被害の防止を求めるものなど，様々なものがある。

　聴取した意見は，仮釈放等の審理において考慮されるほか，保護観察における特別遵守事項の設定に当たり考慮され，釈放後の保護観察にも活用される。

（2）心情等伝達制度

　心情等伝達制度は，犯罪被害者等から，被害に関する心情や置かれている状況，加害者の生活や行動に関する意見を聴取したうえで，保護観察中の加害者に対してその心情等を伝達するもので，更生保護法第65条に規定されている。

　心情等聴取を希望する被害者等は，加害者の保護観察を管轄する保護観察所に申出を行う。

　心情等の聴取は，原則として，被害者等の専任の保護観察官である被害者担

当官が，被害者等から聴取した内容を書面化するが，被害者等の心身の状況等によっては，心情等を記載した書面の提出を受けることによって行うことができる。

　被害者等の心情等としては，裁判終了後も加害者からの被害弁償や謝罪がないことへの不満や具体的な行動を求めるもの，被害を受けたことで経済的に困窮したり，心身に不調を来していることや，加害者の反省を促す意見など，様々なものがある。

　聴取した心情等を記載した書面は，保護観察中の加害者を担当する保護観察官等がこれを朗読して伝達する。加害者担当の保護観察官は，心情等の伝達後，当該対象者がその心情等を適切に受け止め，その後の具体的な行動に結びつくよう必要な指導等を行う。

　伝達結果は当該被害者等に通知されるが，被害者等の希望があれば，伝達を受けた心情等や被害弁償又は慰謝の措置等の発言を通知する。

　たとえば，殺人事件の被害者遺族が，加害者の後も加害者からの被害弁償や謝罪がないことから，本制度を利用して，被害を受けたことで経済的に困窮しており，事件のショックで心身に不調を来していること，加害者にこれらの事実を受け止めることと具体的な行動を求めた内容の心情等について，被害者担当官が聴取して書面を作成し，その内容を加害者を担当する保護観察官が伝達し，その後もしょく罪に関する指導を行った結果，加害者から，少額ながらも被害弁償の申出があり，遺族がこれを受け入れ，被害弁償が開始されるなど，心情等伝達により加害者の具体的な行動化に結びついた事案もある。

（3）被害者等通知制度

　被害者等通知制度は，検察庁が1999（平成11）年から開始していた制度を拡充したもので，保護処分を含め，矯正段階とともに，更生保護段階においても通知の対象となったものである。

　通知を希望する被害者等は，刑事処分の場合は，刑の言渡をした裁判所に対応する検察庁に，保護処分の場合は，保護観察処分は被害者等の住居地を管轄する保護観察所，少年院送致は最寄りの少年鑑別所に申出を行うことにより，通知を受けることができる。

　通知内容は，仮釈放等に関する事項，保護観察の開始，処遇状況及び終了等に関する事項であり，加害者の住所や就労状況等は通知されない。

本通知制度は，加害者の刑事裁判・少年審判終了後の状況を知りたいという被害者等の要望に応えるものであるとともに，意見等聴取及び心情等伝達の各制度の利用の端緒を知る機会となるものであり，各制度の利用のための重要な役割を果たしている。

（4）相談・支援

相談・支援の内容は，①被害者等からの相談に応じ，悩みや不安等を傾聴し，その軽減・解消を図るとともに，関係機関等の紹介・連絡等を行う，②被害者等からの問合せへの対応，③被害者等の関与に係る制度の利用の支援などである。

この相談・支援は，主に，上記3つの制度の利用に当たり行われるものであるが，加害者の刑事裁判や少年審判後，刑事司法手続の最終段階にある支援として，刑事司法手続の終了後も支援を継続することもあり，被害者等にとって欠くことのできない制度となっている。

（5）各制度の対応者

被害者担当官は，②の心情等伝達において被害者等から聴取する等の各施策を実施している。また，被害者担当保護司は，①の意見等聴取における聴取場所への付添い等，犯罪被害者等に寄り添った支援を実施している。

3　更生保護における犯罪被害者等施策の今後
——犯罪被害者の思いに応える更生保護の実現に向けて

2019（平成31）年4月，法務省保護局長が設置した「更生保護における犯罪被害者等施策の在り方を考える検討会」が提出した報告書では，各制度の一層の充実と犯罪被害者等の心情等を踏まえた保護観察処遇を実現し，犯罪被害者等の思いに応える更生保護を実現するよう提言している。

また，法制審議会からの諮問第103号[1]に対する答申を踏まえ，2022（令和4）年5月の第208回国会において，刑法等の一部を改正する法律が可決・成立し，更生保護法が改正された。改正内容は，①保護観察等の措置をとるに当たり，被害者側の心情や事情等を考慮するものとすること（同法第3条），②犯罪被害者等の被害に関する心情，犯罪被害者等が置かれている状況その他の事情を理解し，その被害を回復すべき責任を自覚するための保護観察対象者に対する指

導に関する事実について保護観察官又は保護司に申告等することを，保護観察における遵守事項の類型に加えること（同法第50条），③意見等聴取制度において聴取する意見等の内容に，加害者の釈放後の生活環境や保護観察についても含まれることを法文上明記すること（同法第38条），④心情等伝達制度の一部を改正し，加害者への伝達なしに被害者等の心情等を聴取する仕組を新設すること（同法第65条），保護観察対象者に対して，賠償計画を立てることなどを生活行動指針として設定して指導を行う（同法第57条）などの運用について，2023（令和5）年中の施行を目指し，検討しているものである。

　さらに，本改正に関連し，2022（令和4）年10月から，保護観察の生活行動指針に定めて行うしょく罪指導プログラムを改訂し，その対象範囲を拡大するとともに，前記刑法等の一部を改正する法律により，矯正施設における被害者等の心情等の聴取・伝達制度が新設されることに伴い，矯正処遇と保護観察処遇との連携の強化が求められている。

　これら諸制度の今後の施行に向け，被害者等の思いに応える実効ある制度となるよう，関係法令の整備を期待したい。

注
⑴　諮問第103号は，少年法における「少年」の年齢を18歳未満とすることに加え，非行少年を含む犯罪者に対する処遇を一層充実させるための刑事の実体法及び手続法の整備の在り方並びに関連事項について意見を求めるものであった。

参考文献
太田達也・西崎勝則（2021）「更生保護における被害者等施策」日本更生保護学会編『更生保護学事典』成文堂，256〜261頁。
西瀬戸伸子（2009）「犯罪被害者等にかかわる制度」清水義悳編著『更生保護』ミネルヴァ書房，69〜73頁。

学習課題
①　4つの制度について，被害者等に与える効果について考えてみよう。
②　心情等伝達制度について，保護観察対象者の処遇に活かす方法について考えてみよう。

〜〜〜〜〜 コラム14　被害者担当保護司として 〜〜〜〜〜

　保護司として16年間，加害者の保護観察等を担当した後に，縁あって被害者担当保護
司として被害者の支援を行っています。6年目の今，強く思うことは，加害者が被害者
に「心からの謝罪」をすることの大切さです。それは，加害者からの真摯な謝罪を受け
て，張り詰めた気持ちが堰を切って溢れ出し，「事件後はじめて泣くことができた」と
述べた御遺族や「ようやく料理を作れるようになった」と，自分らしい生活を取り戻す
きっかけとなった被害者の方たちと，これまで出会ってきたからです。

　突然被害に遭い，否応なしに「被害者」となった方の苦しみや悲しみは，想像を超え
るものであり，心情等伝達制度の利用を希望して来庁された際に掛ける言葉には，いつ
も悩み，迷います。被害から相当時間が経っても，被害者の苦悩は事件当時と変わらず，
「大切な家族」「お金」「健康な身体」「心安らぐ日々」は，もう取り戻すことができませ
ん。

　被害者等は，「なぜ，殺されなければならなかったのか？」「謝罪をしてほしい」「だ
まし取ったお金を返してほしい」と，涙ながらに訴えます。しかし，被害者等の心情を
加害者に伝えても，その期待に応える回答や行動を得られないことが少なくありません。
そのことで被害者等がさらに傷つかないよう十分に配慮することも，支援者としては欠
かせません。

　加害者を担当していた頃，彼らに被害者に対する思いを尋ねても，「刑期を終えたん
だから，もう罪は償った」「自分の生活で精一杯で，弁償などできない」と，自分勝手
な考えで自らを正当化したり，一方的に社会に対する不満を口にするなどで，更生の難
しさに悩むこともしばしばありました。

　それだけに，加害者が被害者の方に「心からの謝罪」ができるということは，新たな
被害を生まないための再犯防止につながる一歩と考えています。被害者担当保護司とし
て被害者の思いに少しでも応えられるよう，今後も研鑽を積んでいきたいと思います。

おわりに——刑事司法と福祉の一層の連携に向けて

生きづらさの課題解決とソーシャルケースワーク

　福祉を学んでおられる方々にとって，刑事司法は最も遠い存在の一つではないでしょうか。犯罪という一線を超えたのだから，自己責任が優先して問われるべきではないか，なんとなく恐ろしい・許せない・どのように関わったらよいかもわからず不安だ，被害者の状況を考えれば加害者を支援することは公正とは思えない。そのような意見が根強くあり，これまで刑事司法は福祉とは別世界の存在として理解されてきたように思います。また，犯罪者の立ち直りや再犯防止は，国・刑事司法の責任の範疇であり，地方自治体や一般市民が関わるものではないといった先入観が災いしてきました。こうして刑事司法側からも門戸を固く閉ざし，福祉側からも関わる術をもたない時代が長く続きました。

　しかし，立ち止まって考えてみると，「福祉」とは，人としての幸せを実現することであり，それを社会で支えようとするのが「社会福祉」とするなら，犯罪や非行をした人たちが主体的に自分の人生を生き，結果的に犯罪や非行から遠ざかり，幸せな暮らしに近づくのを支えることもまた「社会福祉」であるといっても過言ではないでしょう。

　刑事司法と福祉の間に立ちはだかる壁が打ち破られたのは比較的最近のことです。刑務所内に障害をもった多くの受刑者がおり，しかも累犯者化する傾向があるなどの事実が明るみになり，それを重く受け止めた社会福祉関係者等による情熱的な働きによって，いわゆる司法と福祉の連携の扉が開けられたのでした。その後は，犯罪をした人や非行のある少年たちが本来的にもっている様々な生きづらさや困り事への理解が広がり，今では，就労，住居，医療，教育など様々な場面で多機関・多職種の連携が急テンポで進められ，刑事司法と福祉の接合面は確実に拡がりました。

　生きづらさは，貧困，家庭内での虐待や学校でのいじめ，低学歴，失業，疾病，障害，依存など様々な要素を背景に，社会的孤立を深めさせながら姿を現し，生きる意欲や働く意欲さえも奪っていく。他人にあてにされることもなく，「どうせ俺なんて」と自暴自棄のような心持ちになる。そして，過酷な状況の中で誰にも頼れず自力で問題を解決するしかないと自分自身を追いやった挙句に，いわば生きるための最後の術として犯罪行為に至る。このような悪循環か

ら容易に抜け出せないでいる犯罪者たちの姿は，巷間いわれる身勝手な犯罪者像とはかなりの落差があるように思います。

　犯罪の内容を具体的に知って，加害者を生理的に忌避したくなる人もいるかもしれません。しかし，対応に「困る人」は，実は「困っている人」だといわれます。再犯をすれば，その人が本来思い描く人生からさらに遠ざかることにつながり，何よりも新たな被害者を生みその人生を深く傷つけることになりかねません。生きづらさや困り事の延長線上にある犯罪や非行からの立ち直りに，福祉関係者の立場から我が事として関わっていくことは，とても意義のあることではないでしょうか。

　現在，刑事司法においては，犯罪や非行に関係する生きづらさや困り事の課題を見逃さず，その解決を図っていこうとするアプローチが盛んに進められています。たとえば，国の再犯防止推進計画（2017年）は，これらの課題を「就労・住居の確保」「高齢・障害者や薬物依存者等に対する保健医療・福祉サービス」「修学支援」などに整理して示しています。これは，社会的原因による犯罪には社会政策によって対処すべきであるとして，ドイツの刑法学者リストが残した「最良の刑事政策とは最良の社会政策である」という名言を現代的に具体化したものといえるでしょう。本人の生きづらさや困り事の解決に，ソーシャルケースワークの視点から更生を支援することによって，間接的に再犯防止という社会的課題の解決につなげようとするこれらの取組は大変重要です。制度の挟間を埋める努力をはじめ，刑事司法と福祉の連携を今後一層進展させ，福祉を学ばれる皆さんがその担い手になっていただけることを願っています。

社会的孤立とソーシャルケースワーク

　犯罪者処遇の臨床においては，刑務所を出所した時，保護観察期間が終わった時，更生保護施設を退所した時などの環境条件の大きな変わり目に再犯リスクが高まるといわれています。そのことは，たとえば，刑務所出所者の約4割が出所当年を含む5年以内に再犯し刑務所に舞い戻っている現実から見て取ることができます。これらの変わり目は，人とのつながりの切れ目でもあり，その瞬間から社会的孤立が始まり結果的に再犯リスクが高まっているといえるでしょう。このことは，前述した生きづらさの課題解決のためのアプローチとは独立して，直近ではコロナ禍によって一層鮮明となった社会的孤立や望まない孤独という課題に今一度真正面から向き合う必要性があることを示しています。

　人を社会的孤立からつなぎ止める役割は，これまで家族や企業（福祉）が担ってきたといわれます。しかし，家族機能の脆弱化，非正規雇用の拡大などを背景としてそれらが立ち行かなくなった現状では，社会的なアプローチの一層の充実が求められます。この点で，昨今「息の長い支援」という視点が犯罪者処遇において強調されています。たとえば，更生保護施設を退所した後も，施設の職員が定期的に連絡を保ち，施設の処遇等に参加してもらうフォローアップ事業や退所先を訪れるなどアウトリーチを行う訪問支援事業などが広がってきています（コラム10参照）。また，このように「つながり続ける」ためには，本人からの申出を待つ姿勢ではなく，アウトリーチの考え方をより徹底していくことも大切です。この点で，2022（令和4）年の法改正により，刑務所出所者等の意思に反しないことを確認したうえで，保護観察所において必要な社会復帰支援を行える仕組が導入されるに至った点は，大変重要な意味をもつものといえるでしょう。

つながる・つなぐ更生保護

　つながりを保つことは，前述した諸課題の解決の手がかりを得るためだけのものではありません。人とつながることによって自分自身の状態への自覚が芽生え，また，困った時に帰れる場所があり，頼れる人がいるという感覚が，自ら変わろうとする気持ちを後押しするという好循環を生みやすいともいわれています。

　このように社会的孤立の解消に向けて取り組むことは，それ自体に大きな意義が認められますが，更生保護におけるその一例を，保護司の活動にみることができます。非行少年の立ち直りのプロセスから考えてみましょう。立ち直りには，不良交友，就学・就労の問題，耐性の弱さや規範軽視の考え方，遊び中心の生活や金遣いの荒さなど生活態度などを改める必要がある場合は多いものですが，その前提として，立ち直ろうとする意欲を喚起し，これを持続できるよう本人の努力を支えていく周囲からの働きかけが重要になってきます。

　一人の少年に対して保護観察官と保護司がペアを組んで当たる保護観察の協働態勢において，保護司は，親とは異なる第三の大人として保護観察対象者やその家族と日常的に関わり，生活上の悩みを聴き必要な助言指導を行っていますが，その関わり方にはいくつかの特徴があります。たとえば，立ち直ろうとする気持ちを鼓舞し続け，辛抱強くこれを支えるような関わり方です。再犯し

ないと決意しても，その気持ちを持続させることは大変難しく，様々な誘惑や挫折を乗り越えるために周囲の支えが必要です。少年院を出た直後は，また窃盗をしてしまうのではないか，自分をわかってくれるのは結局昔の仲間だけだなどと，孤独感，無力感，不安感に苛まれがちですが，保護司が自分に親身に関わってくれる体験が心に響き，それに応えようと努力するところから再出発が始まることも多いといわれます。また，人は変われることを信じ，個々の特性を今後に生かせる強みとして捉えるという特徴もあります。それがあるからこそ，非行少年の中に他者への信頼感が育ち，本人の自己効力感，自己肯定感につながります。さらに，非行少年はともすれば地域社会から排斥されがちですが，保護司は彼らの頑張りを色眼鏡なく評価し，家族のように受け入れ，社会につなげていく役割を果たしています。

このような保護司による人とのつながりを重視する関わり方は，本人との信頼に基づく関係性を強め，その認知やアイデンティティの変化をもたらす性質をもち，昨今のデシスタンス（犯罪からの離脱）研究の成果に照らしても，立ち直りに重要な役割を果たしているといえます。この意味で，保護司による処遇の効果は，諸課題の解決の成否や保護観察期間中の再犯・再非行の有無などではなく，むしろ相互信頼に基づくつながりを継続できたか否かによるべきであり，その関係性の土台が将来的な立ち直りに種を撒く役割を果たしていることに思いを致すべきでしょう。

近年，社会福祉においては，社会的孤立の問題が深刻化する中で，従来の問題解決型支援だけでは十分ではなく，つながり続け，一人にしないこと自体を目的とする「伴走型支援」のアプローチが重要だといわれています（厚生労働省「地域共生社会推進検討会」最終とりまとめ（2019年））。同時に，孤立状態にある個人に対する支援と並行して，人を孤立させない地域社会の創造を目指す活動が重要であるとも指摘されています。保護司は，個人とつながる処遇活動の一方で，"社会を明るくする運動"（第13章参照）の諸活動を主導し，人を孤立させない地域社会の創造に重要な役割を果たしており，まさに保護司制度は，「伴走型支援」を制度化したものといえるでしょう。さらに，更生保護においては，前述した息の長い支援策の拡充の取組の他にも，生きづらさを抱える人を周囲から支えていける場・人づくりを行い，つながりのバトンリレーをしていける地域を目指す，地域ネットワーク拠点を作ろうとする動きも出てきており，注目していく必要があるでしょう。

再犯リスクと更生促進要因へのアプローチ

刑事司法と福祉の連携による社会政策、ソーシャルケースワークの実践が、犯罪をした人や非行のある少年の立ち直りに大変重要な意義を有することはこれまでみてきたとおりですが、しかし、これらの取組が必ずしも万能ではないことにも留意が必要です。

福祉的ニーズが満たされることは立ち直りの必要条件と考えられますが、十分条件とまではいえないのが現実でしょう。本文でも述べられているとおり、再犯・再非行に至る個人的・環境的リスクの要因を的確に把握し、そこに適切に対処することを基本とするアプローチは再犯防止には欠かせません。

ものの捉え方や考え方、行動の傾向なども含めた本人の再犯リスク要因を取り上げる必要があります。同時に、本人がもつ積極的な側面を更生促進要因として伸ばし、それを足がかりに生活を変えていけるよう促していくアプローチも重要です。これらを踏まえた実践が行われている点が、福祉にはない刑事司法における犯罪者処遇の特徴であることを押さえておく必要があるでしょう。

したがって、刑事司法と福祉は、いわば「犯罪や非行のない自律・自立生活の実現」という大目標を共有しながら、互いの立場や方法論を尊重しつつ、それぞれ固有のアプローチをもって協働していく必要があることについて、理解を深めていただければと思います。

誰一人取り残さない社会に向けた刑事司法と福祉の協働

最後に、刑事司法と福祉の連携に当たっては、それぞれの目的や機能の相違点を理解し、目的の一致点を見出すための相互対話が欠かせません。本書は、福祉関係者が慣れ親しんだものとは異なる原理原則等をもつ刑事司法の実情について学び、福祉の初学者が刑事司法との相互対話を進めるための土俵を提供する意図で編まれました。更生保護の分野だけでなく、児童福祉や矯正の分野についても類似書に比べより充実した解説がなされ、犯罪者・非行少年の処遇を広範囲に取り上げ人をできる限りトータルに捉える視点を大切にしていることも本書の特色の一つとなっています。さらに、今後、相互対話と事例をとおした協働体験を重ねて実践知を積み上げていく際に、随時本書を参照していただくことも想定しています。

今後、刑事司法と福祉が、それぞれ異なる立場から互いに尊重し合いながら、しっかりとつながり、誰一人取り残さない社会、人が大切にされる文化を創り

上げていく，その実践者に，皆さん一人ひとりがなっていただけることを願ってやみません。

2023年1月

編者　今福章二

参考文献

今福章二・小長井賀與編著（2016）『保護観察とは何か──実務の視点からとらえる』法律文化社。

奥田知志・原田正樹編著（2021）『伴走型支援』有斐閣。

さくいん

監修者紹介

杉本　敏夫 (すぎもと・としお)

　現　在　関西福祉科学大学名誉教授

　主　著　『新社会福祉方法原論』（共著）ミネルヴァ書房，1996年

　　　　　『高齢者福祉とソーシャルワーク』（監訳）晃洋書房，2012年

　　　　　『社会福祉概論（第3版）』（共編著）勁草書房，2014年

執筆者紹介 （執筆順，＊印は編者）

＊椿　　百合子 (つばき　ゆりこ)（第1・2・3・6章，コラム1・2・5）

　編著者紹介参照

中道　秀樹 (なかみち　ひでき)（第4章）

　弁護士法人英知法律事務所代表社員弁護士

＊相谷　登 (あいたに　のぼる)（第5章，コラム4）

　編著者紹介参照

荒木　敏宏 (あらき　としひろ)（第7章，コラム6）

　関西福祉科学大学心理科学部教授

＊今福　章二 (いまふく　しょうじ)（第8・11章，コラム7・10）

　編著者紹介参照

林　寛之 (はやし　ひろゆき)（第9章，コラム8）

　法務省奈良保護観察所長

長尾　和哉 (ながお　かずや)（第10章）

　法務省名古屋保護観察所次長

田代　晶子 (たしろ　あきこ)（第12章，コラム11）

　法務省大臣官房秘書課広報室長

前川　洋平 (まえかわ　ようへい)（第13章，コラム12）

　法務省関東地方更生保護委員会事務局総務課長

江口　義則 (えぐち　よしのり)（第14・15章，コラム13）

　法務省北海道地方更生保護委員会事務局調整指導官

西﨑　勝則 (にしざき　かつのり)（第16・17章）

　法務省近畿地方更生保護委員会事務局次長

［コラム執筆者］

コラム3　荒川　徹 (あらかわ　とおる)

　　　　（法務省札幌刑務所福祉専門官）

コラム9　竹中　明美 (たけなか　あけみ)

　　　　（岐阜山県保護区保護司）

コラム14　松本　陽子 (まつもと　ようこ)

　　　　（法務省横浜保護観察所被害者担当保護司）

編著者紹介

相谷　登（あいたに・のぼる）

関西福祉科学大学心理科学部教授。児童相談所嘱託心理判定員，家庭裁判所調査官，相愛大学人文学部を経て現職。主著に『読んでわかる家族心理学』（共著，サイエンス社，2021年），『心理学と心理的支援』（共著，ミネルヴァ書房，2022年），『よくわかる司法福祉』（共著，ミネルヴァ書房，2004年）ほか。

今福　章二（いまふく・しょうじ）

中央大学法科大学院客員教授，特定非営利活動法人日本BBS連盟会長，更生保護法人全国更生保護法人連盟理事長，保護司みらい研究所代表。法務省那覇保護観察所長，法務省保護局長などを経て現職。主著に『保護観察とは何か──実務の視点からとらえる』（共編著，法律文化社，2016年），『触法障害者の地域生活支援──その実践と課題』（共著，金剛出版，2017年），『更生保護入門（第6版）』（共著，成文堂，2022年）ほか。

椿　百合子（つばき・ゆりこ）

法務省中国地方更生保護委員会委員。少年院長，少年刑務所長，法務省大臣官房参事官（総合調整担当），法務省大臣官房審議官（矯正局担当）などを経て現職。

最新・はじめて学ぶ社会福祉⑳
刑事司法と福祉

| 2023年 3 月31日　初版第 1 刷発行 | 〈検印省略〉 |
| 2023年12月29日　初版第 2 刷発行 | |

定価はカバーに
表示しています

監修者	杉　本　敏　夫
編著者	相　谷　　　登
	今　福　章　二
	椿　　　百合子
発行者	杉　田　啓　三
印刷者	坂　本　喜　杏

発行所　株式会社　ミネルヴァ書房
607-8494　京都市山科区日ノ岡堤谷町 1
電話代表　（075）581-5191
振替口座　01020-0-8076

©相谷・今福・椿ほか，2023　　冨山房インターナショナル・坂井製本

ISBN 978-4-623-09554-4

Printed in Japan

杉本敏夫　監修

———— 最新・はじめて学ぶ社会福祉 ————

全23巻予定／A5判　並製

順次刊行，●数字は既刊

———— ミネルヴァ書房 ————

https://www.minervashobo.co.jp/